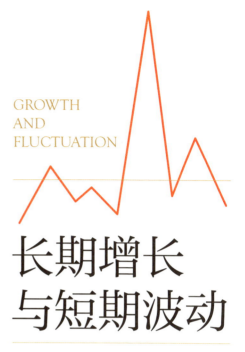

GROWTH
AND
FLUCTUATION

长期增长
与短期波动

中国宏观经济形势分析与预测

CHINA'S MACROECONOMY ANALYSIS
AND FORECAST

刘雪燕　著

社会科学文献出版社
SOCIAL SCIENCES ACADEMIC PRESS (CHINA)

自　序

　　宏观经济形势分析的进入门槛很低，普通大众也能随口说出物价、增长等专业术语，这也导致宏观经济形势分析很难，千人千面，千口千词。但实际上宏观经济形势分析的专业要求很高，要求远程射击，近身搏击，样样精通。这是由宏观经济形势分析的内容决定的。提到宏观经济形势分析，相信很多人的第一反应就是 GDP 增长速度、消费、投资、出口、物价、财政收支、货币供给、就业等指标，想到的就是年度目标的完成情况。但很少有人把宏观经济形势分析和潜在增长率、生产率、人口问题和中长期增长战略等更为长期的问题联系在一起。所谓"形势"分析，要从两个方面理解，一方面是"形"，从字面意思来理解，指的就是经济运行形态，也就是大家日常说的指标的变化情况，是提速了，或是降速了，还是进入了负增长区间，以及环比的变化等，这是一种短期分析，主要针对季度数据、月度数据，甚至频率更高的旬度数据和日度数据的变化进行分析和判断，反映的是经济运行的短期"冷"与"暖"，是经济边际变化的表现。另一方面是"势"，从字面意思来理解，指的就是经济运行趋势。与"形"的分析相比，"势"的分析更多倾向于经济增长等长期问题，不在乎一日、一月甚至一年的变动，更关心的是经济未来五年、十年甚至更长时间的增长能力、增长潜力。与之相关的是分析经济增长的潜在动力、要素供给情况，包括资金供给、人口总量和结构的变化、土地供给、技术创新和变革等。二者侧重点不同，但分析是相辅相成的，如果缺少了长期分析，短期分析就容易陷入迷茫，容易处于乱花渐欲迷人眼的境地，预测判断就会出现方向性误差，对策建议就容易出现方向和力度的偏差；如果缺少了短期分析，形势分析的敏感性和实战性会降低，而宏观经济形势分析的一个突出特点就是频率高、速度快，对经济运行的边际变化进行分析，希望纠正偏差，希望经济运行能够回归平稳、可持续的轨道，因此可以根据边际变化释放的信号，适时适度的调节政策力度，防止经济运行偏离轨道。因此宏观经济形势分析就是"形"与"势"的结合，长期与短期的结合，从长期看短期，头脑清醒，不会迷路；从短期看长期，时刻纠偏，防止岔路，二者相辅相成，缺一不可。对应二者，宏观经济形势分析很重要的一部分是对现实运行情况的分析和评价，还有一部分非常重要，就是对未来走势的判断，长则分析判断一二十年、三五十年，短则一两个月、三五个月，难度之大，要求之高，很难单手抚茶，望天打卦，需要雄兵利刃。对于短期分析，常使用计量经济学模型，如 ARMA 模型、联立方程模型、VAR 模型、面板模型等辅助分析；对于长期分析，更多的是对经济潜在增长能力进行分析，主流模型就是生产函数法，通过构建生产函数，分析预测供给要素变化，得出未来经济增长的潜在能力。此外，还有一部分是政策效果短期冲击等问题分析，这是最体现宏观经济形势分析时效性、应用性的。一项政策出台后，其效果如何，与其他政策之间的协调配合如何，不管是事前预测判断还是事后总结分析，对于政策制定者来说都是非常重要和难得的经验。短期冲击发生后，经济系统如何反应，经济增长受到的影响有多大，政策力度如何调节，非常关键和紧要，比如 2020 年受新冠肺炎疫情冲击，全国范围内管控力度空前，全面停工停产，经济不可避免地受到影响，如何进行分析也是宏观经济形势分析的应有之义。总的来说，宏观经济形势分析是个辛苦活，不仅要求具备长期战略思维，想着大方面，还要求目不转睛地盯盘，月度数据、季度数据、政策调整、短期冲击，在海量数据中一刻不得闲。各位宏观经济分析的从业者实属不易，最盼望国泰民安，岁月静好，以期可以稍事放松，单手抚茶，赏菊东南。本书整理总结笔者的部分研究成果，作为专业宏观经济研究人员从业十年来的工作汇报，浅陋之处，请海涵指正！

目　录

上篇　宏观经济分析的长期问题

中篇 宏观经济分析的热点问题

上篇

宏观经济分析的长期问题

所谓宏观经济的"势"指的是长期经济增长趋势，即学界经常提到的潜在经济增长水平。潜在经济增长水平是与一国经济的长期增长和短期波动都紧密相关的重要概念，对于开展宏观经济形势分析工作而言具有非常重要的意义。首先，在短期运行方面，潜在产出及其相应的产出缺口的估测为判断一个经济体所处经济周期的位置提供了依据，即经济运行是否存在过热或者过冷，其结论可以为短期宏观调控政策的制定提供参考。其次，在长期增长方面，潜在产出的估测为衡量一个经济体长期的总供给能力提供了一个综合有效的方法，估测结论可为长期经济发展战略的制定和政府长期财政状况的分析提供依据。虽然潜在产出研究具有非常重要的意义，但不得不承认，潜在产出的研究也非常复杂。潜在产出水平不能通过直接观察得到，而必须通过一定的测算方法进行估测，因此需要准确把握其内涵，选择适当的估算方法，尽量减少偏差，以得到更加接近真实的估测值，为宏观政策制定提供更具参考价值的结论。

正因为潜在产出研究兼具重要性和复杂性，从20世纪60年代起，众多的经济学者和研究机构投入大量的时间和精力，从概念理解、方法开发以及实践应用等多层次多角度展开研究。特别是鉴于潜在产出研究在宏观经济政策制定中的重要作用，国际上一些主要的宏观政策制定机构经常性地开展潜在产出及相应潜在增长率的测算工作，如国际货币基金组织（IMF）、经济合作与发展组织（OECD）、美联储（Fed）、欧央行（ECB）、美国国会预算办公室（CBO）、欧盟委员会（EU）、英国预算责任办公室（OBR）等。

第一章 经济潜在增长率的
概念及估计方法

一 经济潜在增长率的概念

在进行经济潜在增长率的估计测算研究之前，首先必须对其内涵有准确的把握，才能选择合适的估算方法，得出更具参考价值的结论。

经济潜在增长率是由经济潜在产出的概念延伸而来，是指经济在潜在产出水平时的增长率。潜在产出笼统地说就是经济处于某种理想状态时的产出，但这种理想状态具体为何学术界则有着不同的理解，从现有文献看，有三种影响较大且应用较广，把潜在产出解释为，①经济处于长期可持续增长状态时的产出，称为趋势产出；②经济资源得到充分利用时的产出，称为生产可能边界产出；③消除了经济中扭曲后的产出，依据扭曲的不同，分别称为效率产出和自然产出。

（一）趋势产出

一种观点认为潜在产出就是产出的长期趋势。如桑德梅洛认为，考虑到实际应用，潜在产出通常被解释为实际产出的趋势增长。趋势产出是指从实际产出中分解出的长期趋势项。从理论上看，长期趋势项反映了在排除各种短期影响后的冲击的长久效应，因而是在长期中最可能持续的产出水平，是稳态均衡的增长路径。政策应努力把实际产出水平稳定在这一产出水平上，而反过来说，如果能够测度对这一产出水平的偏离，就能够为政策操作提供方向性指引。趋势产出的获得相对较为容易，因而出于便于测算和政策制定的目的，很多机构和学者将潜在产出定义为趋势产出。依据分解方法的不同，趋势产出也分为很多不同类型。如使用较多的 Beveridge-Nelson 趋势产出就是由 Beveridge 和 Nelson 在 1981 年提出的分解方法（BN 方法）得出的。BN 认为趋势是一个随机过程，一个冲击不仅会产生短期效应，还会产生长期效应，当 GDP 分解为长期随机趋势项和波动项时，其中的长期随机趋势项就是潜在产出。HP 滤波是另一种常用的趋势分解方法，它认为趋势变化是平稳的。因而与 HP 滤波获得的趋势项相比，BN 方法获得的趋势项波动更大，而相应地 BN 方法下的产出缺口的波动会更小。

（二）生产可能边界产出

生产可能边界产出是指，在给定技术条件下，所有资源在正常情况下获得充分利用时的产出水平。这一产出水平反映了经济正常的供给能力，也是最为常用的潜在增长定义。这一定义与经济周期和通货膨胀的联系紧密。在经济周期的繁荣阶段和萧条阶段，经济体中会相应出现资源过度使用和闲置的情况。通过分析实际产出和潜在产出的差额，即产出缺口的情况，就可以判断当前经济运行所处的经济周期阶段。同样，通货膨胀压力也与产出缺口状况密切联系，当实际产出超出潜在产出，资源利用过度，就引起通胀压力加大，反之资源闲置就引起通缩压力，所以这一潜在产出又称为"稳态通货膨胀"产出，或"无加速通货膨胀"产出，即潜在产出是无通胀压力时的产出水平。这一定义把潜在产出和通货膨胀直接关联，因而被很多政策机构所采用①。但稳态通货膨胀仍然是一个不可直接观察量，如何测定稳态通货膨胀就成为需要解决的问题。美

---

① 潜在产出是指在总需求和总供给与某一稳定的通胀率相一致的情况下，一个经济体的产出水平。IMF 定义为，潜在产出反映了经济体的供给特征，是经济体在没有产生通货膨胀上升的条件下可持续的最大产出。新西兰中央银行的定义：潜在产出是一个经济体在没有通货膨胀压力下的产出水平。

国经济学家奥肯认为，美国的稳态通货膨胀率应定义为失业率为4%时对应的通货膨胀率。奥肯认为，失业率为4%时，资源在正常情况下可以得到充分利用，经济体将保持价格稳定，从而直接建立起失业率与潜在产出的关系。在奥肯定义的基础上，不少学者和机构继续对与潜在产出水平相对应的失业率进行研究。在货币经济学家米尔顿·弗里德曼于1968年提出自然失业率假说也称非加速通货膨胀失业率（NAIRU）[①]后，学术界又把自然失业率与潜在产出相联系，指出潜在产出就是经济在自然失业率水平[②]上的产出水平。在实际估算这一定义的潜在产出时，一般是用生产函数进行估算。

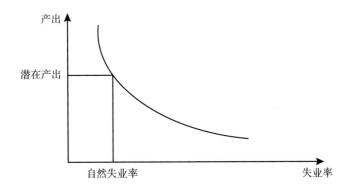

图 1 - 1　潜在产出和失业率的关系

这种从供给出发的潜在产出概念是以新古典理论为基础的。新古典理论认为假设市场是完美的，需求变动对产出的冲击都是短期冲击，能够得到即时调整，从而经济体不存在预期的需求波动，需求变动不影响经济的长期趋势，即需求波动只能影响短期的经济增长，而不会影响经济潜在增长。潜在

---

①　自然失业率是指这样一种失业率水平，它可以维持稳定的或非加速的通货膨胀，因此也称为非加速通货膨胀失业率（Non-accelerating Inflation Rate of Unemployment，NAIRU）。

②　然而对于美国NAIRU的数值大小，各机构和学者间存在分歧。在80年代中期之前，由1978年汉弗莱－霍金斯法案规定的4%的失业率一直被广泛认可，80年代到90年代初，NAIRU的数值被修订为5.5%~6.5%。对NAIRU的数值大小界定的不同将导致对潜在产出水平的不同判断。

产出的波动主要由外在的供给方面（如技术冲击、供给冲击等）的非预期波动引起。

（三）效率产出和自然产出

效率产出是指商品和劳动市场处于完全竞争、价格工资完全弹性并且稳态加成和加成冲击为 0 时的产出水平。也就是说消除了现实经济中的价格与工资粘性和垄断后的产出水平，这是市场最有效率时的产出水平，因而称为效率产出。与这一潜在产出对比，产出缺口就反映了经济中不完全竞争和名义刚性的影响。而新古典学派和新凯恩斯学派都认为名义刚性导致了产量波动和通胀压力的累积，因而对偏离效率产出水平的分析对设计最优货币政策就极其有用。自然产出与效率产出相类似，区别只在于此时的潜在产出只假定价格工资完全弹性，但不要求市场完全竞争，所以稳态加成或加成冲击可以不为 0。这一定义的潜在产出建立在新古典和新凯恩斯综合理论之上，有着很强的微观基础，近年来越来越受到学术界的重视。与别的定义下的潜在产出相比，这一定义的潜在产出波动性更大，不仅包含了趋势项，还包含一些周期成分。对这一潜在产出的估计主要依靠 DSGE 模型，估计结果对模型结构的依赖程度较大。

以上三种概念的潜在增长都是对经济所处的某种理想状态的描述，在一定条件下三种理想状态可以是同一状态，但更多的情况下它们是不同的。选择哪种概念的潜在增长主要取决于政策分析的需要，以及不同概念潜在增长的产出缺口与政策目标的关联性，另外数据的可获得性和方法的复杂程度也是影响选择的因素。

二 估计方法评估

随着潜在产出研究的不断深入，测算方法也在不断的改进和发展，在此对现有的测算方法进行综合分类和比较，并对各种方法在实证研究中的表现做出评价，以提出我们选择测算方法的原则和依据。

（一）估计方法简介

潜在产出的估计方法可分为三种：统计技术方法、生产函数法和模型法。

统计技术方法的思路是用滤波方法将实际产出分解成以趋势表示的潜在产出和围绕此趋势波动的产出缺口两部分。例如 HP 滤波方法（Hodrick 和 Prescott，1981）、Kalman 滤波方法（Harvey，1989），以及 Beveridge 和 Nelson（1981）、Watson（1986）等使用的方法。这种方法对数据要求不高，使用起来比较方便。但这一方法需要建立在大量的统计假设基础上，例如长期趋势性成分是否为随机游走过程，不同的假设条件将使潜在产出的估计结果显著不同。

生产函数法是估计潜在产出最常用的方法，主要是根据新古典经济增长模型（如索洛模型）对推动经济增长的要素进行分解，通常分为资本投入（K）、劳动力投入（L）和全要素生产率（TFP）三部分。传统的生产函数法都是运用柯布—道格拉斯生产函数或 CES 生产函数，这能很方便地将经济增长分解到各个投入要素，得到各要素对经济增长的贡献，因而又被称为"增长核算"法。生产函数法面临的两个问题，一是对数据的要求较高，需要通过大量的历史数据估计生产函数形式并对潜在就业水平进行合理的估计；二是对生产函数要求是稳定的，至少资本和劳动力的边际产出率应该是稳定的。生产函数法的最大好处就是建立在经济增长理论之上，全面考虑要素投入对经济增长的贡献度、要素利用程度和技术进步等的影响，而不是单纯依赖于变量的统计关系，充分体现了潜在产出的供给面特征，而且与 DSGE 方法相比在技术上更为简单可行，因而成为各国中央银行、国际经济组织和学术机构广泛采用的方法。如美国国会预算办公室（CBO，2001）以服务于政府预算规划为目的，以新古典生产函数为核心，在索洛经济增长模型的基础上采用生产函数法计算并预测 1950～2010 年的潜在产出。国际货币基金组织（IMF，1997）对大部分国家的潜在产出测算使用的也是生产函数方法。IMF 将测算对象分为工业化国家、发展中国家和转轨国家三类，认为对不同类型的国家各种方法具有不同的适用性，对发达国家可以使用生产函数法，而发展中国家和转轨国家由于经济制度及数据限制生产函数法的使用要受到限制。经济合作与发展组织（OECD）使用与 CBO 相同的方法对 OECD 国家的潜在产出做出估算，并定期公布。OECD 的估计方法是，首先根据双要素道格拉斯生产函数建立的方程估计劳动力份额，然后用 HP 滤波将上述方程的残差进行平滑处理得到残差的趋势值，即趋势全要素生产率，最后将趋势要素生产率、实际资本和潜在就业一起带回到生产函数方程，得到潜在产出。欧盟政策委员会（2001）也开发了改进的生产函数模型用于潜在产出的测算。

模型法则是依靠建立较大型的经济模型来测算潜在增长率。比较常用的有计量经济模型、可计算一般均衡模型（CGE）和近年来兴起的动态随机均衡模型（DSGE）等。大型经济模型能够反映经济中各变量间复杂的相互影响与反馈关系，对于经济运行不仅能够做总量分析而且可以作部门分析。特别是 DSGE 等最近二十年来新凯恩斯主义发展出的估计潜在产出方法，建立在新凯恩斯主义理性预期（Lucas，1972）、真实经济周期（Kydland 和 Prescott，1982）的基础上，考虑到工资和价格粘性，具有微观经济基础，更接近经济现实。但较传统方法而言，DSGE 估算结果更依赖于模型的具体形式和模型的假设条件。DSGE 的另一个问题是，其函数估计主要采用极大似然函数方法，变量初始值的设定对于估计结果的影响非常大。

表 1-1 潜在产出的估计方法

方法	说明
趋势方法	
线性趋势	产出的趋势部分是时间的线性函数,方法是使用趋势项和时间趋势对实际 GDP 的对数序列进行线性回归
分段趋势	产出的趋势部分在每一个经济周期内都被看作是线性的,但不同经济周期之间线性趋势可以改变
单变量滤波方法	
HP 滤波	这种滤波方法通过在更好的拟合实际序列和趋势序列的平滑程度之间取得平衡而得到序列的趋势成分
Baxter-King 滤波	这是一种线性滤波,它排除了变动非常小的部分(趋势部分)和变动非常大的部分(不规则部分),然后保留了中间的部分(经济周期)

续表

方法	说明
B－N分解	B－N分解方法对趋势和周期成分施加了约束条件,比如需求的长期冲击为零等,从而识别趋势和周期部分
卡尔曼滤波	这种方法假设宏观经济时间序列由趋势、周期和随机成分构成,通过对趋势和周期成分施加足够的约束从而对序列进行分解
多变量滤波方法	
Hodrick Prescott(HPMV)	潜在产出的估计建立在潜在产出偏离值、潜在增长率的变化和三种结构关系误差(三种结构关系即菲利普斯曲线、奥肯定律和生产能力与产出缺口的关系)加权平均最小的基础上
B－N分解	假设趋势是随机游走的,但是认为随机冲击是GDP变化和其他决定长期GDP趋势的变量的线性组合
卡尔曼滤波	在单变量滤波的基础上同时考虑到另外一个方程的约束,比如菲利普斯曲线的约束
生产函数法	
全结构模型	生产函数的所有输入变量通过独立的宏观经济模型计算得到
带有外生趋势的生产函数	生产函数的所有输入变量使用单变量或者多变量滤波方法得到
结构VAR	结构VAR模型在对经济波动进行结构分解的基础上估计潜在产出和产出缺口
模型法	
计量经济模型、CGE、DSGE	通过改变模型假定来计算潜在增长率

上述方法都有各自的缺陷,第一类和第二类方法都需要建立在严格的假设条件下。第一类方法需要假设实际增长率围绕潜在增长率波动,只有符合这一假设,才能使用滤波方法或其他时间序列的处理方法来测算潜在增长。但问题是这种情况不是必然的,它的出现需要一定条件,市场能够真正起到配置资源的作用。因为只有完善的市场才能提供一个有效的"负反馈"机制,使得均衡成为一个稳定的状态;当外生干扰按照一定分布产生冲击时,才能出现实际值围绕均衡值上下波动的现象。第二类方法需要事先假定生产函数的具体形式,在具体生产函数的选择、参数的设定上都有一定的随意性,一般情况下考虑更多的是计算的方便。第三类方法虽然不是建立在这些

假设条件上，但其对数据的要求很高，需要较多的经济变量和较长的时间序列资料，并且估计的精度往往也不高。

（二）不同估计方法的评价

不同估计方法的结果存在不同，基于现有一些国家的实践，我们大致可以得到不同估计方法的效力。

1. 生产函数法与其他经济指标的匹配度最优

以往研究中除使用潜在产出方法估计产出缺口外，还经常使用产能利用率和调查数据等指标反映产出缺口的情况。现有的研究表明大部分方法估计得到的产出缺口与经济指标具有一定的一致性（Mc Morrow 和 Röger 2001，Camba-Mendez 和 Rodriguez-Palenzuela，2001）。Mc Morrow 和 Röger（2001）指出，使用生产函数模型估计得到的结果与经济指标的一致性远高于其他估计方法，一致性最差的是 B-N 分解和结构 VAR 方法，这两种方法估计得到的产出缺口与其他经济指标往往不存在一致性。

2. 对过去通货膨胀变化的解释能力不同

Mc Morrow 和 Röger（2001）指出生产函数法和 HP 滤波法在这方面的表现相当。Claus 等（2000）在研究新西兰产出缺口和通货膨胀关系时指出结构 VAR 方法的表现比其他方法要差，但 Chagny 和 Döpke（2001）在研究欧洲地区时得出了相反的结论。直观来看，使用了通货膨胀方程的产出缺口估计方法（HPMV 或多变量卡尔曼滤波）在追踪通货膨胀变化时的表现比较好。Kichian（1999）研究表明带有菲利普斯曲线的多变量卡尔曼滤波方程在估计加拿大产出缺口和通胀压力时表现较好。Rünstler 和 Proetti（2002）等以欧洲作为研究样本发现，通过多变量卡尔曼滤波方法得到的产出缺口与通货膨胀高度相关。

3. 样本外预测精度的差异较大

De Brouwer（1998）研究指出，对澳大利亚而言，使用生产函数法或 HPMV 估计得到的产出缺口在通货膨胀预测方程中的表现最好。Kichian（2002）指出使用卡尔曼滤波方法估计得到的产出缺口在预测通货膨胀时的表现最好。而 Rünstler 和 Proetti（2002）对欧洲进行研究时发现，使用多变量卡尔曼滤波方法估计得到的产出缺口在预测通货膨胀时的表现一般。Orphanides 和 van Norden（2001）认为各种方法估计得到的产出缺口在通货膨胀样本外预测时的帮助都不大。

　　总的来看，生产函数法、HPMV 和多变量卡尔曼滤波方法在以往的实证研究中的表现要优于其他的估计方法。

（三）估计方法的选择标准

　　由于潜在增长率指标可用以分析不同的政策效果，要使用多个衡量指标来评价不同的估计方法。本课题的关注点为我国经济的长期发展，在选择估计方法时更加注重方法所包含的经济信息的丰富性及其长期预测能力。

　　1. 估计结果与其他经济指标要具有一致性

　　通过估计得到的潜在产出的特征和其他经济指标要具有一致性。比如，经济本期的运行与上期存在很强的相关性，但是 HP 滤波假设产出缺口是白噪声过程，本期的产出缺口与上期无关，事实与假设很难达成一致，而多变量卡尔曼滤波方法可以设定多种潜在产出和产出缺口的生成过程，这更加符合经济事实。再如，大量的研究成果表明潜在产出存在波动，特别是潜在产出随时间推移而波动，但潜在产出的波动幅度要小于实际产出。但趋势分解模型认为潜在增长只在不同经济周期间波动，而在同一个经济周期内保持稳定。B-N 分解认为序列的波动绝大部分来源于趋势的波动，周期波动的成分很小。与这两种方法相比，结构 VAR 方法引入了结构的供给冲击和需求冲击，估计结果具有更强的波动性。生产函数法与其他方法相比估计得到的潜在产出水平对周期因素更加敏感，整体波动性较小。

　　2. 方法的估计过程要透明

　　多数人认为统计方法与结构方法相比更具有透明性，因为统计方法只包含有限的信息，但统计方法的假定条件存在很大的不确定性。例如，HP 滤波中 λ 参数的选择存在很大争议，而 HP 滤波的估计结果与 λ 参数的选择紧密相关。同样，HPMV 使用的权重和卡尔曼滤波方法中使用的平滑参数都是主观决定的。理论上，生产函数法与其他方法相比估计过程更加透明，因为这种方法更容易识别出潜在产出的不同构成部分，并且给出经济解释。然而生产函数法的投入变量大多通过滤波等方法得到。另外，生产函数采用的具体形式也存在较多争议。

3. 方法要能够确定样本期末结构的变化

从政策制定者角度出发，发现样本期末的结构性变化非常重要。很多单变量方法（特别是 HP 滤波）和一些多变量方法（如 HPMV）都会假设产出缺口存在对称性，因此其发现结构性改变的能力大大下降。而一些多变量方法（如卡尔曼滤波和生产函数法）没有对此做出约束，对产出缺口的估计具有更大的自由性，因此发现样本末期潜在产出发生结构性变化的能力更强。

总的来看，统计方法（趋势或单变量滤波）与结构方法相比似乎有更多的缺陷（特别是与多变量滤波和生产函数法相比），特别是在与经济事实一致性和误差修正方面多变量滤波和生产函数法的表现更加突出。在多变量滤波方法中，卡尔曼滤波方法符合大多数的检验标准，但是估计过程不具有透明性，整个估计过程是在黑匣子中完成的。与之相比，生产函数法更加透明，并且也不存在样本期末点的问题。

第二章　中长期经济增长的国际经验

高增长经济放缓的国际经验研究要回答两个问题，一是高增长经济是否和何时出现增长率急剧下降或台阶式下降的情况；二是影响增长率何时出现急剧下降的因素与特征，这些特征将有助于判断预测增长率下降的时点。从研究方法上看，一类国际经验研究是对典型国家的经验总结。如国务院发展研究中心根据日、韩、德等国的情况得出成功追赶型国家在人均 GDP 达到 1 万国际元后将由高速增长转向中速增长的结论。基于典型国家的研究，数据要求量较少，较易开展，但结论易受到样本国家特殊情况的影响，较少具有普遍意义。同时由于样本较少，结论一般由直接观察得出，不能进行统计检验，结论的可靠程度较低。另一类国际经验研究是对大样本的统计计量分析，结论经统计检验可靠性高，具有普遍意义。但大样本长时期的数据可得性较差，同时指标在不同国家间的可比性往往存在问题。考虑到研究方法的优劣和数据的可得性，我们主要基于国际较为公认的 conference board 世界经济数据库（前身为麦迪逊数据库）进行大样本统计计量分析，并综合整理国内外以往的相关研究结果，得到有关高增长经济放缓的一般性规律。

一　高增长经济体在中高收入阶段增速
明显放缓是一个普遍现象

我们利用 conference board 世界经济数据库对 125 个国家的经济增长情

况进行了分析，结果发现 125 个国家中，以购买力平价计算的人均 GDP 达到 1 万国际元（1990 年美元）且经历过 3.5% 以上高增长的国家有 36 个。在这 36 个国家中，有 34 个都经历过经济增长率急剧下降①，出现概率高达 94.4%。在经济增速放缓前后经济增长率平均由 6.5% 下降到 0.2%，经济增长率下滑平均 6.3 个百分点。出现经济增速急剧放缓时，人均 GDP 约为 11000 国际元，中位数为 9500 国际元。但围绕均值，出现经济增速放缓时的人均 GDP 有很大的波动区间，5000 国际元以下出现经济增速急剧放缓的占 14.4%，5000~10000 国际元时占 40.4%，10000 国际元及以上时占 45.2%。绝大多数经济增速急剧放缓出现在 4000~15000 国际元，约占全部国家的 3/4。

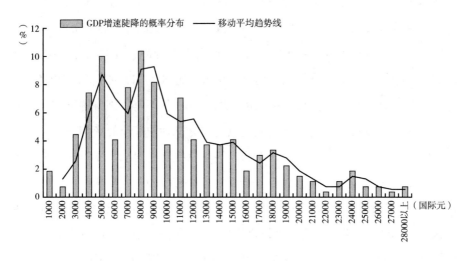

图 2-1　高增长经济体 GDP 增速出现明显下降时的人均 GDP 分布

如果以经济发展的相对水平衡量，则高增长经济体的人均 GDP 平均达到领先国家（美国）56% 的水平时出现经济明显减速。具体来看，高增长经济体在达到领先国家 30% 以后，经济出现减速的可能性开始明显上升，

---

① 我们使用此类研究常用的急剧下降定义，即任一时点上在其之后 7 年平均经济增长率比之前 7 年平均经济增长率降低 2 个百分点以上。

在达到 50% 和 80% 两个时点时，经济出现急剧减速的可能性最大。

以上情况表明，高增长经济体在达到中高收入阶段后出现增速明显放缓是一个普遍现象。

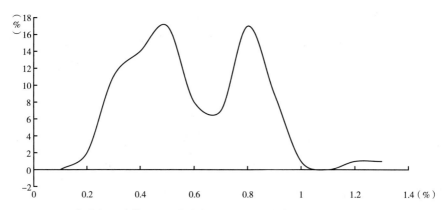

图 2-2　高增长经济体 GDP 增速出现明显下降时的人均 GDP 占美国比重分布

二　经济增速放缓主要是由全要素生产率增速放缓所致

从增长核算角度来看，高增长经济体的增速放缓主要是由全要素生产率增速放缓所致。Eichgreen 等人的计量结果表明，就平均情况而言，在经济增速放缓前后资本存量增长的贡献由 2.4% 下降到 1.79%，劳动力投入增长的贡献由 0.89% 下降到 0.86%，而人力资本增长的贡献由 0.44% 上升到 0.51%，变化最大的是全要素生产率的贡献，由之前的 3.04% 下降到 0.09%。也就是说经济增长率下降的 85% 都是由全要素生产率下降引起的。全要素生产率增速之所以下降，一方面是由于经济的成熟度提高，由农业向工业的劳动力再配置进程结束或显著减缓；另一方面则是由于和领先国家的差距缩小，技术引进的效应降低。

三　影响经济增速放缓出现时点的主要结构性特征

尽管高增长经济体在中高收入阶段出现增速明显放缓是一个普遍现象，

但出现经济增速放缓的时点仍有很大的不同。如平均来看，高增长经济体在11000国际元出现增速放缓，但实际上也有超过1/3的经济体在超过11000国际元以后经济才减速，超过15000国际元以后经济才减速的经济体比例为23%。是什么因素导致了不同经济体出现经济减速的时点不同呢？或者说一个经济体具有何种特征时其经济高增长持续的时间将更长？这里我们主要检验一些结构性特征的影响，如消费率、投资率、外贸依存度、城市化率、汇率低估程度、农业/工业产值和就业比重以及抚养比等。

根据计量检验结果，对经济高增长可持续性有显著影响的结构性特征有消费率、农业产值和就业比重、工业就业比重、外贸依存度、汇率低估程度以及抚养比等。这几个因素可以解释经济减速时人均GDP变化的95%。各结构性特征和经济减速时的人均GDP关系如下：消费率越高，经济减速时的人均GDP水平越低，这是由于高消费率经济中资本供给的增长潜力受到限制；农业产值比重越高，经济减速时的人均GDP水平越低，这是由于农业占重要地位的经济增长潜力较小；农业就业比重越高，经济减速时的人均GDP水平越高，这里由于高比重的农业就业能够提供更多地可供转移的劳动力，劳动力再配置效应就越强，从而更长时间的支撑经济增长；工业就业比重越高，经济减速时的人均GDP水平越低，工业就业比重高意味着工业就业继续上升的空间减小，来自劳动力再配置的效应相应减弱；外贸依存度越高，经济减速时的人均GDP水平越高，外贸依存度高意味着一个经济体能够更多地利用国际资源与市场，因而其高增长的持续期将更长；汇率低估程度越高，经济减速时的人均GDP水平越低，过度依赖汇率低估导致增长潜力过早地被耗竭，因而经济增长的可持续性较差；抚养比越高，经济减速时的人均GDP水平越低，抚养比高意味着劳动力增长与储蓄率提高的可能性都小，从而经济高增长的可持续性降低。

第三章　基于国际经验分析我国经济增长减速的趋势

根据国际经验和国内增长条件的变化，我们可以进一步分析未来一段时期中国经济增长减速的可能性。

一　我国经济增长减速时人均 GDP 在国际平均水平之上

从国际经验看，当人均 GDP 达到 7000 国际元以上，或人均 GDP 达到领先国家 30% 以上时，经济增长出现减速的可能性明显上升。依据conference board 世界经济数据库，2010 年中国人均 GDP 达 7371 国际元，约为美国人均 GDP 的 24%，从数值上看中国已接近经济增长开始减速的区间，但仍达不到经济急剧减速时的国际平均值，即人均 GDP11000 国际元，占领先国家（美国）的 56%。根据普遍预测，2015 年中国人均 GDP 超过 11000国际元，约为美国的 1/3。那时，中国人均 GDP 将达到经济急剧减速时的国际平均，但相对水平仍远低于国际平均。

从中国经济的一些结构性指标看，中国经济减速提前和滞后于国际平均的因素均有。其中，可能导致中国经济高增长较平均状况持续时间更长的因素有：低于平均的消费率、高于平均的农业就业比重、低于平均的制造业就业比重和低于平均的人口抚养比；可能导致中国经济高增长较平均状况持续时间短的因素有：低于平均的外贸依存度、高于平均的农业产值比重和高于平均的汇率低估程度。但总体来看，以上各种因素的共同作用结果还是有利于中国经济较国际平均状况更长时期的保持高增长。依据计量结果和中国经济在 2010 年的结构特征，估算中国经济出现明显减速时的人均 GDP 将在 20000 国际元左右。

估算结果表明，中国经济的结构性特征将有很大可能使其经济出现明显减速时的人均 GDP 水平高于国际平均。但对中国经济减速点的人均 GDP 水平的具体估算值需要保持谨慎，首先中国经济结构具有独特性，和历史上在减速点上的国家相比，中国大部分的结构指标要么是接近极值，要么是在极值范围之外，说明中国的情况史无前例，因而具体估值是基于线性外推的，这存在很大的风险。其次是中国经济结构在未来一段时间可能发生较大的变化，如消费率提高，从而导致对减速点的人均 GDP 水平的估计发生变化。再次是国际环境的变化可能导致以往的变量关系发生变化，如高外贸依存度对高增长可持续性的影响可能由正转负。最后是农业就业比重这类指标只是表示增长的潜力，但这些潜力能否转化为实际的增长，还要取决于其他经济变量。

表 3-1　中国 2010 年主要经济结构指标与处于减速点国家的比较

单位：%

项目	减速时人均 GDP（国际元）	之前 7 年平均增长率	消费率	投资率	外贸依存度	城市化率
平均值	10802.9	6.3	72.7	28.4	74.2	72.7
最大值	16903.6	10.8	87.8	47.6	185.7	100.0
最小值	7008.2	3.7	55.9	18.3	10.5	42.0
中国（2010）	7371.0	10.0*	47.4**	48.6**	50.7	49.7
项目	农业就业比重	制造业就业比重	农业产值	二产产值	名义汇率/PPP	人口抚养比
平均值	11.5	33.8	7.3	37.1	1.4	1.4
最大值	27.3	48.5	22.7	50.8	2.2	2.5
最小值	1.0	25.4	0.0	26.6	0.9	0.9
中国（2010）	38.1**	23.0**	10.1	46.9*	2*	0.71**

注："*"，接近极值；"**"，超过极值。

二　结论

从大样本的国际比较研究结果看，高增长经济体进入中高收入阶段后经济增速出现明显下滑是大概率事件。经济减速时的平均人均 GDP 约为 11000 国际元，但围绕平均值人均 GDP 有很大的波动范围，有相当比例的经济体是在达到 15000 国际元以后才出现经济增速明显下降。经济减速时的人均 GDP 差异与经济体的一系列结构特征相关。计量分析的结果表明，一个经济体的消费率、农业就业比重、制造业就业比重、汇率低估程度、抚养比等会影响到经济出现减速时的人均 GDP 水平。但值得注意的是，计量结果只是反映过往经济条件下的关系，由于经济条件的变化，变量间的关系也可能发生变化。例如，由于国际经济环境的变化，以往有利于经济持续增长的因素如高外贸依存度等有可能转化为不利因素。

中国当前的人均 GDP 水平已经进入经济减速的大概率阶段。特别是未来 5 年，中国人均 GDP 可望达到经济减速时的国际平均水平 11000 国际元。但从中国当前和未来的结构性特征分析，中国经济有望较平均状况更长时间的保持高增长态势，也就是说中国经济出现明显减速时的人均 GDP 水平将高于国际平均。简单估算表明，中国经济出现明显减速时的人均 GDP 水平约为 20000 国际元，但对这一具体数值结果应保持谨慎。

以上结论主要依据历史与国际经验，但统计规律并非铁律，中国这么大的经济体持续高增长如此长的时间已经是史无前例的，未来的发展趋势并无先例可循。同时经济发展也不存在宿命，在确定性趋势之外，实际经济增长率还要受到众多难以计量的非确定性因素的影响，如体制改革、技术进步、管理改善、人力资本积累、国际环境等，因而未来实际经济增长在很大程度上仍是非确定性的。

第四章　确定性因素对潜在增长率的影响

未来十年的中国经济增长仍存在诸多的不确定性，准确预测未来经济增长还有很大的困难，但未来发展中，也存在一些确定性趋势。我们主要分析这部分确定性趋势对经济增长的影响，从而为未来经济增长的可能前景判断提供依据。从增长核算的角度看，对未来经济增长影响较大的确定性趋势有人口总量与年龄结构变动导致的劳动力供给条件的变化、由政策和人口结构导致的储蓄率变化和由劳动力再配置格局变化导致的全要素生产率变化。我们通过生产函数①估算发现这些确定性趋势将导致 2011～2020 年中国经济增长率比 2000～2010 年下降 2.9 个百分点。这意味着如果在只考虑这些确定性因素的影响的条件下，中国经济仍停留在原有发展模式和轨道上，未来 10 年中国经济就会出现明显的减速。

一　劳动力供给减速将导致经济增速下降0.4个百分点

劳动力投入的高增长是我国经济高速增长的重要动力，1993～2009 年

---

① 为了便于分析劳动力投入、资本投入和全要素生产率变化对潜在增长率的影响，我们构造了经济整体的生产函数。采用柯布—道格拉斯生产函数的形式，劳动力边际产出和资本边际产出根据劳动力报酬和资本报酬的比例确定，分别为 0.77 和 0.23；折旧率使用投入产出表中的固定资产折旧数据取得，初始年份的资本存量采用了张军等人的估计结果。

就业人口年均增加 0.96%，根据生产函数法测算，年均拉动经济增长 0.8
个百分点。但随着生育率持续下降，我国人口增速不断放慢，人口老龄化步
伐加快，由此将带来劳动年龄人口比重下降，劳动力增长减速并转为下降。
据中国社会科学院人口与劳动经济研究所预测，劳动年龄人口①将于 2016
年达到最高峰值，总量为 9.99 亿人，之后将逐渐下降，2020 年将下降至
9.87 亿人，如图 4 - 1 所示。

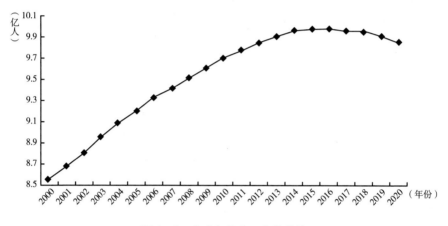

图 4 - 1 劳动年龄人口变化趋势

进一步分析，受劳动力受教育时间不断延长等原因的影响，劳动力就业
时间不断推迟，就业率呈下降趋势。2000 ~ 2009 年，就业率降低了 1.1 个
百分点，年均降低 0.12 个百分点，如图 4 - 2 所示。若未来十年就业率继续
保持这种趋势，2011 ~ 2020 年年均降低 0.12 个百分点。

受劳动年龄人口和就业率下降的双重影响，就业人口的增速将出现显著
下降，如图 4 - 2 所示。按照估算，2011 ~ 2020 年，就业年均增速将减缓至
0.05%，比前期下降约 0.9 个百分点。据此预测，2011 ~ 2020 年，就业增
加年均拉动经济增长 0.4 个百分点。就业增速下降将使经济潜在增长率降低
约 0.4 个百分点。

---

① 劳动年龄人口为 15 ~ 64 岁人口。

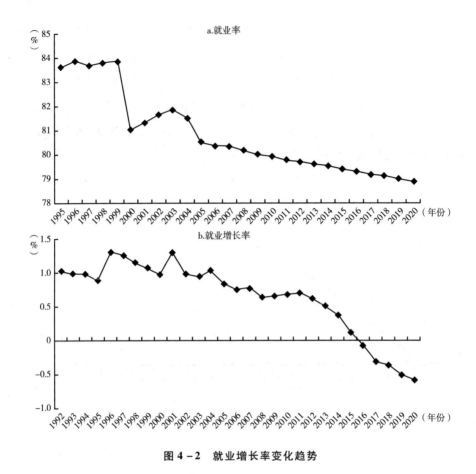

图 4 - 2　就业增长率变化趋势

二　高储蓄率调整向下拉动潜在增长率约0.9个百分点

　　1992～2009 年，我国储蓄率不断上升，2009 年达到了 51.8%，比 1992 年提高了 14.2 个百分点。高储蓄率及由此带来的投资高速增长强有力地支撑了经济的快速增长。长期来看，高储蓄率可能出现调整，主要是基于以下影响因素。首先是人口因素。通常来讲，一国的储蓄率往往会随着总人口中不再储蓄人群比重的上升而走低，如图 4 - 3 所示。例如，日本居民储蓄率从 80 年代初的 15.6% 降至 2007 年的 5.2%，同期日本 65 岁以上人群所占比例从 7.1% 上升至 19.1%。根据中国社会科学院人口与劳动经济研究所预测，我国人口抚养比将于 2014 年达到最低点 35.4%，之后开始上升，2020 年达到 39.7%。其次是政策性因素。比如国民收入分配格局的调整，养老、医疗等社会保障制度完善，以及信贷政策的影响等。

我们分析了我国人口抚养比和储蓄率之间的关系，结果发现人口抚养比每上升 1 个百分点，储蓄率将下降 0.8 个百分点。据此预测，2011～2020 年，人口格局的变动将会带动储蓄率下降 2.8 个百分点。如果考虑体制政策因素的综合影响，我们预计 2011～2020 年储蓄率将呈下降趋势，下降幅度约 5 个百分点。高储蓄率的调整会引起投资速度放缓，根据生产函数法测算，2011～2020 年资本存量增速与 1993～2009 年相比下降约 4 个百分点，使经济增速降低约 0.9 个百分点。

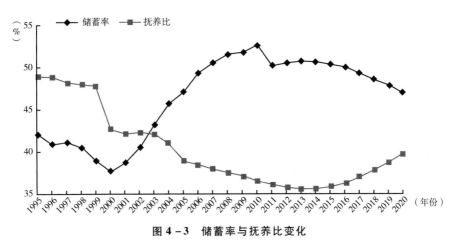

图 4-3　储蓄率与抚养比变化

三　劳动力再配置效应减弱将使经济增速下降1.5个百分点

国际比较研究表明在经济高增长期，全要素增长率是经济增长的主要推动力量。这一特征在我国表现得更为显著，从表 4-1 可以看出，在我国经济快速增长期间，劳动力和资本对经济增长的贡献率与其他国家相似，而我国全要素生产率的贡献要远高于国际平均，这使得我国经济增速明显高于国际平均。但国际研究同样表明，高增长阶段的结束主要也是由全要素生产率下降引起的。因此，未来十年我国经济的增长速度如何，全要素生产率的变化是最关键的因素。

表4－1　1994～2009年中国要素贡献

单位：个百分点

项目	资本贡献	劳动贡献	全要素生产率贡献
经济高增长期国际平均	2.53	0.9	3.28
中国1993～2009年均值	2.90	0.8	6.60

　　影响全要素生产率变化的因素很多，如技术进步、管理创新等。但对处于经济高增长期的发展中国家而言，劳动力再配置是全要素生产率提高的重要来源。这主要是由于农业部门的劳动力生产率和工业部门有巨大差异，农业部门的劳动力向工业部门的转移相应带来整体经济生产率的提高。我们的测算表明，2004～2009年，我国全要素生产率提高的40%来源于劳动力再配置效应，即就业结构的转变。

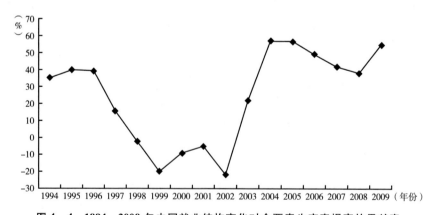

图4－4　1994～2009年中国就业结构变化对全要素生产率提高的贡献率

　　1992～2010年，由于工业化进程加快，我国三次产业就业结构出现大的变化，如图4－5所示。1994～2009年，除1998～2002年第一产业的就业比重出现增加外，其余年份都呈下降趋势。二产就业比重的变化刚好与第一

产业相反，除 1998～2002 年比重下降外，其余年份都呈现上升趋势。第三
产业的就业比重变化较为平稳，一直呈现上升趋势。2009 年，三次产业就
业比重分别为 38.1%、27.8% 和 34.1%。

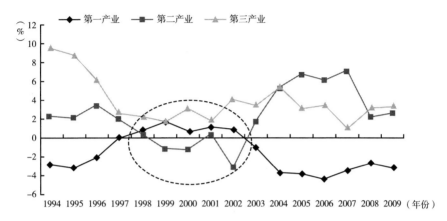

图 4 - 5　1994～2009 年中国三次产业就业比重变化趋势

　　就业结构变化对全要素增长率有很大的影响。在二产就业人口增长最快
的 2004～2007 年，就业结构的调整带来全要素生产率增长近 4 个百分点。
而在就业结构出现逆向调整的 1998～2002 年，就业结构变动导致全要素增
长率下降约 1 个百分点。因而，未来就业结构的变动趋势对我国今后 10 年
的全要素生产率走势有很大的影响。

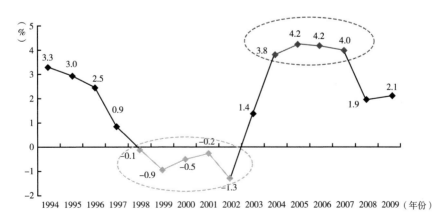

图 4 - 6　1994～2009 年中国就业结构变化带来的经济增长

种种迹象表明，我国劳动力大规模再配置的进程已经趋于尾声。2010年我国第二产业增加值占比已达到46.9%，超过已经完成工业化的国家的历史峰值，如表4-2所示。据此判断，第二产业很难再出现大的扩张，劳动力转移的速度将会下降，并且更多的转向第三产业。

表4-2　1994~2009年中国第二产业增加值占比峰值

单位：%

项目	德国	美国	日本	韩国	中国（2010年）
第二产业增加值占比峰值	39.1	29.3	38.8	34.5	46.9

2009年，我国第一产业就业人口为2.97亿人，据蔡昉等学者估算，农村需要劳动力的高限为2.31亿人，农村劳动力在未来二十年持续向第二、三产业转移。根据生产函数法测算，2000~2010年，第一产业就业比重下降约14个百分点，劳动力就业结构变化对经济增长的拉动约为3个百分点。若假定到2020年第一产业就业人口下降到2.5亿人，则一产就业比重下降到31.7%，下降约5个百分点，劳动力转移速度出现了较大幅度下降，劳动力就业结构的变化对经济增长的拉动作用将下降约1.5个百分点。

四　政策建议

根据以上对经济潜在增长率的分析，受确定性因素的影响，我国未来十年经济潜在增长率有明显减速的压力。这将对我国长期发展战略和短期宏观调控带来一系列的影响，需要认真加以应对，防止因应对经济潜在增速回落不当而产生较大负面冲击。但我国也具备一些保持经济高增长的积极因素，特别是从国际经验来看，当前我国经济的一些结构性特征也是有利于其保持高增长的。因而我们要采取积极措施，挖掘增长潜力，把有利因素转化为现实的经济增长。

第一，容忍经济增速适度放缓。国际经验和国内经济分析均表明，高增长经济体经济增速放缓是经济发展中的一般规律。从我国的具体情况看，增速放缓在相当程度上是出于保持资源环境可持续发展的需要，实际是为了保障在更长远时期的经济发展。同时，当好的环境日益成为稀缺物品时，人们对环境的价值评价就会上升，因而伴随着环境改善的经济增速放缓并不会导致人们福利水平下降。

第二，有效挖掘要素供给潜力。未来我国劳动力供给和资本供给受人口年龄结构变化和储蓄率变化影响都有增速放缓的趋势，甚至将转为下降。但我国仍有提高要素供给的潜力，应着力加以挖掘。首先目前农业劳动力比例仍较高，通过城市化的拉动和农业现代化机械化的推动就有可能大幅度降低农业劳动力比例，从而增加第二、三产业的劳动供给。其次适当提高退休年龄，目前我国退休年龄较低，在人民健康素质已经大幅改善的条件下，这实际上造成了人力资源的浪费，应视劳动力市场供求情况，及时调整退休年龄。最后加大金融改革力度，降低金融抑制程度。在资本供给减慢的情况下，资金价格应更多地反映资本供求关系，使资本供求趋于平衡。并通过加快金融体制改革、发展直接融资等方式，提高资本运用效率。

第三，发挥要素质量提高的新比较优势。在要素供给数量有所下降的同时，我国的要素供给质量有所提高。首先是人力资本积累速度加快。近年中国年度普通本专科毕业生达到 570 万人以上，是 21 世纪初的 5 倍，劳动力整体素质提高。其次是研发投入增长迅速。近年来中国研发投入增长率在 20% 左右，2010 年研发投入占国内生产总值的比重达到 1.76%，在绝对额上已经超过日本，居世界第二。最后是资本存量质量上升。充分发挥后发优势，中国建设了一大批具有国际一流水平的重大装备、重要基础设施，为长期发展奠定了坚实的基础。要素供给质量的改善有利于生产率的提高，这也是我们假定未来生产率增长高于历史趋势的重要依据。要充分利用要素质量的提高，推动创新和结构升级，提高技术进步速度，这在一定程度上能够减小要素供给增速减慢对经济增长的影响。

第四，宏观调控的政策参数作相应调整。宏观调控所设定的经济增长目标要与潜在增长水平相适应，未来十年要适当降低经济增长目标的中枢值，防止沿袭以往惯性设置较高目标而过度刺激经济增长。同时，也要注意由于潜在增长的部分下降是受外需的影响所致，而研究结论表明外需对实际经济增长的影响要更甚于潜在增长，意味着未来出现负产出缺口的可能性较大，因而需要采取扩张性政策来弥补产出缺口。但政策的力度需要把握好，由于潜在增长率也在下降，政策不应着眼于弥补全部实际增长的下降。

第五，依据经济长期潜在增长趋势做好中长期财政计划。基于未来经济增长环境的变化，应未雨绸缪早做规划，避免政府陷入债务陷阱。应引入中长期财政计划，对未来财政收支路径做好规划，使财政制度设计、支出责任设定、赤字与债务安排等与潜在经济增长情况相适应，以保持财政的长期可持续性。

第六，鉴于潜在经济率分析在短期和宏观调控中具有的重要意义，借鉴相关国际经验，我国宏观调控部门和长期规划部门也应开展经常性的潜在增长率测算工作。建议继续加强对测算方法的研究，并根据需要对现有统计指标做出调整以提供更加全面准确的信息，从而提高测算和预测精度，更好地服务于长期规划和宏观调控。

第五章 "十四五"时期我国经济增长趋势分析与预测

经济现象的根本是人口现象，是一定时期人口增长速度和结构的外化，辅之以生产率，决定了经济增长速度。传统的生产函数模型，在给定劳动力和资本投入的情况下，确定经济产出，这是一种忽略当前经济增长约束的理想状态，而当前经济的最优状态是不能排除各种制约因素的。在这种考虑下，本章的研究思路是，首先建立生产函数模型，确定投入要素的增长趋势，得到最优解下的潜在增长率，然后通过 CGE 模型对当前经济中存在的各种制约因素对潜在增长率进行修正，最终得到当期的实际增长速度，进而利用 CGE 模型的估计结果分析"十四五"时期的经济结构。

一 "十四五"时期经济潜在增长速度分析

（一）生产函数法构造及潜在增长速度分析

测算潜在增长率的方法有很多种，参考相关国际经验，并综合考虑各种方法的优缺点，我们采用以生产函数法为基础的潜在增长率测算方法。这一方法可以兼顾短期和长期政策的需求，较纯统计技术方法，其可以利用更多的经济数据并产出更多的信息和细节，较大型模型方法，其数据基础更好、透明度更高。

在使用生产函数法估计潜在产出时，如果使用投入变量的实际值进行估计，那么得到的只能是产出序列的实际值，而不是潜在产出水平。因此，在估计潜在产出之前，首先要把投入变量调整至潜在水平。为了得到投入变量的潜在值，需要剔除投入变量随经济周期波动而波动的部分。现有的文献中常使用 HP 滤波法（OECD）或分段线性趋势方法（CBO）对投入变量进行调整，我们采用更为平滑的 HP 滤波法对投入变量进行调整，继而得到相应的潜在产出水平。

其次是对全要素生产率的调整。全要素生产率是仅仅依靠劳动力和资本投入无法解释的经济增长部分，技术进步、管理体制创新等因素对产出的贡献都是全要素生产率对经济增长贡献的组成部分。由于这些因素具有不可观测性，直接模拟和预测全要素生产率非常困难。我们把去除投入扩大产生的经济增长的剩余部分都归因于全要素生产率的提高。与其他投入变量相同，在计算潜在产出时，全要素生产率也必须先调整至潜在水平。

生产函数中各投入变量的原始值如表 5 - 1 所示，需要特别说明的是，资本存量的数据基于原始数据按照研究中采用的方法外推。折旧率按照投入产出表中折旧比重每五年给出一个固定值。

表 5 - 1   2001~2018 年生产函数中各投入变量原始值

年份	16~59 岁总人口（万人）	就业人员（万人）	GDP：固定资本形成总额（亿元）	固定资产投资价格指数（1990 年 = 100）	全国固定资本存量（1990 年价格，亿元）	
2001		72797.0	38063.9	199.4	106447.6	
2002		73280.0	43796.9	199.8	116445.8	2001~2005 年折旧率为 11.2%
2003		73736.0	53964.4	204.2	129831.1	
2004		74264.0	65669.8	215.7	145735.0	
2005		74647.0	75809.6	219.1	164013.1	
2006		74978.0	87223.3	222.4	183550.7	
2007		75321.0	105052.2	231.1	206982.1	2006~2010 年折旧率为 12%
2008		75564.0	128001.9	251.8	232979.0	
2009		75828.0	156734.5	245.8	268786.5	
2010		76105.0	185827.3	254.6	309520.1	

续表

年份	16~59 岁总人口（万人）	就业人员（万人）	GDP:固定资本形成总额（亿元）	固定资产投资价格指数（1990 年 =100）	全国固定资本存量（1990 年价格,亿元）	
2011	94072.0	76420.0	219670.9	271.4	350841.4	
2012	93727.0	76704.0	244600.7	274.4	395073.9	2011~2015 年折旧率为 12.8%
2013	93500.0	76977.0	270924.1	275.2	442950.7	
2014	92982.0	77253.0	290053.1	276.6	491116.8	
2015	92547.0	77451.0	301503.0	271.6	539263.8	
2016	92177.0	77603.0	318083.6	270.0	583732.6	2016~2018 年折旧率为 13.6%
2017	91570.0	77640.0	346440.8	285.7	625605.3	
2018	91066.0	77586.0	362312.5	301.1	660841.5	

根据上文提到的研究方法，我们首先使用 HP 滤波法将各投入变量调整至潜在水平，然后按照劳动力投入和资本投入等比重的方法测算得到 2003～2018 年我国经济潜在增长率，如表 5-2 所示。

表 5-2 各投入变量的潜在水平以及经济潜在增长率测算结果

时间	劳动投入滤波(万人)	资本存量滤波(亿元)	TFP 滤波	潜在增长率（%）	实际增长率（%）
2003	73790.23	122910.66	-0.18	11.00	10.00
2004	74164.94	145643.50	0.73	10.23	10.10
2005	74529.62	169576.62	1.55	10.01	11.40
2006	74881.14	195209.03	2.24	10.03	12.70
2007	75217.51	222984.15	2.76	10.10	14.20
2008	75537.73	253228.76	3.10	10.10	9.70
2009	75841.84	286109.67	3.30	9.99	9.40
2010	76130.12	321591.16	3.37	9.77	10.60
2011	76402.75	359464.29	3.36	9.43	9.50
2012	76659.62	399399.41	3.28	9.00	7.90
2013	76900.80	440980.65	3.16	8.53	7.80
2014	77126.83	483748.86	3.04	8.03	7.30
2015	77338.99	527264.61	2.92	7.55	6.90
2016	77539.81	571162.15	2.80	7.09	6.70
2017	77732.97	615195.71	2.69	6.67	6.80
2018	77922.76	659245.23	2.59	6.29	6.60

如图 5 - 1 所示，我国经济实际增长率一直围绕经济潜在增长率波动，在 2004～2008 年偏离较大，经济实际增长速度高于潜在增长速度。之后产出缺口逐渐缩小，"十三五"期间，经济实际增长率与潜在增长率非常相似，最大差距不足 0.4 个百分点，2017 年和 2018 年的经济增速略高于潜在水平。

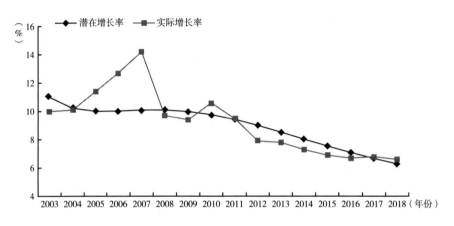

图 5 - 1　2003～2018 年我国经济潜在增长率和实际增长率

（二）使用价格水平变化和产能利用率验证"十三五"时期潜在增长速度

为进一步检验上文中生产函数分析得到的潜在增长率的准确性，我们使用国内生产总值平减指数与产出缺口（经济实际增长率减去潜在增长率）的对应关系进行分析验证。从理论上讲，当产出缺口扩大，即经济实际增长速度高于潜在增长速度，经济过热时，总需求大于总供给，因此价格总水平将会提高，反之，当产出缺口缩小，经济增长进入下行周期，总需求不足，价格总水平将会降低。在分析中，考虑到产出缺口不仅影响到本年价格，也会对下一年的价格水平产生影响，因此，我们构造了当年国内生产总值平减指数和下一年平减指数之间的简单平均数据序列，与产出缺口数据进行对应分析。如图 5 - 2 所示，产出缺口与平减指数之间的走势非常一致，当产出缺口扩大,平减指数也随之走高;当产出缺口缩小,平减指数则随之开始回落。从总的数据序列来看,当平减指数超过4%后,产出缺口会迅速扩大,而当平减指数位于2%左右时,产出缺口较小,实际经济增长与潜在经济增长趋势较为一致。

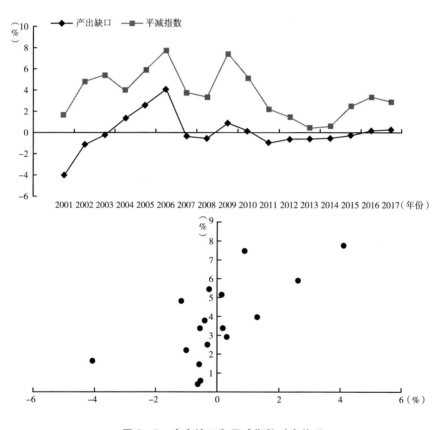

图 5 - 2 产出缺口和平减指数对应关系

使用产出缺口数据对工业产能利用率进一步进行分析,从理论上来说,当产出缺口扩大,经济实际增长速度高于潜在增长速度,经济过热时,产能利用率将提高;当产出缺口缩小,经济实际增长速度低于潜在增长速度,产能利用率将降低。但是我国的产能利用率数据序列较短,仅有2013年以来的数据,进行分析对应的误差可能会比较大,如图5-3所示,粗略估计,当产能利用率为75%时，产出缺口趋于零，即经济实际增长速度与潜在增长速度保持一致。

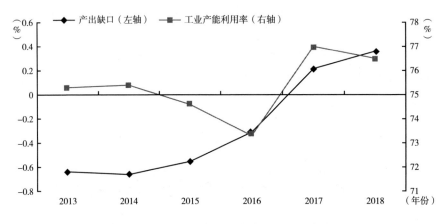

图5-3 产出缺口和工业产能利用率对应关系

（三）"十四五"时期潜在增长率预测

进一步使用生产函数法预测"十四五"期间经济潜在增长率。首先对劳动力投入进行预测。劳动力投入数量基于劳动年龄人口数量。劳动年龄人口数量基本是一个确定值。我们采用16~59岁年龄人口为劳动年龄人口（义务教育在15岁结束），然后按照每年新增劳动年龄人口和退休人口对上一年的数据进行调整。例如，2019年劳动年龄人口＝2018年劳动年龄人口-1959年出生人口（2018年退休）＋2003年出生人口（2019年进入劳动年龄）。如图5-4所示，2019年劳动年龄人口延续下降趋势，但受到1961~1963年三年自然灾害期间出生人口减少的影响，2020年后退休人口大量减少，因此2020~2021年劳动年龄人口回升，之后开始下滑，幅度较大，年均超过千万人，劳动投入对经济增长的负作用明显。

受劳动年龄人口绝对数量下降影响，劳动年龄人口就业率2011年以后呈上升趋势，根据"十四五"时期劳动年龄人口预测数据，综合近几年就

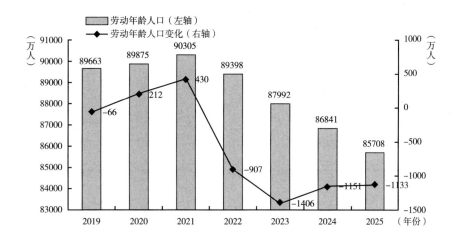

图5－4 劳动年龄人口总量及变化

业率的变化趋势，我们得到就业率的估计值，从而得到劳动力投入的预测值。资本存量的增长速度受到投资增速和折旧率的影响，随着我国人口抚养比的不断提高，储蓄率持续下降，我们预计这种下降趋势在"十四五"时期仍将持续。进一步构造储蓄率和资本存量增速之间的函数，发现二者的相关性比较强，因此在预测"十四五"时期的资本存量时，我们以储蓄率的线性外推值作为依据，而"十四五"时期的储蓄率则通过其近几年的趋势外推得到。折旧率的预测较为简单，随着基础设施进一步完善，投资中折旧率相对较低的建筑安装工程部分所占比重将进一步降低，而折旧率相对较高的设备工具器具购置的比重将会上升，因此预计"十四五"时期折旧率将会进一步提高，我们按照"十四五"时期其较当前提高1个百分点计算。全要素生产率的预测也是如此，由于"十四五"时期的预测时间跨度较短，经济技术创新取得突破性进展的概率较低，在基准情景下，我们预计全要素生产率仍然按照当前的趋势发展，通过线性外推的方法得到"十四五"时期全要素生产率的预测值。最终使用HP滤波法得到这些投入变量在预测期的变化趋势，如表5－3所示。

表 5-3　主要变量变化趋势预测

时间	劳动力投入预测	资本存量预测	全要素生产率预测
2019	77648.16	687421.96	3.08
2020	77741.88	724981.40	3.17
2021	77752.61	761582.37	2.82
2022	77597.46	797394.13	2.93
2023	76817.02	832620.17	3.04
2024	76246.40	867484.31	3.16
2025	75680.16	902198.24	3.27

　　将各投入变量的预测值带入生产函数，可以得到"十四五"时期的经济潜在增长率的预测值。基准情景下，即 TFP 增速保持当前的趋势下，"十四五"时期经济增长速度可以达到 5%。当然，全要素生产率的变化是诸多因素中最难以确定的，也是对经济增长最为重要的影响因素。未来我国 TFP 的增长速度，取决于一系列 TFP 的影响因素，如科技水平的提高、资源配置效率的改善、人力资本的积累、经济体制改革深化的推进程度以及政府职能的改善等。"十四五"时期全要素生产率加速提高具有良好的基础，但也存在一定的不确定性，因此在基准情景之外，我们再分两种情景对其未来的变化进行分析。如果在"十四五"时期全要素生产率加速提高，超出了当前的增长趋势，经济潜在增长率将会提高，即乐观情景，假设全要素生产率较当前趋势提高 10%，那么"十四五"时期的经济潜在增速可达到 5.51%。如果"十四五"时期全要素生产率提高受阻，速度不升反降，假设比当前趋势下降 10%，即悲观情景下，"十四五"时期的经济潜在增长速度将下降至 4.51%。

表 5-4　不同情景下经济潜在增长率预测

单位：%

时间	TFP 增速保持当前趋势（基准情景）	TFP 增速比当前提高 10%（乐观情景）	TFP 增速比当前下降 10%（悲观情景）
2019	6.20		
2020	5.96		

时间	TFP增速保持当前趋势（基准情景）	TFP增速比当前提高10%（乐观情景）	TFP增速比当前下降10%（悲观情景）
2021	5.35	5.89	4.82
2022	5.18	5.70	4.66
2023	4.75	5.22	4.27
2024	4.88	5.37	4.39
2025	4.90	5.39	4.41
"十四五"均值	5.01	5.51	4.51

二 利用动态 CGE 模型对经济潜在增长速度进行校准

可计算一般均衡（Computable General Equilibrium，CGE）模型自 Johanson（1960）提出以后，发展至今已有60多年的历史，已成为应用经济学领域的重要分支。世界上多数发达国家和部分发展中国家均陆续建立起本国的 CGE 模型，以开展经济形势分析和政策评估工作。相较于传统计量经济学研究方法，CGE 模型具备清晰的微观经济学基础、宏微观兼具的模型结构、良好的扩展性和适用性等诸多优势，因此被广泛应用于国际贸易、财政税收、收入分配、经济发展、资源环境等各类研究领域。

（一）动态 CGE 模型的构建

1. 社会核算矩阵（SAM）的编制

社会核算矩阵（Social Account Matrix，SAM）作为 CGE 模型的数据基础，是 CGE 模型的重要组成部分。传统的投出产出表（Input-Output Table）仅描述了经济系统中生产性部门之间的投入产出关系，并未覆盖非生产性部门及居民、企业、政府等各类账户之间的实物和货币流通情况，对于整体经济运行状况的描述并不全面。SAM 表在传统投入产出表的基础上，通过引入财政、税收、转移支付、投资储蓄等非生产性部门的相关经济数据，对于经济系统中各账户之间的资金流动及分配关系进行了更为全面的描述。

本模型以最新的 2015 年中国 42×42 部门投入产出表（引自《中国投入产出表（2015）》）、2015 年全国一般公共预算和决算收支总表（引自《中国财政年鉴（2016）》）、2015 年非金融交易资金流量表（引自《中国统计年鉴（2017）》）等作为主要资料来源，编制了我国 2015 年宏观社会核算矩阵。具体账户设置及描述情况如表 5-5 所示。

表 5-5 中国宏观社会核算矩阵的账户设置及描述

编号	账户名称	账户描述
1	商品	市场中进行交易的商品，按市场价格计算
2	活动	产业部门的生产活动，按出厂价格计算
3	要素—劳动	生产过程中劳动要素的投入及其报酬
4	要素—资本	生产过程中资本要素的投入及其回报
5	居民	经济系统中居民部门的收入及支出 —收入：劳动收入、居民资本收入、企业转移支付、政府转移支付 —支出：居民消费、个人所得税、居民储蓄
6	企业	经济系统中企业部门的收入及支出 —收入：企业资本收入 —支出：企业转移支付、企业直接税、企业储蓄
7	政府	经济系统中政府部门的收入及支出 —收入：关税、生产税、个人所得税、企业直接税、政府债务收入 —支出：政府消费、政府转移支付、政府储蓄
8	国外	经济系统中国外部门的收入及支出 —收入：进口 —支出：出口、国外净储蓄
9	投资储蓄	经济运行过程中的投资与储蓄状况 —收入：居民储蓄、企业储蓄、政府储蓄、国外净储蓄 —支出：固定资本及存货、政府债务收入

2. 动态 CGE 模型的设置

本研究采用开放经济下的递归动态 CGE 模型，包含：生产模块、国外模块、家庭模块、企业模块、政府模块、投资储蓄模块、宏观闭合模块、递归动态模块，合计 8 个子模块。其中，生产模块采用双层嵌套的设计方案，外层嵌套设置为 CES 函数，内层嵌套针对生产要素和中间投入商品分别设置为 CES 函数和 Leontif 函数；国外模块分别选择 Arminton 条件和 CET 函数计算国内生产和销售商品与进口和出口商品之间的替代关系。

以跨期投资—储蓄演进方程实现模型的递归动态。$t+1$ 期资本存量主要由两部分组成：第一部分为 t 期资本存量减去资本折旧，表征上期的存量资本；第二部分为 t 期投资总额，表征上期的增量资本。t 期存量与增量资本共同形成 $t+1$ 期资本存量。具体跨期递归动态关系如下式所示：

$$QKSTOCK(t+1) = (1 - dep) \cdot QKSTOCK(t) + EINV(t)$$

其中，QKSTOCK（t）、QKSTOCK（$t+1$）分别表示 t 期和 $t+1$ 期资本存量，EINV（t）表示 t 期投资总额，dep 为宏观经济资本折旧率。

经校准后的动态 CGE 模型能够对宏观经济运行状况及其变化趋势做出较好模拟，显示现有模型设置方式合理刻画了我国宏观经济系统的整体状况及其结构特征，显著增加了后续数值敏感性试验及结构分析预测的合理性及可信度。2016～2018 年实际 GDP 增速与动态 CGE 模型模拟结果如表 5-6 所示。

表 5-6 2016～2018 年国家统计局及动态 CGE 模型模拟的实际 GDP 增速

单位：%

时间	国家统计局	动态 CGE 模型
2016	6.70	6.70
2017	6.80	6.74
2018	6.60	6.70

（二）利用动态 CGE 模型校准经济潜在增长速度

上文中已通过生产函数法对我国"十四五"时期不同情景下的潜在经济增长率进行了定量预测。事实上，经济潜在增速的计算仅考虑了劳动力、资本以及全要素生产率的变化情况，是在已有政策环境未发生改变的前提下得到的基准数值，与实际增速预测值之间仍存在一定差异。该差异主要源自

经济系统对于现有政策变化所作出的调整和反应，本部分我们将利用动态
CGE 模型针对影响宏观经济运行的关键政策因素开展数值敏感性试验，从
而对上述经济潜在增速进行校准，以对未来政策环境下经济的实际变化情况
做出预测。当前阶段，中美经贸摩擦所导致的进出口关税调整，以及国内减
税降费政策所导致的企业经营成本下降，将对我国"十四五"时期的经济
增长趋势造成显著影响。因此，下文中我们将利用动态 CGE 模型，考察上
述政策环境变化对于"十四五"时期我国经济发展的具体冲击和影响，最
终对经济潜在增速进行调整和校准。

1. 关税调整

美国和中国分别是世界第一、第二大经济体，两国之间的贸易摩擦不仅
会对两国的经济发展形成明显冲击，而且会对世界贸易格局和经济形势造成
较大影响。现阶段，两国之间的贸易摩擦主要以互相加征关税的方式予以体
现，并出现逐步向其他领域扩散的苗头。美国贸易代表办公室（United
States Trade Representative，USTR）宣布自 5 月 10 日起，对我国价值 2000
亿美元商品的关税由 10% 上调至 25%，截至目前累计征税商品规模已达
2500 亿美元，关税税率达到 25%。

美国对我国出口商品加征关税后，将导致销售价格不变的前提下，国内
对美国出口企业的营业收入减少，企业利润受到挤压。与此同时，加征关税
行为将提升我国出口商品的终端销售价格，最终对我国商品在美国市场上的
竞争力产生负面影响。为此，本章通过税收归宿分析和价格冲击的方式，利
用动态 CGE 模型系统评估上述加征关税行为对我国"十四五"时期实际
GDP 增速所造成的冲击效果。值得指出的是，由于动态 CGE 模型基于一般
均衡理论构建而成，模型评估结果既考察了美国加征关税行为的直接和间接
影响，又反映了经济系统自身的反馈调节机制和内生平衡状态。

为更好地反映未来中美经贸磋商不同情景下的经济状况，本章设计了
"关税次年取消"和"关税持续存在"两种试验情景。具体而言，"关税次
年取消"情景下，价值 2000 亿美元商品的关税税率由 10% 上调至 25% 的冲
击事件仅在 2019 年发生，后续年份关税税率恢复至原有水平；"关税持续存

在"情景下,上述关税加征行为自2019年开始一直持续至2025年,其间对美国出口商品关税始终保持在25%的较高水平。2019～2025年期间,动态CGE模型模拟的实际GDP增速变化情况如表5-7所示。

表5-7 不同征税情景下实际GDP增速及其变动情况

单位:%,个百分点

时间	未加征关税 情景(参照组)	关税次年取消 情景(水平值)	关税持续存在 情景(水平值)	关税次年取消 情景(差值)	关税持续存在 情景(差值)
2019	6.58	5.99	5.99	-0.59	-0.59
2020	6.39	6.79	6.21	0.40	-0.18
2021	6.27	6.26	6.10	-0.02	-0.17
2022	5.98	5.97	5.81	-0.02	-0.17
2023	5.64	5.63	5.47	-0.02	-0.17
2024	5.25	5.24	5.08	-0.01	-0.17
2025	4.82	4.80	4.66	-0.01	-0.16

动态CGE模型的模拟结果显示,整体而言美国对我国出口商品加征关税将对我国实际GDP增速造成负面冲击,上述冲击的影响程度总体有限,且随着时间的推移影响幅度逐渐减小。具体而言,"关税次年取消"情景下,关税冲击当年实际GDP增速下滑0.59个百分点至5.99%,次年关税取消后经济快速回暖并叠加上年低基数影响,经济增速出现大幅上涨,2020年GDP实际增速达6.79%;随后,基于经济系统自身调节机制,国内外市场消费实现再次平衡,单年关税冲击效果被逐步消化,"十四五"时期负面冲击幅度仅为-0.016个至-0.014个百分点,影响程度十分有限。"关税持续存在"情景下,负面冲击的影响程度较单年份冲击明显提升,在对2019年GDP增速造成-0.59个百分点的实际冲击后,次年负面冲击继续保持但量值水平有所回落,同时伴随着时间的推移经济系统对于上述冲击的敏感性不断下降,负面冲击幅度保持在-0.175个至-0.162个百分点。

2. 减税降费

近年来,我国劳动力、土地等生产要素成本不断攀升,企业经营状况日益恶化，叠加全球经济放缓和外部风险挑战增多，我国经济增速呈现持续回落态势，2018 年下半年至今经济下行压力尤为明显。面对上述局面，党中央、国务院于近期出台了一系列逆周期调节政策，其中以减税降费为代表的财政手段力度空前，对于提振市场信心、平抑经济波动起到了重要作用。2019 年政府工作报告提出，全年计划减轻企业税收和社保缴费负担近 2 万亿元，减税幅度较 2018 年提升近 7000 亿元，财政政策加力提效趋势不减。具体而言，2019 年政府减税降费目标设定为 1.84 万亿元，2018 年我国企业所得税规模达 3.53 万亿元，若全部减税降费额度均通过降低企业所得税的方式实现，相当于在现有基础上下调企业所得税率的 50%。

为定量考察减税降费措施对于宏观经济的实际拉动作用，本章以企业所得税率作为冲击变量，通过设定单年减税和持续减税两种减税方式，考察不同减税周期下的经济状况。与此同时，为进一步研究不同减税力度下经济的实际提振效果，税率方面设定为低于预期（-25%）、符合预期（-50%）和超过预期（-75%）三种情景。数值敏感性试验的具体设计方案如表 5 - 8 所示。

表 5 - 8   "减税降费" 数值敏感性试验设计方案

减税方式	减税幅度
单年减税	低于预期（-25%）
	符合预期（-50%）
	超过预期（-75%）
持续减税	低于预期（-25%）
	符合预期（-50%）
	超过预期（-75%）

"单年减税" 试验的结果显示，整体而言减税降费措施将对经济增长形成明显提振作用，减税幅度越大经济增速提高幅度越大，且减税效果在减税政策执行后的 1 ~ 2 年内最为显著，随后便出现大幅衰减。具体而言，符合预期（-50%）情景下政策执行当年将直接拉动实际 GDP 增速提升 0.0331 个百分点，次年再度提升 0.0412 个百分点，两年累计提振幅度达 0.0743 个

百分点，随后政策效果出现大幅衰减，"十四五"时期正面影响幅度维持在
0.0054~0.0064个百分点。可以看到，单年减税降费政策约对冲单年加征
关税负面冲击的40%，其余影响无法通过现有减税降费规模予以弥补。低
于预期（−25%）和超过预期（−75%）情景下实际GDP的增速变化均呈
现上述特征，首年提振幅度分别为0.0165个和0.0498个百分点，次年提振
幅度分别为0.0206个和0.0617个百分点，整体上可分别对冲单年加征关税
影响的20%和60%。

表5-9　单年减税方式下各减税情景实际GDP增速水平值

单位：%

时间	未减税（参照组）	低于预期（−25%）	符合预期（−50%）	超过预期（−75%）
2019	6.578	6.595	6.611	6.628
2020	6.388	6.409	6.429	6.450
2021	6.274	6.277	6.281	6.284
2022	5.984	5.987	5.990	5.993
2023	5.640	5.643	5.646	5.649
2024	5.249	5.252	5.255	5.258
2025	4.818	4.820	4.823	4.826

表5-10　单年减税方式下各减税情景实际GDP增速与参照组差值

单位：个百分点

时间	低于预期（−25%）	符合预期（−50%）	超过预期（−75%）
2019	0.0165	0.0331	0.0498
2020	0.0206	0.0412	0.0617
2021	0.0032	0.0064	0.0097
2022	0.0032	0.0064	0.0096
2023	0.0030	0.0061	0.0091
2024	0.0029	0.0058	0.0086
2025	0.0027	0.0054	0.0081

"持续减税"试验的结果显示，相较于单年减税，持续减税对于经济增
长速度的提振作用显著增加，且减税降费政策对实际GDP增速的正向激励
效果随着时间的推移不降反升，存在一定程度的"累积效应"。具体而言，

以超过预期（-75%）情景下实际 GDP 增速的变化情况为例，2019 年减税降费政策可提高经济增速水平 0.498 个百分点，与同期单年减税方式基本持平，但随后政策的正向激励效果进一步扩大，次年便提高至 0.1293 个百分点，"十四五"期末拉动幅度已达 0.1711 个百分点，约为同期单年减税方式的近 21 倍。因此，持续减税政策对于经济的提振效果并非单年减税政策的线性外推，而是具有显著的"累积效应"，未来在应对外部事件对我国经济的负面冲击方面应优先选择持续减税的执行方式，以达到事半功倍的效果。与此同时，上述结果显示超过预期（-75%）情景下持续减税政策能够基本上对冲持续加征关税影响的负面冲击，低于预期（-25%）和符合预期（-50%）情景下对冲效果分别达到 30% 和 60%。

表 5-11　持续减税方式下各减税情景实际 GDP 增速水平值

单位：%

时间	未减税(参照组)	低于预期(-25%)	符合预期(-50%)	超过预期(-75%)
2019	6.578	6.595	6.611	6.628
2020	6.388	6.431	6.474	6.517
2021	6.274	6.321	6.368	6.415
2022	5.984	6.034	6.085	6.135
2023	5.640	5.693	5.746	5.800
2024	5.249	5.304	5.360	5.416
2025	4.818	4.874	4.931	4.989

表 5-12　持续减税方式下各减税情景实际 GDP 增速与参照组差值

单位：个百分点

时间	低于预期(-25%)	符合预期(-50%)	超过预期(-75%)
2019	0.0165	0.0331	0.0498
2020	0.0430	0.0861	0.1293
2021	0.0469	0.0940	0.1411
2022	0.0504	0.1009	0.1516
2023	0.0532	0.1065	0.1601
2024	0.0553	0.1108	0.1666
2025	0.0568	0.1138	0.1711

第六章　"十四五"时期经济构成结构分析

一　"十四五"时期需求结构预测

从理论上看，决定需求结构的机制包括两个层面：一是经济活动中政府、企业和居民等微观主体的投资储蓄决策机制。在一定经济发展条件下，资本的相对稀缺性带来更高的投资回报或预期回报，将导致微观主体更倾向于储蓄，以使得更多国民收入被分配给投资。二是微观主体的投资储蓄决策加总形成社会整体需求结构的机制。需求结构的各种影响因素在根本上是通过这两个层面的决定机制来发挥作用的。

（一）需求结构影响因素的定性分析

1. 全球化、发展阶段、人口年龄结构和体制因素共同影响了当前需求结构

我国当前需求结构是多种因素共同作用的结果：一是受到全球化的影响。在全球化深入发展背景下，我国的低成本劳动力优势突出，投资回报相对较高，外部资本流入较多，间接推高了我国投资率。就中美两国需求结构来看，美国投资向中国转移，使得美国国内投资减少，而我国的投资率相应增加。同时由于跷跷板效应，美国投资转移的同时，消费率相应提高；加上在中国的投资回报以资本盈余的形式汇回美国国内，使得美国居民收入水平提高，消费率被二次扩大。也就是说美国的投资转移到中国一部分，消费则

相应提高了两部分，而我国在接受美国投资时，投资率提高了一部分，而消费相当于减少了两部分。

二是由我国所处的发展阶段决定的。一国投资率是该国发展阶段和经济结构特征的深刻反映。我国目前处于工业化和城市化快速推进阶段。资本相对劳动更为稀缺，投资回报相对更高，更多的国民收入被用于储蓄进而转化为投资。工业化和城市化快速推进产生的制造业发展和基础设施建设需求为追求较高回报的资本提供了广阔的投资空间，大量储蓄转化为固定资产投资，这在客观上决定了我国在一定阶段具有较高的投资率。

三是与我国人口年龄结构有关。过去三十多年，我国经历了一个较快的人口年龄结构转变过程，劳动年龄人口的数量和比重都在提高。充裕的劳动力资源和相对较轻的人口负担（少儿抚养比和总抚养比都下降且较低）造就了显著并持续的"人口红利"期。这在客观上支撑了我国的高储蓄率，为投资率的提高提供了基础。

四是与体制扭曲有关。投资率偏高与我国体制不完善导致的体制扭曲也有很大关系。比如，由于产权制度改革尚未完全到位，国有企业的预算软约束弊病仍然存在，相当一部分国有企业存在不计成本、忽视效率问题。在现行行政和财政管理体制下，地方政府有扩大投资做大 GDP 和获取更多财税收入的动机，而在现行资源环境体制下，资源要素价格扭曲，环境成本没有内部化，相当于降低了投资成本，为地方政府和国有企业扩大投资、低效投资创造了制度条件。由于体制不完善而带来的金融压抑，降低了资金使用成本，为粗放式扩大投资提供了条件。此外，我国长期存在的重复建设、过度投资以及铺张浪费等无效投资，也在一定程度上助长了投资率高启不下。消费率偏低，则与我国收入分配制度和基本公共服务制度不完善有很大关系。

2. 影响因素的变化将有利于需求结构优化调整

一是全球化进程趋于放缓。"十三五"及今后 10 年，全球化由以收入效应为主的双赢阶段推进到替代效应凸显的利益分化阶段，进程将趋于放缓。一方面作为全球化领导者的发达国家成本收益格局开始变化，国家保护主义进一步加剧，另一方面新兴经济体之间的竞争更加激烈。我国在技术资本密集型产品和劳动密集型产品出口方面同时面临发达国家和后起新兴经济体的双重夹击与挑战。我国吸引外部投资的增速将放缓,相应地以往由全球化带来的我国对发达国家投资的替代效应将减弱,与之相关的投资增速会放慢,为投资率的下降提供了条件。

二是发展阶段转变推动内外投资结构变化。我国已经进入由中高收入向高收入转变阶段。一方面受我国资源禀赋和比较优势影响,另一方面受后起新兴市场国家竞争冲击,我国将从商品输出转向资本输出。这就意味着,相对于国内投资而言,海外投资的回报相对更高,海外投资将逐步增加,相应地国内投资增速会下降;同时随着进口规模不断扩大,贸易顺差将逐步收窄。这在总体上将有利于降低投资率,推动需求结构优化调整。

三是人口抚养比将出现趋势性上升。随着生育率持续下降,我国人口增长速度不断放缓,人口老龄化加速和劳动年龄人口增速放缓将使人口结构发生转折性变化。2012 年我国劳动年龄人口比 2011 年减少了 345 万,首次出现绝对数量的下降,这标志着人口结构变化新趋势的开端——人口抚养比将由过去 30 多年的持续下降趋势转为上升。根据联合国相关预测,我国人口抚养比的上升趋势在未来 20 年将加速推进。从理论上看,人口抚养比的趋势性上升意味着社会总储蓄率将会下降,投资供给的充裕状况将发生变化,投资成本上升,这会带来消费增加、投资下降。同时,劳动力数量的趋势性下降,使劳动力相对资本过剩将发生转折性变化,这将有利于劳动力报酬占比逐步回升,对推动消费率提高和投资率下降产生积极影响。

四是体制扭曲将逐步减轻或消除。按照十八届三中全会的总体部署,"十三五"时期要在重要领域和关键环节改革上取得决定性成果,完成全面深化改革的任务。随着改革的推进,体制扭曲将逐步减轻或消除,有利于需求结构优化调整。财税体制改革,一方面有利于消除制度、政策性扭曲对需求结构的影响,如适度加强中央事权和支出责任有利于降低地方投资冲动,资源环境税制改革有助于正常反映要素使用成本,优化投资结构。另一方

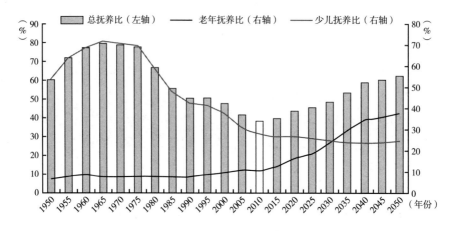

图 6-1 我国人口红利结束

资料来源：世界银行。

面，有利于为需求结构优化调整提供制度基础。财税体制改革促进收入再分配体制的完善，涉及社保体制完善、个人所得税改革和财产税制改革等，有利于提高居民消费能力和扩大消费，从而对调整投资—消费关系、优化需求结构产生积极影响。金融市场体系的逐步完善、利率市场化的加快推进等将有助于减小金融压抑程度，消除资本使用价格的人为扭曲影响，为需求结构调整提供有利条件。

（二）需求结构影响因素的定量分析

通过跨国数据分析揭示世界各国需求结构变化的一般影响因素。

1.消费率变化的影响因素

计量模型分析结果表明，世界各国消费率的变化趋势主要受人均 GDP 增长率、服务业占 GDP 比重、商品和服务出口占 GDP 比重、城镇化率等因素的影响。从变化方向上看，随着人均 GDP 增长率提高，消费率显著降低；随着服务业占 GDP 比重提高，消费率显著提高；随着商品和服务出口占 GDP 比重提高，消费率显著降低；随着城镇化率提高，消费率显著降低。

表 6 – 1   消费率影响因素回归结果

	被解释变量:消费率
人均 GDP 增长率	– 0. 1594121 *** (0. 000)
服务业占 GDP 比重	0. 4093326 *** (0. 000)
商品和服务出口占 GDP 比重	– 0. 2668156 *** (0. 000)
城镇化率	– 0. 142801 *** (0. 000)
常数项	77. 38796 *** (0. 000)
观测数	1298
R^2	0. 7646

注:圆括号内为 p 值,"***""**""*"分别表示 1%、5%、10% 显著性水平。

2. 投资率变化的影响因素

计量模型分析结果表明,世界各国投资率的变化趋势主要受储蓄率、城镇化率、适龄劳动人口比例、非农就业人口比例的影响。从变化方向上看,随着储蓄率提高,投资率将显著上升;随着城镇化率提高,投资率将显著降低;随着适龄劳动人口比例提高,投资率将显著提高;随着非农就业人口比例提高,投资率将显著上升。

表 6 – 2   投资率影响因素回归结果

	被解释变量:投资率
储蓄率	0. 4204039 *** (0. 000)
城镇化率	– 0. 2402315 *** (0. 013)
适龄劳动人口比例	0. 4632517 *** (0. 000)
非农就业人口比例	0. 0045089 *** (0. 000)
常数项	7. 090397 * (0. 077)
观测数	873
R^2	0. 7676

注:圆括号内为 p 值,"***""**""*"分别表示 1%、5%、10% 显著性水平。

3. 净出口率变化的影响因素

模型分析表明,世界各国投资率的变化趋势主要受适龄劳动人口比例、工业比例的影响。从变化方向看,随着适龄劳动人口比例提高,顺差率将显著提高;随着工业比例提高,顺差率将显著提高。

表6-3 顺差率影响因素回归结果

	被解释变量:顺差率
适龄劳动人口比例	0.2666995 *** (0.000)
工业比例	0.185524 *** (0.000)
常数项	-20.17437 *** (0.001)
观测数	1345
R^2	0.5478

注：圆括号内为 p 值，"***""**""*"分别表示1%、5%、10%显著性水平。

模型分析表明，世界各国需求结构主要受全球化、所处发展阶段、人口年龄结构等因素共同影响，呈现需求结构影响因素的一般性规律。不过，模型分析也表明，影响投资率、消费率和净出口率的因素侧重点也存在些许差异，其中，投资率主要受资金充裕程度、人口年龄结构、就业结构等要素结构因素影响，而消费率和净出口率则主要受工业比例或服务业比例等产业结构因素影响。

使用改革开放以来我国需求结构的相关数据，采取多元回归和趋势外推法，对"十四五"时期我国的需求结构进行预测，结果如下。

第一，"十四五"时期我国投资率将呈趋势性下降，为42.5%。

我们使用和国际面板数据相同的解释变量对我国的投资率数据进行多元回归，得到"十三五"时期我国投资率为44%左右，"十四五"时期我国实际投资率为42.5%左右，较"十三五"时期下降约1.5个百分点。

第二，"十四五"时期消费率将呈趋势性上升，约为56%。

对我国消费率数据进行多元回归，发现人均GDP增长率、商品和服务出口占GDP比重与消费率之间的相关性不强，服务业占GDP比重、人口抚养比和城镇化率的走势决定了"十四五"时期我国的实际消费率。"十三五"时期我国消费率预计将为54%左右，"十四五"时期约为56%，较"十三五"时期提高约2个百分点。

第三，"十四五"时期净出口率将轻微下降，约为0.8%。

工业比例和适龄劳动人口比例也能较好地解释我国的净出口数据,解释度为72%。使用该模型进行预测结果显示,"十三五"时期我国实际净出口率可能为1.4%,"十四五"时期约为0.8%,较"十三五"时期轻微下降0.6个百分点。

对需求比例进行分别预测,加总后可能不等于100%,因此我们使用"按比例分配法"进行调整。调整后,"十三五"时期我国实际投资率、实际消费率和实际净出口率的预测值分别为44.3%、54.3%和1.4%;"十四五"时期三者分别为42.8%、56.4%和0.8%。总体而言,"十三五"时期及"十四五"时期我国需求结构将呈现"一高两低"的变化趋势,即消费率将逐步提高,投资率和净出口率出现一定幅度的下降。

二 "十四五"时期产业结构预测

CGE模型由于具备宏微观结构兼具的比较优势,经常被用来分析未来产业结构的变化趋势或各类政策对于不同产业的具体影响效果。本部分利用上文中所构建的动态CGE模型,对我国"十四五"时期三次产业的结构关系进行分析预测,同时对三次产业内部各细分行业的发展状况进行对比研究,以考察未来一段时间内我国经济结构的调整方向和变化趋势。其中,动态CGE模型中的行业分类情况与三次产业之间的具体对应关系如表6-4所示。

表6-4 动态CGE模型中行业分类与三次产业对应关系

编号	动态CGE模型行业分类(42类)	行业大类(19类)	三次产业
1	农林牧渔产品和服务	农、林、牧、渔业	第一产业
2	煤炭采选产品		
3	石油和天然气开采产品	采矿业	第二产业
4	金属矿采选产品		
5	非金属矿和其他矿采选产品		

续表

编号	动态 CGE 模型行业分类（42 类）	行业大类（19 类）	三次产业
6	食品和烟草	制造业	第二产业
7	纺织品		
8	纺织服装鞋帽皮革羽绒及其制品		
9	木材加工品和家具		
10	造纸印刷和文教体育用品		
11	石油、炼焦产品和核燃料加工品		
12	化学产品		
13	非金属矿物制品		
14	金属冶炼和压延加工品		
15	金属制品		
16	通用设备		
17	专用设备		
18	交通运输设备		
19	电气机械和器材		
20	通信设备、计算机和其他电子设备		
21	仪器仪表		
22	其他制造产品		
23	废品废料		
24	金属制品、机械和设备修理服务		
25	电力、热力的生产和供应	电力、热力、燃气及水的生产和供应业	
26	燃气生产和供应		
27	水的生产和供应		
28	建筑	建筑业	
29	批发和零售	批发和零售业	第三产业
30	交通运输、仓储和邮政	交通运输、仓储和邮政业	
31	住宿和餐饮	住宿和餐饮业	
32	信息传输、软件和信息技术服务	信息传输、软件和信息技术服务业	
33	金融	金融业	
34	房地产	房地产业	
35	租赁和商务服务	租赁和商务服务业	
36	科学研究和技术服务	科学研究和技术服务业	
37	水利、环境和公共设施管理	水利、环境和公共设施管理业	
38	居民服务、修理和其他服务	居民服务、修理和其他服务业	
39	教育	教育	
40	卫生和社会工作	卫生和社会工作	
41	文化、体育和娱乐	文化、体育和娱乐业	
42	公共管理、社会保障和社会组织	公共管理、社会保障和社会组织	

动态 CGE 模型的模拟结果显示,整体而言"十四五"时期第一产业占比将出现小幅回落,累计降幅仅为 0.1 个百分点左右,同时第二、第三产业增加值占比之间将出现涨跌互现局面。具体而言,截至"十四五"期末,第二产业增加值占比将升至 47.57%,较 2019 年上涨 3.57 个百分点,同期第三产业增加值将降至 43.64%,较 2019 年回落 3.43 个百分点。从行业内部来看,第二产业中非金属矿物制品(13)、金属冶炼和压延加工品(14)、通用设备(16)、交通运输设备(18)、电气机械和器材(19)、建筑(28)等行业增幅较大,其中建筑业"十四五"期末较 2019 年大幅提升 1.32 个百分点,位居各行业之首。第三产业中,金融(33),房地产(34),教育(39),卫生和社会工作(40),公共管理、社会保障和社会组织(42)等行业波动幅度较大,其中公共管理、社会保障和社会组织跌幅达 0.74 个百分点,回落程度居各行业首位。

表 6 – 5 三次产业增加值占比变化情况

单位:%

时间	第一产业增加值占比	第二产业增加值占比	第三产业增加值占比
2019	8.93	44.00	47.07
2020	8.87	44.72	46.41
2021	8.83	45.39	45.78
2022	8.80	46.02	45.19
2023	8.78	46.59	44.63
2024	8.78	47.11	44.12
2025	8.79	47.57	43.64

三 "十四五"时期新经济比重预测

根据国家统计局《新产业新业态新商业模式统计分类(2018)》中的标准,"三新"经济活动主要包括现代农林牧渔业、先进制造业、新型能源活动、节能环保活动、互联网与现代信息技术服务、现代技术服务与创新创业服务、现代生产性服务活动、新型生活性服务活动、现代综合管理活动 9 个子类。当前最新年份（2015）的投入产出数据按照原有分类方法进行统计，与"三新"经济活动存在一定偏差，故根据"三新"统计分类标准的详细分类表，选取具有较好代表性的专用设备（17），电气机械和器材（19），通信设备、计算机和其他电子设备（20），信息传输、软件和信息技术服务（32），科学研究和技术服务（36），水利、环境和公共设施管理（37）来反映当前新经济的大体发展情况，当前至"十四五"期末上述行业的占比变化情况如表 6-6 所示。

表 6-6 "三新"代表行业增加值占比变化情况

时间	行业（17）	行业（19）	行业（20）
2019	0.013077	0.019485	0.023123
2020	0.01346	0.019877	0.023269
2021	0.013819	0.020247	0.023393
2022	0.014146	0.020588	0.023496
2023	0.014441	0.020903	0.023583
2024	0.014703	0.02119	0.023657
2025	0.014932	0.021451	0.023716
变化（%）	0.19	0.20	0.06
时间	行业（32）	行业（36）	行业（37）
2019	0.027949	0.018028	0.004761
2020	0.028092	0.018154	0.004581
2021	0.028208	0.018275	0.004414
2022	0.028282	0.018384	0.004264
2023	0.028311	0.018482	0.004131
2024	0.028299	0.018567	0.004014
2025	0.028246	0.01864	0.003914
变化（%）	0.03	0.06	-0.08

第七章　基于分产业生产函数的我国经济潜在增长率测算

经济增长理论的发展轨迹表明，各个学派的经济增长理论关注的是经济增长的根源。也就是依据生产函数着力寻找促进经济增长的核心要素，因此，经济增长理论的发展，说到底是反映决定经济增长的核心要素变化的理论概括的发展。传统的生产函数模型，在给定劳动力和资本投入的情况下，确定经济产出，这是一种忽略当前经济增长约束的理想状态，而当前经济的最优状态是不能排除各种制约因素的。在这种考虑下，我们首先建立生产函数模型，然后通过当前经济中存在的各种制约因素对经济的理想增长速度进行修正，最终得到当期的经济潜在增长率。

本章使用的生产函数建立在索洛模型的基础上。索洛模型虽然形式简单，但是被广泛应用，成为绝大多数长期经济增长研究的基础。索洛模型的关注重点是经济增长的供给动力，模型把供给动力分为两个方面：劳动力供给和物质资本的积累。生产函数就是把经济增长表示为这两方面供给因素的增长（这两方面供给因素的增长所不能解释的经济增长部分称为全要素生产率的增长，在潜在产出的估计中，全要素生产率也是非常重要的一部分）。

考虑到我国存在明显的二元经济特征，农业经济和非农经济之间无论是资源配置还是生产效率都存在显著差异，劳动力在农业部门与非农业部门的边际产出相差较大，在总劳动力不变的情况下，劳动力在不同部门之间的转移对产出具有相当大的影响。可探索建立农业部门和非农业部门的生产函数。

我们首先把经济分为三个部门并分别构造各部门的生产函数，然后进行加总得到经济整体的潜在产出水平。三个部门分别为：第一产业、第二产业部门和第三产业部门。使用分产业生产函数方法计算潜在产出主要基于以下两方面考虑：首先，数据方面的限制使得构造估计潜在产出的整体方程非常困难。非农业部门的数据较为齐全，但其他部门的数据不是很完整。这就会约束所采用的生产函数的形式，使估计结果可能出现较大的偏差。其次，考虑到我国经济的二元特征，不同产业增长的动力来源存在很大差别，有些部门的增长依赖于资本存量的增加，有些部门的增长更加依赖于劳动力的投入。因此不同部门所采用的生产函数的形式也应该不同，劳动力边际产出和资本边际产出的值也会存在不同。为此我们采用了分产业生产函数方法来估计潜在产出。之所以按照三次产业进行部门的划分，主要是考虑到三次产业间的增长动力存在较大差别，但同一产业内部的差异性相对较小，因此生产函数的形式可以比较统一，同时也考虑到了数据的可得性和最终估计结果加总的方便性。在本章的计算中，所有价值数据全部调整为 1992 年可比价。

产出水平表示如下：

$$GDP = GDP_1 + GDP_2 + GDP_3 \tag{1}$$

GDP，国内生产总值；GDP_1，第一产业生产总值；GDP_2，第二产业生产总值；GDP_3，第三产业生产总值。

方程（1）为估计潜在产出的基础，潜在产出可表示如下：

$$GDP^* = GDP^* P_i + GDP^* s_i + GDP^* t_i \tag{2}$$

其中，"＊"表示潜在产出。$GDP^* P_i$ 表示第一产业的潜在产出；$GDP^* s_i$ 表示第二产业的潜在产出；$GDP^* t_i$ 表示第三产业的潜在产出。

一　分产业生产函数的构造

（一）第二产业生产函数的构造

第二产业生产函数的构造是整个潜在产出估计的核心部分。第二产业生产函数是在标准的新古典生产函数的基础上构造的，投入要素包括劳动力投入、资本投入和全要素生产率三部分，形式如下：

$$Qs_i = AL_\alpha K_\beta \tag{3}$$

其中，Qs_i，第二产业实际产出（调整为 1992 年价格）；A，第二产业全要素生产率；L，第二产业劳动力投入；K，第二产业资本存量。

对方程（3）取对数可得到如下结果：

$$\log(Q) = \log(A) + \alpha \cdot \log(L) + \beta \cdot \log(K) \tag{3a}$$

对方程（3a）取差分，可得到（3b）方程，这是分析经济增长关系的基础。

$$\% \Delta Q = \% \Delta(A) + \alpha \cdot \% \Delta(L) + \beta \cdot \% \Delta(K) \tag{3b}$$

方程（3b）表明第二产业的产出增长可表示为投入要素和全要素生产率的增长率的加权平均和。任何不能被投入要素增长解释的经济增长都归于全要素生产率的增长。尽管全要素生产率的增长可以被解释为由技术进步等因素引起，但在计算中很可能也受到模型的估计误差等因素的影响。

生产函数中的参数 α 和 β 分别为劳动力边际投入和资本边际投入对经济增长的贡献。本章遵循以往很多研究中的做法，在调整共线性影响后，使用计量模型确定 α 和 β 的值，α 和 β 取值分别为 0.7 和 0.3（假设一产中劳动力的边际产出为 0，三产中资本的边际产出为 0，具体分析见相应部分的说明）。

在估计潜在产出时，如果使用投入变量的实际值进行估计，那么得到的只能是产出序列的实际值，而不是潜在产出水平。因此，在估计潜在产出之前，首先要把投入变量调整至潜在水平。为了得到投入变量的潜在值，需要剔除投入变量随经济周期波动而波动的部分。现有的文献中常使用 HP 滤波法（OECD）或分段线性趋势方法（CBO）对投入变量进行调整。本章分别使用 HP 滤波法和分段线性趋势法对投入变量进行调整，继而得到相应的潜在水平。

第一，对劳动力投入的调整。HP 滤波法和分段线性趋势法对劳动力投入的调整效果如图 7 - 1 所示。可以看出，HP 滤波法和分段线性趋势法得到的潜在劳动力投入水平不完全一致，但估计得到的就业缺口的变化趋势是一致的。

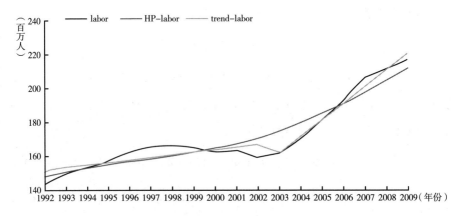

图 7 - 1 劳动力投入的调整

第二，对资本投入的调整。生产函数理论要求生产函数中使用的资本投入应该是生产可得的资本服务投入，如果每一年每一项资本品都来自租赁市场，那么对资本投入的估计就相对简单了，支付的全部资本品的租金就是估计资本服务投入的基础。然而，生产中很多资本都是自有的，所以把资本存量转换为资本服务投入就存在一定难度。与现有很多研究中的做法一致，我们假设资本服务的投入量与资本存量成比例①，因此在生产函数中，我们使

---

① 本章中第二产业固定资产投资的数据来源于《中国固定资产投资年鉴》，数据缺失部分采用线性插值的方法补充。折旧率数据通过以下方法得到：从 1992 年至 2007 年的投入产出表中查到对应年份的第二产业固定资产折旧，然后根据现有研究成果估计起始年份资本存量数为当年第二产业产值的三倍。当年投资和当年的固定资产折旧率都通过固定资产投资价格指数调整为 1992 年价格。

用资本存量的原始数据，不对资本存量数据进行调整。

第三，对全要素生产率的调整。全要素生产率是仅依靠劳动力和资本投入无法解释的经济增长部分，技术进步、管理体制创新等因素对产出的贡献都是全要素生产率对经济增长贡献的组成部分。由于这些因素具有不可观测性，直接模拟和预测全要素生产率非常困难。我们把去除扩大产生的经济增长的剩余部分都归因于全要素生产率的提高。

全要素生产率通常用指数形式来表示，它的增长率等于产出的增长率减去投入要素增长率的加权平均，权重就是我们上文中确定的劳动力和资本的边际报酬。与其他投入变量相同，在计算潜在产出时，全要素生产率也必须先调整至潜在水平。首先把产出、劳动力和资本的实际值代入生产函数，计算得到全要素生产率的实际值，然后使用我们处理劳动力投入和资本投入的方法对全要素生产率进行调整。

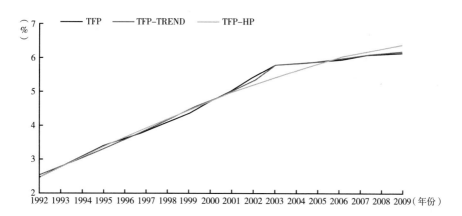

图 7 - 2　全要素生产率的调整

投入要素都调整至潜在水平后，把投入要素代入生产函数，计算第二产业的潜在增长水平，如图 7 - 3 所示。由于分段线性趋势法在投入变量的调整时存在结构突变点，在潜在增长率的估计时也会出现类似的结构突变点，如图 7 - 3 中圈内所示部分。而经过 HP 滤波方法调整的收入变量相对比较平滑，因此估计得到的经济潜在增长率也相对比较平滑。

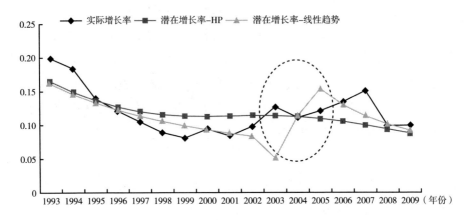

图 7 - 3　第二产业实际和潜在增长率

注：线性趋势表示使用线性趋势滤波法得到的潜在增长率，HP 表示使用 HP 滤波法得到的潜在增长率。下同。

从估算结果看，1993 年以来，我国第二产业的潜在增速呈分阶段下滑态势。1993 ~ 1998 年是潜在增速第一阶段下滑，由 15% 以上的高增长下降至 12% 左右；1999 ~ 2004 年潜在增速基本保持稳定。2004 年以后潜在增速再次出现下降。1993 ~ 1998 年第二产业的资本形成速度和劳动力增速均出现了显著下降，虽然全要素生产率保持比较稳定的提高速度，但是仍然无法弥补投入要素增速下降带来的二产潜在增速的下降，这是造成第二产业潜在增长速度下降的主要原因。1998 ~ 2004 年，劳动力投入和资本形成保持较快增长速度，全要素生产率比较平稳，因此二产潜在增长率没有持续 1993 ~ 1998 年的下降态势，而是保持在相对平稳的水平上。2004 年之后，由于劳动力、资本形成速度以及全要素生产率皆呈现下降态势，第二产业的潜在增长速度又出现了持续下降。从运行角度看，第二产业的增长呈现明显的周期特征，1993 ~ 1995 年第二产业的实际增长率高于潜在增长率，第二产业呈现增长过热。1995 ~ 2002 年第二产业实际增长率低于潜在增长率，平均相差 2.2 个百分点，第二产业出现了持续低迷。2003 年之后，第二产业增长加速，实际增长率高于潜在增长率，尤其是 2007 年，实际增长率高于潜在增长率 5 个百分点，第二产业呈现明显过热。

（二）第三产业生产函数的构造

近年来，我国第三产业蓬勃发展，第三产业产值由 1992 年的 9357.4 亿元上升为 2009 年的 48038 亿元（当年价），就业人数从 1.31 亿人上升到 2.67 亿人，如图 7-4 所示。第三产业产值与就业人数的相关系数达到 0.95，因此在构造第三产业生产函数时，简便起见，假设第三产业的增长完全依靠劳动力投入的增加和全要素生产率的提高，即资本的边际产出为 0。这种假设一方面是由于第三产业产值增长与就业人数的关系非常紧密，另一方面是由于第三产业的资本存量数据无法得到，而不得不做这样的假设。

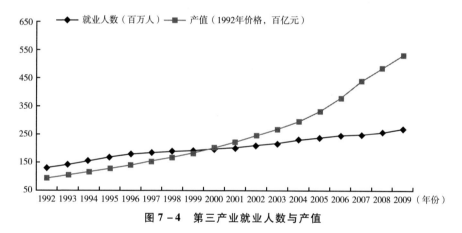

图 7-4　第三产业就业人数与产值

第三产业生产函数可表示如下：

$$Qt_i = AL \tag{4}$$

其中，Qt_i，第三产业实际产出（调整为 1992 年价格）；A，第三产业全要素生产率；L，第三产业劳动力投入。

和第二产业潜在产出的估计相同，在估计第三产业生产函数之前，我们首先需要把投入变量调整至潜在水平。各投入变量的计算和调整方法与第二产业相同，不再详述。把调整好的投入变量代入第三产业生产函数，可估计得到第三产业潜在水平。

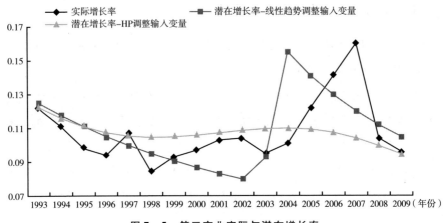

图 7 - 5   第三产业实际与潜在增长率

第三产业潜在增长率经历了一个波浪式变化过程，1998 年之前持续下降，而 1998 年之后转为上升，2004 年之后再次转为下降。与第二产业相比，第三产业的周期波动性较弱，但周期波动的阶段基本相同。1993 ~ 2004年，第三产业实际增长率低于潜在增长率，除 1998 年二者相差 1.5 个百分点之外，其他年份差距不大，平均相差 0.8 个百分点。2004 年之后，实际增长率高于潜在增长率，且在 2005 ~ 2007 年三年的差距较大，尤其是 2007年，二者相差近 5 个百分点。

由于第三产业生产函数中只包含劳动力投入和劳动生产率两个变量，第三产业潜在增长率变化可通过劳动力投入和劳动生产率的变化予以解释。1998 年之前，虽然第三产业劳动生产率持续提高，但是无法弥补就业增速的快速下降，因而潜在增长率呈现持续下降。1998 ~ 2004 年，劳动生产率和就业人数保持平稳的增速，因此潜在增长率也保持平稳。2004 年之后，虽然就业人数增速继续下降，但是由于三次产业结构调整，尤其是第三产业内部结构调整，新兴服务业快速扩张，第三产业的劳动生产率大幅度提高。这个阶段的劳动生产率大幅度提高，可能是这个阶段第三产业资本深化的一个重要表现，但是由于缺乏第三产业资本存量数据，我们无法对其进行进一步分析。

（三）第一产业生产函数

在第一产业劳动力供给充裕的假设下，构造第一产业生产函数时，我们假定劳动力的边际产出为 0，用地面积成为影响第一产业产值最为关键的因素。因此第一产业生产函数可表示如下：

$$Qp_i = ALand \qquad\qquad (5)$$

其中，Qp_i，第一产业实际产出（调整为 1992 年价格）；$Land$，第一产业中投入生产的土地面积[①]；A，第一产业全要素生产率。

和第二产业、第三产业潜在产出的估计相同，在估计第一产业生产函数之前，我们首先需要把投入变量调整至潜在水平。各投入变量的计算和调整方法与上文相同，不再详述。第一产业潜在增长的总体变化趋势与二产和三产有所不同，特别是 2004 年后有一个小幅上升过程，表明第一产业的增长相对独立于经济中的其他部门。与第二产业和第三产业相比，第一产业也呈现出相同的周期特征，特别是 2004～2009 年，第一产业的实际增长率除2007 年外始终高于潜在增长率。

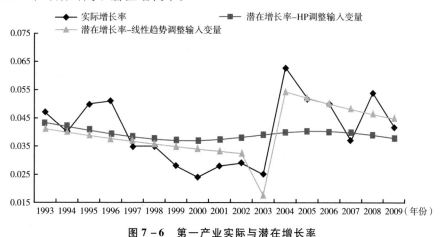

图 7-6　第一产业实际与潜在增长率

① 鉴于数据的可得性，我们使用农作物播种面积来表示农业用地面积。2004～2009 年二者之间存在相对固定的比例关系。

第一产业的潜在增长率变化比较平稳，主要原因是技术进步等，单位土地产出的提高可以弥补土地面积的下降。

根据三次产业计算得到的潜在产出值，与实际 GPD 产出值相比得到产出缺口数据，我们通过分析产出缺口和通货膨胀率变化[①]的关系来大体评价上述生产函数模型的事实解释能力。从图 7 - 7 可以看出，使用分段线性趋势法进行调整得到的 GDP 的缺口与通货膨胀变化的吻合度更好，1993 ~ 2009 年，其间有 6 个年份出现不一致，但是除 1995 年和 2004 年差距较大外，其余年份二者都在 0 左右波动时出现细微的不一致。同样，使用 HP 滤波法时也有 6 个年份出现不一致。可见，二者的事实解释能力都不错。

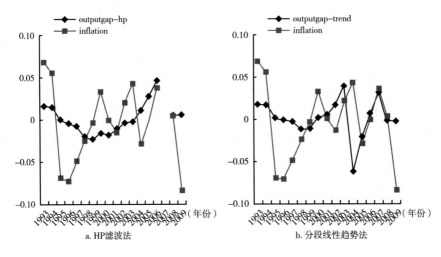

a. HP滤波法　　　　　　　　b. 分段线性趋势法

图 7 - 7　产出缺口和通货膨胀变动

二　潜在产出的要素贡献分析

（一）第二产业潜在产出要素贡献

分析第二产业增长中各要素的贡献可知，要素投入的高增长是 2002 年

---

①　这里的通货膨胀率变动是使用 GDP 平减指数的变动而得。

以后第二产业高速增长的重要拉动力量，特别是资本要素的投入，2002年以来呈现快速上升趋势，2002～2009年平均增速为17.3%。2002年以后，劳动力的投入速度也出现了较快上升，2002～2009年劳动力投入平均增速为3.7%。

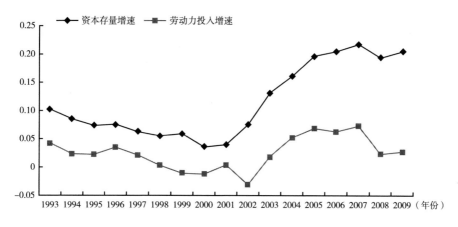

图7-8 二产中投入要素增速

分析各投入要素的贡献，资本投入对第二产业增长的贡献率始终保持在40%以上，2009年进一步提高，达到61.9%。劳动力投入的贡献率略低于资本投入的贡献率，2004～2007年保持在30%以上，2008～2009年降低到20%以下。综合劳动力投入和资本投入的贡献来看，要素投入对第二产业增长的贡献率保持在75%以上，全要素生产率的贡献大部分时间保持在20%左右，第二产业的增长仍然是依靠简单要素投入扩张的生产模式。

（二）第三产业潜在产出要素贡献率

从第三产业的增长来源看，劳动力投入增速始终低于第三产业增速，而且二者的差距有逐渐拉大的趋势。20世纪90年代，二者差距为4.7个百分点，本世纪第一个十年差距拉大到8个百分点，因而劳动生产率的提高成为第三产业迅速发展的主要推动力。

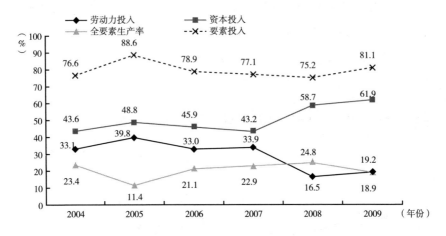

图 7 - 9　第二产业要素贡献率

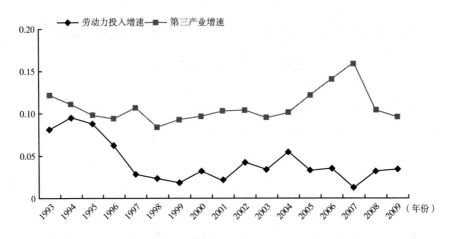

图 7 - 10　劳动力投入与第三产业增速

　　这主要是由于第三产业的内部结构发生了转变，传统第三产业所占比重持续降低[①]，而更多依靠人力资本投入而非简单劳动力投入的产业如金融、计算机软件等产业不断发展壮大。

---

　　①　本章所指的传统第三产业为批发零售业和住宿餐饮业。

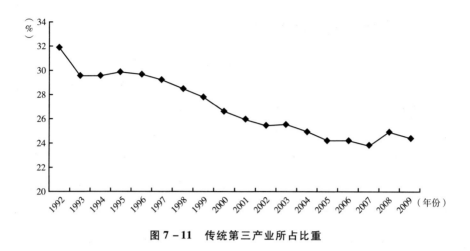

图 7 – 11　传统第三产业所占比重

（三）第一产业潜在产出要素贡献率

从增长来源看，第一产业的增长中土地产出率的提高至关重要。1993年以来，土地投入增长较慢，而且多个年份出现了土地投入负增长的情况。由图 7 – 12 可知，第一产业增速始终高于土地投入增速。1992 ~ 2009 年，土地投入增速为 0.37%，而第一产业增速为 4.1%，基本来源于土地产出率提高的贡献。

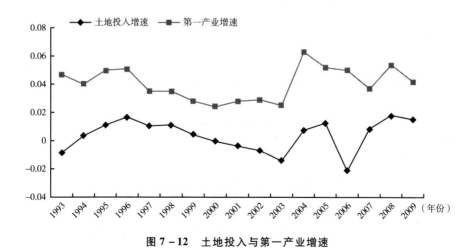

图 7 – 12　土地投入与第一产业增速

（四）整体经济潜在增长情况

对三次产业的潜在增长率加总计算整体经济的潜在增长率。1993 年以来，我国整体经济的潜在增长率呈先下降后上升再下降的过程。1993~1998 年，潜在增长率由 12.7% 下降到 10% 以下。1998~2004 年，潜在增长率又小幅回升到 10% 以上。2004 年至今，潜在增长率再次回落，在 9% 左右。从经济运行看，整体经济增长呈现显著的周期性特征，其波动阶段与第二产业高度一致。1993~1995 年，整体经济实际增长率高于潜在增长率，1996~2004 年，实际增长率低于潜在增长率，1998 年和 1999 年二者相差约 2 个百分点。2004 年以后，整体经济增长加速，实际增长率高于潜在增长率，尤其是 2007 年，实际增长率高于潜在增长率 4 个百分点，呈现明显过热。同期第二产业实际增速高于潜在增速 5 个百分点，是经济过热的主要来源。2008 年以后，经济的产出缺口迅速缩小，经济运行基本处于潜在增长水平附近。

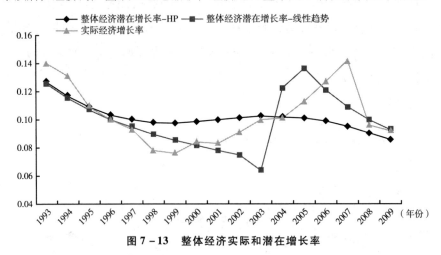

图 7-13　整体经济实际和潜在增长率

三　未来十年潜在增长率预测

首先估算三次产业各自的潜在增长率，然后加权平均得到整体经济的潜在增长率。

（一）第二产业潜在增长率

未来十年第二产业的潜在增速取决于资本存量的增速、劳动力投入的增速和全要素生产率的增速。

1. 劳动年龄人口数[①]

劳动年龄人口数来源于中国社会科学院人口与劳动经济研究所的预测数据，劳动年龄人口数将于 2016 年达到最高峰值，之后逐渐下降。

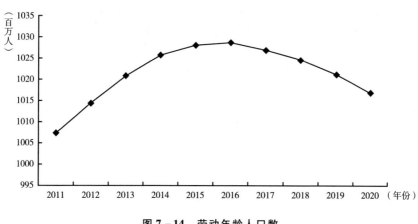

图 7－14　劳动年龄人口数

2. 劳动年龄人口就业率

受劳动力受教育时间不断延长等原因的影响，劳动就业时间不断推迟，劳动年龄人口就业率呈下降趋势。我们假设未来十年就业率保持2001～2010年的下降趋势，通过滤波得到劳动年龄人口就业率变化趋势，外推后得到未来每年度的就业率。

3. 就业比重

从就业结构来看，近 20 年来由于第二和第三产业劳动生产率明显高于第一产业，劳动力从第一产业向第二和第三产业的转移速度持续加快。第一产业就业人数比重从 1990 年的 60.1% 降低到 2010 年的 36.7%，实际就业

[①]　劳动年龄人口为15～64岁人口。

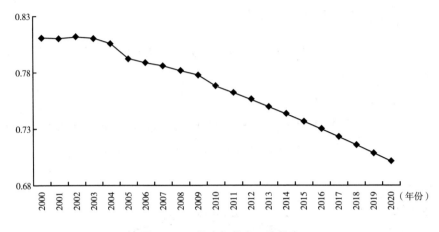

图 7 - 15　劳动年龄人口就业率

人数也从 3.9 亿人下降到 2.8 亿人。同期，非农业部门吸纳的就业人员快速增长。第二产业就业人数比重从 1990 年的 21.4% 上升到 2010 年的 28.7%，实际就业人数从不到 1.4 亿人增加到近 2.2 亿人。第三产业就业人数比重从 1990 年的 18.5% 提高到 2010 年的 34.6%，实际就业人数从 1.2 亿人增加到 2010 年的 2.6 亿人。

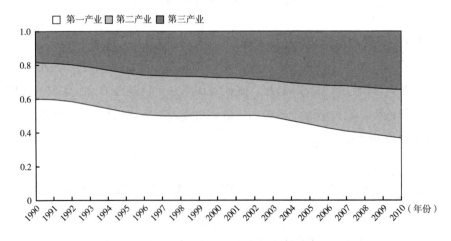

图 7 - 16　三次产业就业人数比重

由于是分部门预测，要知道未来十年劳动力在不同产业部门的分布，就需要预测就业结构的变化，为此，在国务院发展研究中心和宏观院课题组预测的基础上进行了一定修正，如表7-1所示[1]，分为照常情景和乐观情景。

表7-1 中国三次产业结构变化趋势分析—基准情景

单位：%

年份	就业结构		
	第一产业	第二产业	第三产业
	照常情景		
2010	36.7	28.7	34.6
2015	29.5	31.7	38.8
2020	24.1	33.7	42.2
	乐观情景		
2010	36.7	28.7	34.6
2015	31.4	29.0	39.6
2020	24.9	30.5	44.6

4. 资本存量

资本存量的增长速度受到投资增速和折旧率的影响。未来十年，由于人口结构变化，我国的高储蓄率状况将不可持续。1992~2009年，我国储蓄率不断上升，2009年达到了51.8%，比1992年提高了14.2个百分点。高储蓄率及由此带来的高速的投资增长强有力地支撑了经济的快速增长。长期来看，高储蓄率可能出现调整，主要由于以下影响因素。首先是人口因素。通常来讲，一国的储蓄率往往会随着总人口中不再储蓄人群比重的上升而走低，如图7-17所示。例如，日本居民储蓄率从80年代初的15.6%降至2007年的5.2%，同期日本65岁以上人群所占比例从7.1%上升至19.1%。根据中国社会科学院人口与劳动经济研究所的预测，我国人口抚养比将于2014年达到最低点35.4%，之后开始上升，2020年达到39.7%。其次是政

---

① 李善同等：《2030年的中国经济》，经济科学出版社，2011。

策性因素，如国民收入分配格局的调整，养老、医疗等社会保障制度完善，以及信贷政策的影响等。

我们分析了我国人口抚养比和储蓄率之间的关系，结果发现人口抚养比每上升 1 个百分点，储蓄率将下降 0.8 个百分点。据此预测，2011～2020年，由于人口格局的变动将会带动储蓄率下降 2.8 个百分点。如果考虑体制政策因素的综合影响，我们预计 2011～2020 年储蓄率将呈下降趋势，幅度约为 5 个百分点。高储蓄率的调整会引起投资增速放缓，通过测算，2011～2020 年资本存量增速与 1993～2009 年相比下降约 4 个百分点。同时，资本外流等因素会进一步降低我国的资本存量增速。

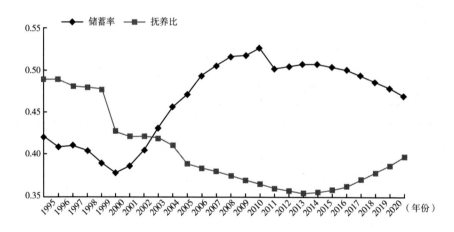

图 7-17　储蓄率与抚养比变化

未来十年，随着基础设施进一步完善，投资中折旧率相对较低的建筑安装工程部分所占比重将进一步降低，而折旧率相对较高的设备工具器具购置部分所占比重将会上升，因此预计未来十年的折旧率将会进一步提高。2000～2009 年，固定资产折旧率平均为 10%，比 1992～1999 年提高了 2 个百分点。我们假定 2011～2020 年的折旧率提高速度与此相同，年均折旧率将为12%。

综合考虑投资增速下降和折旧率提高的影响，预计未来十年的平均资本存量增速与 2000～2009 年相比降低 7 个百分点，为 7.7%。

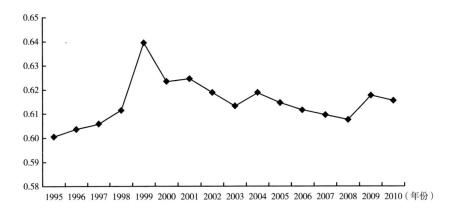

图 7 - 18　建筑安装工程占固定资产投资的比重

5. 全要素生产率

　　未来十年，全要素生产率的变化是诸多因素中最难以确定的，也是对经济增长最为重要的影响因素。未来我国 TFP 的增长速度取决于一系列影响因素。第一，科技水平的提高。目前我国的科技水平与国外相比落后，王小鲁（2009）估计得到 1999～2007 年技术进步对经济增长的平均贡献为 0.3 个百分点，这与国外存在很大差距。因此，在未来十年中，无论是我国通过自主创新还是技术引进，技术进步的空间都非常大。第二，资源配置效率的提高。过去二十多年，要素（主要是劳动力）从低生产率部门（农业）向高生产率部门（非农业）转移的配置效应对 TFP 的增长起着十分重要的作用，据测算，2000～2009 年全要素生产率的 40% 来源于这种要素再配置效应。未来十年，劳动力从农业部门向非农业部门的转移速度将放缓，这将降低 TFP 的增长速度。但是 Heish 和 Klenow（2009）研究认为，中国制造业资源配置存在很大的扭曲，如果制造业内部的资本和劳动力重新优化配置，使边际产出达到美国的水平，中国的 TFP 可以提高 30%～50%。如果未来十年这种优化配置能够促进 TFP 增长 10%，那么 TFP 平均每年至少可以增加 0.4 个百分点。第三，人力资本的积累。经验研究表明，当经济发展水平进入较高阶段后，单纯的要素数量扩张无法保持经济的快速增长，而人力资本对经济增长的贡献会相应的增加。未来十年，我国劳动力数量将呈下降趋势，人力资本的增加就显得尤为重要。我国当前劳动力受教育年限在发展中国家中处于较高水平，具有高等教育背景的劳动力比重增加，同时大量海外留学人员的回流可以促进未来人力资本的增加。第四，经济体制改革继续深化。我国已经进行了三十多年的经济体制改革，在很多方面取得了巨大的成就，为全要素生产率的提高提供了稳固的基础。其中最为典型的就是改革开放初期的农村家庭联产承包责任制的出台。但目前来看，经济体制一些深层次的问题并没有得到根本解决，如要素市场改革滞后等，因此，未来我国经济体制改革还有很大潜力可挖，能继续为全要素生产率的提高做出贡献。第五，政府职能的改善。政府在我国经济增长中扮演着重要角色，政府能否恰当地履行公共职能并提高行政效率直接影响到国民经济的效率。Hanson 和 Henreksson（1994）通过对 1970~1987 年 OECD 国家和 14 个产业的分析，认为政府消费性支出对 TFP 有很大的负面影响。未来十年，如果我国能够在政府行政管理方面有较大的改善，那么也就能够显著提高经济效率。综合全要素生产率的各影响因素来看，未来十年，全要素生产率的提高速度加快具有良好的基础，但也存在一定的不确定性，因此我们分两种情景对其变化进行分析。假设照常情景下，全要素生产率的变化趋势与 2000~2009 年相同，由此未来十年的全要素生产率我们可以通过滤波后趋势外推得到。乐观情景下，未来十年的全要素生产率提高速度加快，到 2020 年比照常情景下提高 1.5 个百分点①。

根据以上各投入要素的测算，我们获得未来十年我国第二产业潜在增速，如表 7 - 2 所示。总体来看，由于生产要素投入增速的下降，我国二产的潜在增长速度将趋于下降，如果延续以往趋势，未来 10 年二产增速将下降约 3.1 个百分点；在乐观情景下，下降幅度则明显较小，约下降 1.7 个百分点。

---

① 第三产业全要素生产率的假设条件与此相同，但是考虑到第三产业全要素生产率的提高速度较二产慢，因此我们假设乐观情景下，到 2020 年全要素生产率比趋势值加快 1 个百分点。

表 7 - 2　2011~2020 年第二产业潜在增速预测

单位：%

年份	资本存量增速	劳动力投入增速	全要素生产率历史趋势	乐观情景全要素生产率	照常情景增速	乐观情景增速
2011	10.0	2.4	6.21	6.31	10.9	11.0
2012	9.5	1.9	6.25	6.50	10.5	10.7
2013	9.0	1.8	6.29	6.69	10.2	10.6
2014	8.5	1.6	6.33	6.88	10.0	10.5
2015	8.0	0.9	6.36	7.06	9.4	10.1
2016	7.5	0.4	6.39	7.24	8.9	9.8
2017	7.0	0.1	6.42	7.42	8.6	9.6
2018	6.5	0.0	6.45	7.60	8.4	9.6
2019	6.0	-0.1	6.47	7.77	8.2	9.5
2020	5.0	-0.3	6.49	7.99	7.8	9.3

（二）第三产业增长率

第三产业的生产函数方程中仅包含就业人口和劳动生产率，因此未来十年第三产业的增长速度取决于就业人口的增长速度和劳动生产率的提高速度。上文已经给出了不同情景下第三产业劳动力投入情况。劳动生产率的提高速度在照常情景下保持当前的变化趋势，而在乐观情景下，我们假设未来十年第三产业劳动生产率提高，至 2020 年将比趋势值加快 1 个百分点。

按照上文对各增长因素的分析预测，得到未来十年第三产业潜在增速预测值，如表 7 - 3 所示。未来十年，三产潜在增速呈现下降趋势，但下降的幅度较二产要小，在照常情景下潜在增速放慢 2.5 个百分点，在乐观情况下只放慢 0.9 个百分点。三产潜在增速较缓放慢主要是由于其劳动力投入增长速度减缓的幅度要小于二产，特别是在 2015 年以后产业间的劳动力再配置将主要在一产和三产展开。

表 7 - 3　2011~2020 年第三产业潜在增速预测

单位：%

年份	照常情景劳动力投入增速	乐观情景劳动力投入增速	照常情景劳动生产率	乐观情景劳动生产率	照常情景增速	乐观情景增速
2011	2.6	2.6	6.0	6.1	8.6	8.7
2012	2.3	2.8	5.9	6.1	8.2	8.9
2013	2.1	2.6	5.9	6.2	8.0	8.8
2014	1.9	2.3	6.3	6.7	8.2	9.0
2015	1.4	2.0	6.6	7.1	8.0	9.1
2016	0.9	1.6	6.5	7.1	7.4	8.7
2017	0.6	1.3	6.0	6.7	6.6	8.0
2018	0.5	1.2	6.0	6.8	6.5	8.0
2019	0.3	1.0	6.0	6.9	6.3	7.9
2020	0.1	0.9	6.0	7.0	6.1	7.8

（三）第一产业

如前文分析，第一产业的增长主要依靠土地产出率的提高，而未来土地投入的增速更不可能加快，因此我们假设未来十年土地投入的规模保持不变，即土地投入增速为零，而土地产出率的提高速度依据其历史趋势外推确定，由此得到第一产业未来十年的潜在增长速度。从表 7 - 4 可以看出，第一产业潜在增速基本稳定，略有上升。

表 7 - 4　第一产业潜在增速预测

单位：%

年份	2011	2012	2013	2014	2015	2016	2017	2018	2019	2020
潜在增速	3.86	4.05	4.07	4.11	4.12	4.13	4.13	4.14	4.14	4.14

综合第一、第二和第三产业的潜在增速，得到未来十年经济潜在增长速度，如表 7 - 5 所示。在照常情景下，未来十年经济潜在增长速度为 8.1%，乐观情景下为 8.9%，仍然保持了较高增速。但是我们需要注意

到，只考虑供给因素变化的潜在增长率并不完全符合本章对于潜在增长的定义，我们需要考虑外在约束对潜在增长率的影响，这些修正工作将在下文完成。

表 7 - 5　潜在经济增长率

单位：%

年份	2011	2012	2013	2014	2015	2016	2017	2018	2019	2020	平均
照常情景	9.2	8.9	8.7	8.7	8.4	7.9	7.4	7.3	7.1	6.8	8.1
乐观情景	9.3	9.3	9.2	9.3	9.2	8.9	8.5	8.5	8.4	8.3	8.9

第八章 环境约束对中国经济潜在
增长率的影响研究

我国经济经历了 30 多年的高速增长，取得的成就举世瞩目。但我们需要清醒地认识到，这种高速的经济增长，很大程度建立在低成本的劳动力和资本等生产要素大规模投入的基础上，产出效率相对较低。同时，经济的快速增长也给环境带来了巨大压力，2006 年，我国工业和生活废水排放总量 453 亿吨，其中，化学需氧量 1348 万吨，居世界第一；二氧化硫排放量 2120 万吨，居世界第一；二氧化碳排放量仅次于美国，居世界第二，2008 年超越美国，居世界第一。

正如宋立刚（2009）所言："中国面临着三大严峻的挑战"。其中的一个巨大挑战就是如何使经济增长与环境可持续相一致。虽然自 20 世纪 80 年代以来，我国万元国内生产总值能耗和碳排放大幅度降低，但在哥本哈根会议前夕，中国正式对外宣布控制温室气体排放的行动目标，到 2020 年单位国内生产总值 CO_2 排放比 2005 年下降 40%~45%，目标差距还非常大。未来的中国经济增长，不能再重复过去无环境成本的老路，将更多地受到环境的制约。那么减排目标所施加的约束能否为现有生产模式所承受，在环境指标的严格约束下，中国经济的潜在增长水平如何？这才是碳减排目标之所以引起广泛关注的主要原因。为了比较系统地分析这个问题，我们尝试在经典生产函数只包含劳动力、资本和技术投入等要素的基础上，建立一个含有环境要素的经济增长模型，从而分析环境要素对未来经济增长的制约。

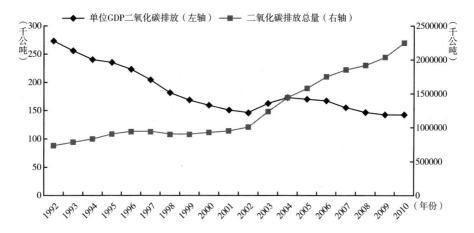

图 8 - 1　1992 ~ 2010 年单位 GDP 二氧化碳排放变化（折算为 1992 年不变价 GDP）

　　注：本文中使用的 1992 ~ 2008 年二氧化碳排放数据来自美国能源部二氧化碳信息分析中心（CDIAC），2009 ~ 2010 年数据为 CDIAC 估算得到，为碳当量数据，若要转换为二氧化碳排放总量需乘以 3.66。二氧化碳碳当量单位为千公吨，GDP 单位为十亿元人民币。

　　资料来源：《新中国五十五年统计资料汇编：1949 ~ 2004》，《中国统计年鉴 2011》，CDIAC。

一　研究评述

　　近年来，随着对环境关注度的不断提高，以及环境相关数据的可获得性增加，有许多尝试测算经济增长的环境代价的文献出现。我们对国内外相关文献进行归纳，发现研究者使用的理论模型主要包括新古典增长模型、内生增长模型和其他的宏观经济模型。基于新古典增长模型的理论分析一般都会区分污染因素和环境因素，分为包含污染因素的新古典增长模型（如 Brock，1977；Selden 和 Song，1995；等）和把环境作为生产要素的新古典增长模型（如 Lopez，1994；Chilinsky，1994；等）。包含污染因素的新古典增长模型中，污染都直接进入代表性消费者的效用函数，并且边际效用为负，而生产函数中通常假设污染的边际产出为正，这意味着污染作为一种生产要素而非产出的副产品。把环境作为生产要素的新古典增长模型中，环境被解释为环境资源存量或加总的环境质量，通常用 E 表示总的环境质量指标，并把 E 看作一种资本品。随着环境污染的增加，E 存量会耗尽，但其自身也有再生能力。在基于内生增长模型的分析中，通常把环境或者污染引入生产函数，把环境质量引入效用函数，由此建立在环境约束下的内生增长模型。这种模型分析一般情况下都会支持新古典理论关于环境恶化和经济增长的研究结论，但其最优均衡解对于代表性消费者的效用函数的具体形式的设定非常敏感。除这两种最常用的分析模型外，也有一些学者通过建立其他的宏观模型来分析环境与经济增长的关系。如 John 和 Peccheino（1995）的世代交叠模型，Antweiler（2001）、Tailer（2003）使用的一般均衡模型。

以往研究中使用的方法主要可分为两大类，一类是把环境作为投入要素，与资本和劳动力一起引入生产函数进行分析，如 Mohtadi（1996）、Ramanathan（2005）和 Lu 等（2006）；另一类则将污染看作非期望产出，和期望产出一起引入生产过程，利用方向性距离函数来对其进行分析，如 Chung 等（1997）、涂正革（2008）。前者具有较高的透明度，并且可以对比各种投入要素之间对经济的拉动作用，但环境能否作为一种投入要素和劳动力、资本等生产要素并列进入生产函数存在较大的争议。后者的透明度较差，并且需要比较多的参数估计，同时也无法对比各种要素的经济拉动作用。

为与书中其他的研究结果具有可比性，本章将采用新古典增长模型分析环境与经济增长的关系。在方法的选择上，我们将选择透明度更高的生产函数法进行分析。

二　理论模型的设定

（一）环境作为投入要素进入生产函数的合理性分析

第一，从参与生产的角度看，环境要素参与了生产过程。虽然微观经济学强调资源稀缺性，但经济增长理论中并没有明确将环境要素纳入分析框架，实际上隐含着环境要素的稀缺性对经济增长只存在短期约束，不存在长期约束。新古典生产函数中也没有体现环境要素约束的影响。我们把环境视为一种稀缺的资源，把环境因素对经济增长的约束从弹性扩展为具有刚性的约束。把污染物看作是经济增长过程中排出的废弃物，而环境则可以理解为废弃物的接收者。如果没有环境，即如果没有接收经济活动中排出的废弃物这样一个容器，污染物不能排放，各种生产活动不能进行，经济无法实现增长。所以，我们把环境视为生产过程中一种特殊的投入品，其作用是用来接收生产过程中排出的废弃物，而污染则视为经济增长的副产品。污染的不断排放使得环境容纳废弃物的能力不断下降，但环境自身具有一定的修复能力。除此之外，现代人类由于意识到环境的重要性而为保护环境进行一定量的资本和劳动力投入。

第二，从资源的稀缺程度分析。新古典生产函数中之所以包含劳动力和资本两种投入要素，不仅是因为这两种生产要素直接参与了生产过程，更是因为这两种要素存在稀缺性，对其使用需要付出相应的成本，而其他要素的稀缺性尚未显现，故新古典生产函数中仅包含这两种生产要素。现在环境的约束日益显现，环境容量不再是没有上限的，环境也成为一种稀缺要素，使用环境要素也需要付出相应的成本，因此其与劳动力、资本等投入要素的相似性增加，进入生产函数也变得更加合理。

第三，从生产函数的构成看，环境要素与其他投入要素间存在一定的替代性。经典生产函数中，劳动力投入和资本投入存在一定的替代关系。一种生产要素要进入生产函数，最基本的要求是它和其他的投入要素之间存在一定的替代关系。如前文所述，现代人类由于意识到环境的重要性而为保护环境进行一定量的资本和劳动力投入，这就占用了一部分用于生产最终产品的投入要素，如果环境投入较大，即环境约束放松，人们可减少这部分要素的投入；如果环境约束严格，则为保持一定的环境质量必须加大相应的劳动力和资本的投入。可以看出，环境和资本、劳动力等投入要素之间存在一定的替代关系，因此环境作为投入要素进入生产函数具有合理性。

（二）环境约束对经济增长的影响路径

环境约束对经济增长的影响表现为以下几个方面：首先是对要素的组合方式产生影响。在无环境约束的情况下，要素按照经济增长速度最大的形式进行组合，而我们考虑到环境约束后，要素组合的方式就需要考虑两个目标，即经济增长和环境的承受力。如图 8 - 2 所示，P_1 和 P_2 表示两条等污染线，且 P_2 的污染程度高于 P_1；Q_1 和 Q_2 为两条等产量线，且 Q_2 的产量高于 Q_1；C_1 和 C_2 是两条等成本线，且 C_2 的成本高于 C_1。如果我们不考虑环境因素，按照边际成本等于边际产出寻找到的生产要素组合点为 E_2，如果考虑环境因素，要求环境污染要从 P_2 水平降到 P_1，那么我们的要素组合点就不能再选择 E_2，而需要选择 E_1。

其次是治理以前被污染的环境还需要投入一定的劳动力和资本，所以并非全部的生产要素都被用来生产正的产出，而是有一部分生产要素需要投入环境污染治理中去，所以投入的生产要素总量会减少，总的产出也将会减少，因此我们选择的投入点为 E_1。

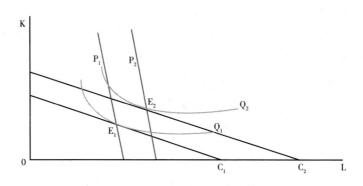

图 8 - 2　多重约束下的生产要素组合方式

（三）包含环境要素的生产函数模型的设定

经过上文的分析与讨论，我们建立的模型的本质是把环境要素视为稀缺的资源，从而作为一种生产要素进入生产函数并予以分析。同时为保持一定的环境质量，需要投入一定的劳动力和资本要素对环境质量进行修复，因此我们的模型中包含两个方程：一个方程为生产方程，其中包含劳动力、资本和环境要素等投入要素，另一个方程为治理方程，包含劳动力和资本投入，形式如下：

$$Q = AL_\alpha K_\beta E_\gamma$$

$$C = B(L_c)\alpha_c(K_c)\beta_c$$

其中，Q，实际产出（与其他报告一致，所有价值量指标调整为 1992 年价格）；A，全要素生产率；L，生产劳动力投入；K，生产资本投入；E，环境要素投入；C，环境污染损失；L_c，用于环境治理的劳动力投入；K_c，用于环境治理的资本投入；α，劳动力的边际产出；β，资本的边际产出；γ，环境的边际产出；α_c，环境治理中劳动力投入的边际作用；β_c，环境治理中资本投入的边际作用。

需要说明的是，为了分析方便，我们按照经典生产函数中的假设，假设生产方程和治理方程都为规模报酬不变，即 $\alpha + \beta + \gamma = 1$，$\alpha_c + \beta_c = 1$。对生产方程取对数可得到如下结果：

$$\log(Q) = \log(A) + \alpha \cdot \log(L) + \beta \cdot \log(K) + \gamma \cdot \log(E)$$

对该方程取差分，可得到如下方程，这是分析经济增长关系的基础：

$$\%\Delta Q = \%\Delta(A) + \alpha \cdot \%\Delta(L) + \beta \cdot \%\Delta(K) + \gamma \cdot \%\Delta(E)$$

其中，GDP、K、E、L 分别表示国内生产总值、资本存量、环境要素投入和劳动力投入。可以看出，经济增长等于劳动力投入增长、资本存量增长和环境要素投入增长以及全要素生产率提高的加权平均和。任何不能被投入要素增长解释的经济增长都归于全要素生产率的增长，尽管全要素生产率的增长可以被解释为由技术进步等引起，但在计算中很可能也受到模型的估计误差等因素的影响。

三 实证分析

（一）估计方法和数据的选择

1. 估计方法的选择

本章的主要目的是对环境约束下的中国经济增长长期趋势及其影响因素

进行分析。并且考虑到环境因素进入生产函数后对劳动力和资本组合的影响，我们不能再按照经典生产函数中使用劳动力报酬比重作为劳动力边际产出的方法来确定生产方程中的参数。同时考虑到年度之间各投入要素边际产出存在变动，我们使用可变参数模型分析各种投入要素的边际产出，在估计可变参数模型时，我们使用卡尔曼滤波方法。可变参数模型的设定如下：

$$Q_t = x'_t \bar{\beta}_t + x'_t \xi_t + \omega_t$$

$$\beta_{t+1} - \bar{\beta} = F(\beta_t - \bar{\beta}) + \nu_{t+1}$$

其中，x 为解释变量向量，β 为随机变参数向量，扰动向量 ω 和 ν 满足：

$$\begin{pmatrix} \nu_{t+1} \\ \omega_t \end{pmatrix} \sim N\left(\begin{pmatrix} 0 \\ 0 \end{pmatrix}, \begin{bmatrix} Q & 0 \\ 0 & \sigma^2 \end{bmatrix} \right)$$

2. 数据选择

与其他章节保持一致，本文的样本时间选择 1992 ~ 2009 年。生产函数中各投入要素的取值与本书其他章节的取值保持一致，这里不再详述。环境要素投入我们使用二氧化碳排放总量作为代理变量引入生产函数，原因如下，第一，环境要素投入不可观测，无法直接进入生产函数进行分析，我们只能通过反面的变量进行测量，即环境的损失越大，则意味着环境要素的投入越多。第二，衡量环境要素投入我们需要综合环境要素中的多种污染物来综合衡量环境要素投入量，但有些污染物与经济发展的关系不太紧密，且在测算中缺乏相应的数据，在未来经济发展中也缺乏明确的数量约束指标，因此我们考虑采取与经济发展紧密相关、测算数据完善、有明确数量约束的单一指标来衡量环境要素投入。经验分析表明，二氧化碳排放总量与经济发展密切相关、测算数据完善，且未来有明确的数量约束，即前文提到的到2020 年我国单位 GDP 二氧化碳排放与 2005 年相比下降了 40% ~ 45%，这为我们预测未来环境对经济增长的约束提供了依据。因此二氧化碳排放总量可以作为环境要素投入的代理变量。第三，从经验数据看，能源消耗产生的二氧化碳占我国二氧化碳排放总量的 70% 左右，因此二氧化碳排放与能源消耗实际为一体两面的问题，我们选择二氧化碳排放总量作为环境容量指标。

（二）参数估计

需要特别说明的是，在实证分析部分，我们不再分析环境治理方程，主要原因是：首先，数据的可得性问题。环境治理方程中，需要环境治理投入的劳动力和资本存量等数据。即使劳动力的投入我们可以用环保部门就业人数表示，但是对资本存量的估计存在很大困难。初始年份资本存量无法获得，另外获取环保投资的数据长度和口径都存在较大问题。其次，从历史数据进行分析，环境治理所占用的劳动力和资本投入比例较小，对要素投入的影响较小，环境要素对经济增长的主要约束体现为环境容量的约束。因此，在后文进行实证分析时，主要考虑环境要素投入约束对经济增长的影响，而忽略环境治理方程。

对生产方程的参数估计结果如表 8-1 所示。从模型估计得到的潜在增长速度看，1992~2009 年的均值为 10.2%，其中，90 年代均值为 10.6%，2000 年以来均值为 9.8%，潜在经济增长速度放缓。从资本、劳动力和环境要素投入的弹性变化来看，经济增长对投资的弹性始终最高，90 年代均值为 0.675，2000 年以来有所降低，均值为 0.645。可以看出，我国的经济增长受投资影响最大，投资成为经济增长最主要的拉动力。经济增长对劳动力的弹性远低于对资本的弹性，90 年代与 2000 年以来劳动力弹性均值基本持平，90 年代均值为 0.14，2000 年以来均值为 0.145。经济增长对环境要素投入的弹性呈现上升趋势，均值由 90 年代的 0.185 上升为 2000 年以来的 0.21，环境要素对经济增长的影响还是比较明显的。90 年代经济潜在速率的 10.6 个百分点中，有 0.82 个百分点是环境要素投入的贡献，贡献率达到 7.7%，2000 年以来经济潜在增速放缓，但是伴随着经济规模的扩大，环境代价也相应提高。环境要素投入对经济增长的贡献率进一步提高，由 90 年代的 7.7% 提高到 2000 年以来的 17.1%，经济潜在增长率中有 1.68 个百分点是由环境要素投入贡献的。这也证明了前文的结论，中国资本化驱动的工业化模式中，经济增长的一部分是以高耗能和环境污染为代价的。

表 8-1　各投入要素产出弹性估计

年份	弹性			环境要素贡献（%）
	资本	劳动力	环境要素	
1992~1995	0.65	0.14	0.21	0.92
1996~2000	0.70	0.14	0.16	0.72
2001~2005	0.64	0.14	0.22	1.71
2006~2009	0.65	0.15	0.20	1.65
1992~2000	0.675	0.14	0.185	0.82
2001~2009	0.645	0.145	0.21	1.68

（三）未来经济潜在增长率预测

在使用含有环境要素的生产函数对 2011~2020 年的经济潜在增长率进行预测时，我们控制资本、劳动力和技术进步因素，单独考虑碳减排目标对未来经济潜在增长率的影响。在进行预测之前有几个需要说明的问题。第一个问题是如前文所述，我国提出的到 2020 年的碳减排的目标是指单位国内生产总值二氧化碳排放减少的目标，而并不是针对碳排放总量制定的目标。而我们在前文构建生产函数时，将环境作为投入要素引入生产函数时选择的是碳排放总量。因此为了定量分析未来经济发展中的碳约束，我们需要建立单位国内生产总值碳排放增长速度和碳排放总量增长速度之间的关系。根据定义，单位国内生产总值碳排放增长速度与碳排放总量增长速度之间存在如下关系：

$$\frac{c_t / gdp_t}{c_{t-1} / gdp_{t-1}} - 1 = 单位国内生产总值碳排放增长速度 = z$$

由此推导得出：

碳排放总量增长速度 = $(1 - z)(1 + 经济增长速度) - 1$

如果要实现到 2020 年单位国内生产总值碳排放与 2005 年比下降 40% ~

45%的目标，2011～2020年单位国内生产总值碳排放年均则需要下降3%，即 z = −0.03，那么碳排放总量增速 = 0.97 × 经济增长速度 − 1。若假设未来十年的经济增速为7%，那么碳排放总量增速为3.8%，2000～2010年，碳排放总量增速为8.8%。可以看出，未来十年的环境要素对经济增长的约束力更强，未来十年的环境要素投入与这个十年相比年均下降5个百分点。未来十年，年均碳排放总量增速下降幅度基于前文对未来每年的经济潜在增速测算。第二个问题是未来十年环境要素对经济潜在增速的弹性如何确定。碳排放总量对经济增长的弹性取决于未来环保技术进步程度，我们假设未来十年中环保技术进步速度与当前保持一致，即碳排放总量对经济增长速度的弹性也保持在当前水平。

解决了这两个问题，我们就可以使用前文构建的含有环境要素的生产函数来分析在控制劳动力和资本的条件下，环境约束对未来经济潜在增长率的影响。我们假设未来十年技术进步与二氧化碳强度下降难度相抵，即保持二氧化碳弹性为0.18，同时照常情景为按照上文得到的照常情况下经济增速的预测值来分析碳排放总量增速，乐观情景为按照上文得到的乐观情景下经济增速的预测值分析碳排放总量增速，结果如表8－2所示。

表8－2　环境约束对经济潜在增长率的影响

单位：个百分点

年份	2011	2012	2013	2014	2015	2016	2017	2018	2019	2020	平均
照常情景											
CO_2 弹性	0.18	0.18	0.18	0.18	0.18	0.18	0.18	0.18	0.18	0.18	—
潜在增速下降	0.26	0.60	0.62	0.63	0.69	0.77	0.85	0.88	0.91	0.95	0.72
乐观情景											
CO_2 弹性	0.18	0.18	0.18	0.18	0.18	0.18	0.18	0.18	0.18	0.18	—
潜在增速下降	0.24	0.52	0.53	0.51	0.54	0.59	0.66	0.66	0.68	0.70	0.56

注："潜在增速下降"指的是与2000～2009年的平均潜在增速相比下降的幅度。

照常情景下，未来十年碳排放总量的约束会使得经济潜在增长率与2000～2009年相比下降0.72个百分点，而乐观情景下，环境限制将会使

2011～2020 年的经济潜在增长率与 2000～2009 年相比低 0.56 个百分点①。

四 结论及相关建议

总的来看，中国经济高速增长是建立在投资、劳动力和环境等投入要素高速增长的基础上的，未来经济增长中，不仅面临环境约束增加的问题，还面临劳动力供给下降、储蓄率下降等问题。高投资、高环境成本的增长模式不可持续，这需要引起我们的思考。

第一，容忍经济增速适度放缓。由前文分析可知，未来经济发展中，环境约束加强，生产要素供给条件发生变化，在这种条件下，我们需要容忍经济增速的适度放缓，不再一味地追求高投资带来的高速经济增长。经济增长速度的适度放缓，也为我们调整经济结构、转变经济发展方式提供了一定的空间。

第二，加大研发投入，提高技术进步速度。随着生产要素供给条件的改变，高投入高增长的模式不可持续，经济增长更多的是依靠全要素生产率的提高。在未来的经济增长中，要加大研发投入，提高技术进步速度，提高全要素生产率对经济增长的拉动作用。无论是提高技术含量和经济效益，还是降低资源消耗、减少环境污染，都要依靠技术创新找出路、找办法。

第三，促进调整产业结构，减小经济增长对资源环境的依赖。前文指出，工业增长高耗能、高排放的特征非常明显。工业增加值占国内生产总值的 40%，但是其消耗的能源量却占到能源消耗总量的 70%，其排放的二氧化碳量占排放总量的 60%。在未来能源环境约束增强的条件下，一方面需要促进产业结构调整，提高第三产业对经济增长的拉动作用；另一方面需要

---

① 2011 年当年的环境约束与其他年份的计算不同，2011 年已有比较确定的经济增速和单位国内生产总值二氧化碳排放下降速度的数据，因此我们按照经济增速 9.3%、单位国内生产总值二氧化碳排放下降速度 1.8% 计算 2011 年的环境约束。其他年份的环境约束则是按照单位国内生产总值二氧化碳排放下降速度 3.2%、经济增速为前文预测得到的数据计算。

调整工业内部结构，减小工业增长对能源环境的依赖。

第四，扶持环保产业发展。据统计，1997～2007 年全球环保产业（不含资源综合利用）市场规模从 3500 亿美元增至 7000 亿美元左右，年均增长率约 7.2%，远远超过同期全球经济增长率。近年来，环保产业的经济规模、技术水平以及环保产品和技术的渗透程度都有突飞猛进的提升，尤其是在当前应对金融危机以及气候变暖、发展低碳经济的背景下，环保产业更加为各国政府所重视。可以预见，金融危机后环保产业的发展将迎来新一轮的高潮，现代环保技术将成为产业竞争的制高点。加快环保产业发展，不仅有利于形成新的经济增长点、增强可持续发展能力，也有利于减小经济增长对环境的依赖。

第九章　我国债务可持续性研究

2007 年美国次贷危机引发了新一轮政府债务危机，之后相继出现冰岛破产、迪拜与希腊债务危机以及欧洲一系列国家主权评级下降，多国政府处于债务危机的边缘，引发对政府债务可持续性的关注。对我国而言，自 1998 年以来，为应对国际金融危机，我国开始实行积极的财政政策，1998 ~ 2012年国债规模增长了近 10 倍，2012 年国债余额达 77565.7 亿元。这些刺激政策无疑对稳定当期经济增长具有积极作用，但同时也必然会增加政府未来的偿债压力，从而增加政府债务不可持续的风险。政府债务的可持续性，是指该国政府在现有债务水平上按照某种模式可以继续借债。照此定义，债务水平越低，其可持续性就越强，但是债务也就失去了稳定经济增长的作用，这种低水平下的债务可持续性不是本章的研究重点。本章对债务可持续性（下文称"最优规模"）的定义为既能实现稳定经济增长的目标，又能够把违约风险控制在一定范围内。促进经济增长和保持政府债务较低风险是两个矛盾的目标，债务水平太高会提高政府的违约风险，债务水平太低则可能经济难以稳定增长，到底债务保持在多大规模才能使这两个目标实现统一？目标是双重的，那么约束自然也会是双重的，本章将从两个约束条件入手探讨这个问题，一个是债务稳定经济增长的约束条件（下文称"增长规模"），另一个是控制政府债务风险的约束条件（下文称"安全规模"），取二者的交集则将得到政府债务水平的"最优规模"。①

---

① 由于地方债务数据缺失，本章的研究只能使用中央债务数据，但方法具有一般性。

一　政府债务的"增长规模"

自凯恩斯主义的国家干预政策被发达国家广泛接受以来，人们就债务对经济增长的正负效应问题基本达成了共识，普遍认为政府债务的存在有助于实现经济的稳定增长，政府债务对经济增长具有正效应。但仍然存在争议的是债务规模与经济增长之间到底呈现什么样的关系？债务规模对经济增长的促进作用是否存在度的限制？是否债务水平越高越有利于经济增长，即是否存在债务对经济增长的"最优规模"呢（下文称"增长规模"）？本章拟对此进行实证检验，以期得到具有参考价值的结论。

（一）指标选取

本章中政府债务规模用中央财政国债余额数据[①]表示，经济增长速度使用国内生产总值增长速度表示。在数据可得的前提下，本部分实证研究选择了尽量长的样本期限，以期能够更加深入的表现债务规模和经济增长速度之间的联系，增强实证分析的可信性。本章选择了1986～2012年的数据。同时，由于数据时间跨度较大，为了使实证结论具有历史可比性，本章不使用中央财政国债余额的绝对值数据和经济增长速度进行实证分析，而是使用中央财政国债余额占国内生产总值的比重（负债率）来代替。

在进行相关分析之前，首先需要对两列数据进行显著性检验。但由于数据样本时间跨度较长，从1986年至2012年，共计27个样本，相关测算的误差不会很大，根据学界一般经验，可不用进行显著性检验。其次通过散点图观察二者之间存在极端值的干扰，如图9-1中画圈的数据点所示，这可能使得计算得到的相关系数信息的有效性下降，因此在做相关分析前需要剔除极端值。二者的散点图如图9-1所示。

从散点图可以看出，GDP增长速度和负债率之间不存在显著的线性

---

① 中央财政国债余额数据由刘国艳研究员提供，在此表示感谢。

关系，因此我们考虑建立非线性模型进行检验。根据散点图的形状，建立非线性模型有两种选择：第一，假设负债率和 GDP 增长速度之间的关系是时变的，即二者的相关系数随着负债率的变化而变化，在实证检验中我们不设定其变化的路径；第二，GDP 增长速度和负债率的关系似乎可以看作由两条直线连接而成，即在某一时点上，GDP 增长速度和负债率之间线性关系出现了突变，所以在实证检验中我们构建带有结构突变的回归模型。通过对比分析两种方法实证检验的结果，增强结论的稳定性。

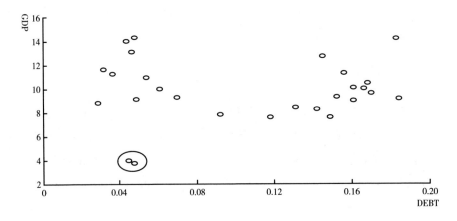

图 9 – 1　GDP 增长速度和负债率散点图

（二）实证检验方法

1. 时变参数模型

现有的文献中多使用多元线性回归的方法来分析负债率对经济增长的拉动作用，但考虑到负债率对经济增长的拉动作用也许存在度的限制，即不同的负债率对经济增长的拉动作用不同，我们选择时变系数的模型进行分析。另外，本章的研究重点是负债率对经济增长的拉动作用的变化情况，而不是准确的经济增长贡献率的分配，因此为简便起见，我们构造了一元的可变系数模型进行分析，将其他促进经济增长的因素都归并入残差。模型的基本形式如下：

$$Y_t = H_t \beta_t + e_t \tag{1}$$

$$\beta_t = \mu_t + F_t \beta_{t-1} + v_t \tag{2}$$

$$\begin{pmatrix} e_t \\ v_t \end{pmatrix} \sim N \left(0, \begin{bmatrix} R_t & 0 \\ 0 & Q_t \end{bmatrix} \right)$$

其中，β_t 为 $k \times 1$ 维不可观测向量，即时变系数；H_t 为联结可观测向量 Y_t 和 β_t 的 $n \times k$ 维矩阵；式（1）为状态空间表示中的量测方程；式（2）是状态方程。

2. 结构突变回归模型

我们使用截距和斜率双突变的回归模型，形式如下：

$$y_t = \beta_0 + \beta_1 x_t + \beta_2 D + \beta_3 x_t D + u_t$$

式中，x_t 为定量变量，D 为虚拟变量。

当 $D = 0$ 或者 $D = 1$ 时，上述模型可表示为：

$$y_t = \begin{cases} (\beta_0 + \beta_2) + (\beta_1 + \beta_3) x_t + u_t, D = 1 \\ \beta_0 + \beta_1 x_t + u_t, D = 0 \end{cases}$$

通过检验 β_2 和 β_3 是否为零，可以判断模型的斜率、截距是否发生了显著性变化。

（三）模型估计结果

1. 时变参数模型估计结果

使用时变参数模型估计负债率对经济增长的拉动作用如图 9 - 2 所示。实证检验结果回答了我们前文中的一个疑问，即债务对经济增长的拉动作用确实存在度的限制，其随着负债率的变化而变化。如图 9 - 2 所示，当负债率低于 12% 时，债务对经济增长的拉动作用很小，在 0 左右波动；当负债率高于 12% 时，除个别特殊年份经济增长受到外部冲击而偏离正常轨道外（如 2008 年，图中画圈年份），债务对经济增长有比较

显著的拉动作用，但并非是简单地随着负债率的提高而提高①。因此我们
可以判断债务的增长规模应该是负债率高于12%。遗憾的是，受数据限
制，时变参数模型无法给出债务"增长规模"的上限，我们无法判断这
个结论在多大范围内有效，是否所有高于12%的负债率都是债务的"增
长规模"呢？

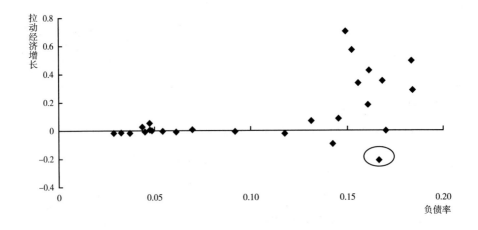

图9-2　时变参数模型估计债务对经济增长的拉动

2. 结构突变模型估计结果

在构建结构突变模型之前，首先对数据进行结构突变检验，检验结果表
明确实存在结构突变，突变点发生在负债率为9%～13%时，突变点检验的
结论与上文中时变参数模型12%的结果基本一致。为进一步检验上文中结
论，我们认定突变点发生在负债率为12%时，进而建立结构突变模型。估
计结果为：当负债率低于12%时，债务对经济增长的拉动系数为-11.9；
而当负债率高于12%时，债务对经济增长的拉动系数为55.8。两者不仅对
经济增长的拉动作用不同，而且方向相反。当负债率低于12%时，债务对

---

① 需要说明的是，由于在时变参数模型中只包含债务比重一个解释变量，模型的拟合程度不
高，估计系数的数值参考性不强。但本章的关注点也并不是债务对经济增长的贡献率到底
是多少，而是进行纵向对比，所以回归结果还是具有参考性的。

经济增长的拉动作用为负值；当负债率高于 12% 时，债务对经济增长的拉动作用为正值（见表 9 - 1）。[①]

表 9 - 1　结构突变模型估计结果

Dependent Variable：GDP

Method：Least Squares

Date：11/20/13　Time：22：09

Sample：1986 2012

Included observations：27

GDP = C(1) + C(2) ∗ DEBT + C(3) ∗ D1 + C(4) ∗ D1 ∗ DEBT

	Coefficient	Std. Error	t-Statistic	Prob.
C(1)	10. 48708	1. 286325	8. 152742	0. 0000
C(2)	− 11. 89141	15. 08466	− 0. 788312	0. 4386
C(3)	− 9. 438771	14. 27835	− 0. 661055	0. 5151
C(4)	67. 73768	86. 42616	0. 783764	0. 4412

注：当负债率低于 12% 时，C(1) 为截距项，C(2) 为债务对经济增长的拉动作用；当负债率高于 12% 时，C(1) + C(3) 是截距项，C(2) + C(4) 是债务对经济增长的拉动作用。

结构突变模型的估计结果进一步验证了时变参数模型的结果，即债务对经济增长的拉动作用存在度的限制，12% 成为负债率和经济增长关系的分界点。

需要说明的是，与负债率相比，财政赤字能够更好地与 GDP 增速数据匹配，而本章采用负债率指标，主要基于以下考虑。第一，目前进行国际比较时负债率指标被广泛采用，使用负债率指标能够使本章的结论更具有可比性；第二，本章"安全规模"的计算必须使用负债率指标；第三，如果不存在大规模突击还债，负债率和赤字率之间存在比例关系。如图 9 - 3 所示，除个别年份外，赤字率和负债率之间的关系比较稳定。

为进一步验证上文的结论，我们分析赤字率和 GDP 增长速度的关系，如图 9 - 4 所示，二者之间存在明显的非线性关系，对其进行突变点检验，突变点发生在赤字率为 1. 3% ~ 1. 6% 时，而赤字率 1. 3% 以上的年份对应的

[①]　与时变参数模型估计结果相同，结构突变模型的估计系数的绝对值也不具有参考性，重点在于对比两段回归系数的大小与正负。

负债率最低为 11.8%，与上文的结论一致。这表明，无论是赤字率还是负债率，其与经济增长的关系都存在度的限制。当赤字率为 1.3% 以上、负债率为 12% 以上时，其对经济增长的贡献率会大幅增长。

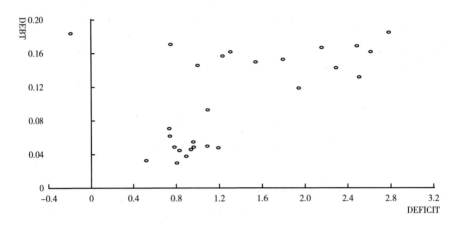

图 9 - 3　负债率和赤字率散点图

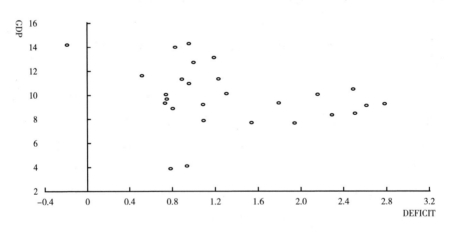

图 9 - 4　赤字率和 GDP 增速散点图

（四）模型估计结果的解释

上文模型估计结果显示债务水平对经济增长的贡献存在度的限制，之所以会出现这种现象，原因可能有以下几点。

一是和债务资金的投向有关。债务资金可以用来弥补经常性预算赤字，也可以用作固定资产投资，如基础设施投资等，由于投资乘数具有放大效应，等量的债务资金用于基础设施投资拉动经济增长的作用将远大于用于弥补经常性预算赤字。这可以通过固定资产投资数据得到印证，负债率低于12%的年份，国家预算内资金占固定资产投资的平均比重为3.2%；负债率高于12%的年份，平均比重为5%。这表明负债率越高的年份，预算内资金占固定资产投资的比重就越高，用于固定资产投资的债务资金越多，其对经济增长的拉动作用就越强；相反，负债率越低的年份，用作其他用途的债务资金越多，如弥补经常性预算赤字等，其对经济增长的拉动作用就越弱。国债资金的投向是影响国债经济贡献率的重要因素。

二是受到相关配套措施力度的影响。一般而言，负债率提高幅度较大的年份，多为实施积极财政政策的年份，银行贷款等配套措施的力度也相对会加大，这将进一步放大债务资金的投资乘数效应，提高其对经济增长的贡献率。

（五）政府债务"增长规模"的确定

时变参数模型和结构突变模型的估计结果如表9-2所示，可知当负债率低于12%时，债务对经济增长的拉动力很弱；而当负债率高于12%时，其拉动力显著增强。因此可以确定债务对经济增长拉动的有效"增长规模"为负债率高于12%时。

表9-2　债务对经济增长的拉动作用

债务对经济的拉动作用	负债率低于12%时	负债率高于12%时
时变参数模型	在0左右波动	除个别年份外,显著为正
结构突变模型	-11.9	55.8

二　政府债务的"安全规模"

政府债务是政府资产负债表（Balance Sheet Approach，BSA）中最重要的一个项目，尤其是反映风险的最重要的指标，政府债务安全规模的分析与政府资产负债的关系十分紧密。近年来，全球越来越关注 BSA 在研究债务可持续性和金融稳定性等方面的重要作用。本部分也将在资产负债表框架下，通过计算政府债务的违约风险对其"安全规模"进行探讨。

（一）政府资产负债表的构建

利用 BSA 研究政府债务可持续性问题时，我们首先要构建政府的资产负债表。政府资产负债表的构建主要涉及以下两个方面的问题。

1. 资产和负债的范围和分类

（1）资产范围的确定

政府资产负债表核算的对象是经济资产，即政府对其拥有所有权，通过对其持有、使用和处置可以从中获得经济收益。经济资产必须同时具备三个特征：首先是资产的所有权已经界定；其次是资产的所有者能够在一定时间内持有、使用或处置，即能对其拥有的资产进行有效控制；最后是资产所有者通过对资产的控制，能够在现在或可预见的将来获得经济利益。根据上述定义，土地、人类活动介入后生产出的实物资产、已从地下取出成为存货的资源财富、有正式发行人的金融契约等毫无争议地成为经济资产。政府资产从大类来说可以分为金融资产和非金融资产。金融资产和负债的范围界定远比非金融资产①简单。基于本研究的目的，我们构建的政府资产负债表中资产范围只包含政府的金融资产，而不考虑其他的政府非金融资产，主要原因如下：第一，这些资产的可变现性比较差，从应付偿债压力的能力来说，远不如金融资产。第二，由于当前这些资产的使用收益已经纳入政府的财政收入②，这些资产无论是否纳入资产负债表，都不能改变未来政府的财政收入能力。第三，这些资产的未来盈利能力十分不确定，从国际经验来看，在经济危机时，通常也是需要变现资产时，这些资产（如土地和矿产品）的价

---

① 非金融资产主要包括实物资产（如基础设施等）和国土资源（如土地、森林、矿产等）。

② 如 2011 年政府（包括中央和地方）已经从土地出让与其他土地和固有资源有偿使用收入中获得了约 3 万亿元的收入。

格一般会大幅下降。第四，多数使用权已经明确地的矿产资源已经反映在政府持有的上市企业（如中石油、中石化、中煤、神华）的股价中，而这些已经反映在政府的金融资产中。因此，在本研究中，政府资产只包含政府的金融资产。

金融资产分类的公认依据是流动性，本研究中进一步剔除流动性差的金融资产，仅保留流动性较强的金融资产。按照这种分类方法，参考沈沛龙、樊欢（2012）和马骏（2012），我们把政府的金融资产分为政府财政存款、外汇和黄金储备、政府持有的国有企业价值等三大类。

（2）负债范围确定

对于政府债务，和上文保持一致，我们用中央财政国债余额数据表示。根据上文中对资产和负债的界定和分类，构建了如表9－3所示的政府资产负债表。

表9－3　政府资产负债表

资产	负债
金融资产 　政府财政存款 　政府持有的国有企业价值 　外汇和黄金储备	直接债务 　中央财政国债余额
	资产负债净值（资产－负债）

2. 资产项目的估值

无论是从理论还是从实践的角度，资产和负债的估值都是编制政府资产负债表过程中最重要也是最困难的部分。美国的国家资产负债表的编制给出了各类常见的金融资产估值方法（见表9－4）。

根据上文的分析，在估计政府的资产负债项目时，政府财政存款是不可交易资产，这里以账面价值计量。外汇和黄金储备、政府持有的国有企业价值采用市场价值计量。

表9-4　常见的金融资产估值方法

资产类别	资产实例	估算方法	备注
金融资产	活期/定期存款、应收/应付账款、可赎回保险单、短期债券	账面值（面值）	与市场价值接近
	银行存款	账面值（间接估值）	与市场价值接近，也可参照债券折价情况推算
	企业债券、政府债券	市场价值	存在交易市场
	上市公司股票	市场价值	存在交易市场
	定向发行的债券和股票	间接估值	无交易市场，参照同一公司可交易的债券和股票得到
	住房抵押贷款	间接估值	无交易市场，参照住宅交易价格和银行贷款价值得到

（1）外汇和黄金储备的市场价值计算

外汇储备的市场价值主要受汇率的影响。我国外汇储备大部分是以美元表示的资产，且我国官方公布的外汇储备数据也是以美元计算的，因此我国外汇储备的市场价值主要受到人民币兑美元汇率的影响，计算公式如下：

外汇储备的市场价值 = 以美元表示的外汇储备额 × 一年期平均美元汇率

黄金储备的市场价值受国际金价和汇率的影响，首先通过一年期黄金的平均价格与黄金储备的数量计算以美元表示的黄金储备的市场价值，再通过当期汇率换算出以人民币表示的我国黄金储备的市场价值，具体计算结果如表9-5所示。

表9-5　2003~2012年外汇和黄金储备的市场价值计算

年份	外汇储备（1）		黄金储备（2）			（1）+（2）
	亿美元	亿元人民币	百万盎司	p̄（克/元）	亿元人民币	（亿元人民币）
2003	4032.51	33377.09	19.29	97.74	534.50	33911.59
2004	6099.32	50482.85	19.29	109.54	599.04	51081.89
2005	8188.72	67079.51	19.29	118.14	646.05	67725.56
2006	10663.44	85006.83	19.29	156.10	853.66	85860.49
2007	15282.49	116208.10	19.29	171.62	938.52	117146.6
2008	19460.30	135153.70	19.29	196.44	1074.25	136228

续表

年份	外汇储备（1）		黄金储备（2）			(1) + (2)
	亿美元	亿元人民币	百万盎司	p̄（克/元）	亿元人民币	（亿元人民币）
2009	23991.52	163886.10	33.89	215.12	2066.83	165952.9
2010	28473.38	192750.50	33.89	268.09	2575.80	195326.3
2011	31811.48	205464.00	33.89	326.27	3134.72	208598.7
2012	33115.89	209044.10	33.89	341.00	3276.28	212320.4

（2）政府持有的国有企业价值

本部分的计算比较复杂，多位研究者做过类似的研究，得到的结果并不一致。因此本部分没有进行估计，而是采用目前德意志银行和沈沛龙、樊欢（2012）估计结果的均值①。

表 9-6　政府持有的国有企业价值的市场价值估算

单位：万亿元

年份	2003	2004	2005	2006	2007	2008	2009	2010	2011	2012
市场价值	2.66	2.32	2.03	5.60	20.49	7.60	15.28	16.62	10.30	12.7

由此，我们估算出的 2003～2012 年中国政府资产负债表如表 9-7 所示。

表 9-7　2003～2012 年中国政府资产负债表

单位：亿元

年份	2003	2004	2005	2006	2007
金融资产	65638.59	80517.89	96021.56	152787.49	339678.6
中央财政存款②	5127	6236	7996	10927	17632
中央持有的国有企业价值	26600	23200	20300	56000	204900

---

①　2012 年，德意志银行大中华区首席经济学家马骏发表了关于政府持有股票市值的估算结果。

②　由于中央政府财政存款数据是内部数据，不对外公开，本部分使用的 2003～2011 年数据引用自沈沛龙、樊欢（2012），2012 年数据为笔者估计得到。

续表

年份	2003	2004	2005	2006	2007
外汇和黄金储备	33911.59	51081.89	67725.56	85860.49	117146.6
直接负债	22603.6	25777.6	28774	31448.69	48741
年份	2008	2009	2010	2011	2012
金融资产	230268	339978.9	385803.3	338303.4	368695.57
中央财政存款	18040	21226	24277	26704.7	29375.17
中央持有的国有企业价值	76000	152800	166200	103000	127000
外汇和黄金储备	136228	165952.9	195326.3	208598.7	212320.4
直接负债	53270.76	62708.35	67526.91	72044.51	77565.7

（二）政府债务违约风险

要分析政府债务的安全性，需要首先建立政府债务风险评价指标。为不失一般性，本部分假设政府金融资产价值变化遵从如下随机过程：

$$\frac{dA_t}{A_t} = \mu dt + \sigma_A dZ_t$$

其中，A_t 为 t 时刻政府金融资产的市场价值，μ 为其瞬时增长率的期望，σ_A 为标准差，Z_t 为维纳过程[①]。假设当前时刻为 0，$A_0 = A$，则由上式可知，在 T 时刻政府金额资产价值为：

$$A_t = Aexp\left\{\left(\mu - \frac{1}{2}\sigma_A^2\right)T + \sigma_A\sqrt{T}Z_T\right\}$$

其中，Z_T 服从标准正态分布，则政府金融资产价值服从对数正态分布。B_t 为政府债务在 t 时刻的价值，那么，在 T 时刻，如果 $A_T \geqslant B_T$，政府不发生违约；如果 $A_T < B_T$，政府将发生违约，违约概率 PD 为：

---

① 金融资产价值的模拟多使用这种方法，其中维纳过程是一种连续时间随机过程，用以反映该金融资产价值的市场波动。

$$PD = P(A_T < B_T) = N\left(\frac{\ln\left(\frac{B_T}{A_T}\right) - \left(\mu - \frac{1}{2}\sigma_A^2\right)T}{\sigma_A\sqrt{T}}\right) = N(-DD)$$

其中，$DD = -\dfrac{\left[\ln\left(\dfrac{B_T}{A_T}\right) - \left(\mu - \dfrac{1}{2}\sigma_A^2\right)T\right]}{\sigma_A\sqrt{T}}$，称为违约距离，$N(x)$ 为标准正态分布函数，本部分将通过违约概率指标来评价我国的政府债务违约风险。根据上式评价政府债务风险时，要估计资产市场价值及波动率，进而计算违约距离和违约概率，获得政府债务风险指标，从而评价政府债务风险水平。根据上文得到的政府资产负债表，我们逐一计算各项资产的波动率，再以各项资产占总资产的比重作为权重确定总资产的波动率，计算结果见表 9 – 8。

表 9 – 8　政府资产波动率

年份	ω_1	ω_2	ω_3	σ_1	σ_2	σ_3	σ_A
2003	0.516641	0.07811	0.405249	0.1169	0.4315	0.1789	0.166598844
2004	0.634417	0.077449	0.288135	0.1362	0.6130	0.2015	0.191943035
2005	0.705316	0.083273	0.211411	0.0678	0.4549	0.2181	0.131810052
2006	0.56196	0.071518	0.366522	0.0667	0.5679	0.2151	0.156936686
2007	0.344875	0.051908	0.603217	0.0801	0.4178	0.3574	0.264901406
2008	0.591606	0.078343	0.33005	0.0762	0.5500	0.4604	0.240124047
2009	0.488127	0.062433	0.44944	0.0704	0.3214	0.3120	0.194655387
2010	0.506285	0.062926	0.430789	0.0823	0.4820	0.2593	0.183701175
2011	0.616602	0.078937	0.30446	0.0935	0.4511	0.3439	0.197967193
2012	0.575869	0.079673	0.344458	0.1078	0.4182	0.3051	0.20047881

注：中央财政存款和持有的国有企业价值数据为引用数据，所以 2003 ~ 2010 年波动值也引用自沈沛龙、樊欢（2012），2011 年和 2012 年波动值使用前三年波动均值估计。ω_1，外汇和黄金储备/资产总额；ω_2，政府在央行的存款/资产总额；ω_3，政府持有的国有企业价值/资产总额；σ_1，外汇和黄金储备波动率；σ_2，政府在央行存款波动率；σ_3，政府持有的国有企业价值波动率；σ_A，加权得到的政府资产波动率。

（三）政府债务"安全规模"的确定

根据上文中给出的政府债务违约风险的计算公式和政府资产负债数据，我们计算得到政府在不同年份债务违约的概率如表9－9所示。

表9－9　2003～2012年政府债务违约概率

年份	负债率（%）	违约距离	违约概率
2003	16.64	－7.24241	0.00000000000022039166
2004	16.12	－6.56951	0.00000000002523979597
2005	15.56	－9.95868	0.0000000000000000000
2006	14.54	－10.586	0.0000000000000000000
2007	18.34	－9.27232	0.0000000000000000001
2008	16.96	－6.36322	0.00000000009878462449
2009	18.39	－9.49682	0.0000000000000000000
2010	16.82	－9.8136	0.0000000000000000000
2011	15.23	－8.05166	0.0000000000000040840
2012	14.95	－8.05764	0.0000000000000038891

表9－9的计算结果显示，2003～2012年我国政府的债务违约概率非常低，债务水平都在"安全规模"内，即使在2008年政府出台大规模刺激政策时，债务违约的风险也处于非常低的水平。因此，根据历史数据，我们难以得到债务水平"安全规模"的上限，我们通过情景分析来进一步探讨，以期得到"安全规模"上限。我们在2012年的数据基础上进行分析，假设债务水平是2012年债务水平的不同倍数，政府的债务风险如表9－10所示①。

表9－10　不同情景下政府债务违约风险

情景	债务余额	占GDP比重	违约概率
1.5倍	116348.6	0.224203	0.0000000008
2倍	155131.4	0.298938	0.0000021106

---

① 为检验结果的稳定性，我们也使用2011年和2010年的数据为基础进行分析，得到的结论具有一致性。

续表

情景	债务余额	占 GDP 比重	违约概率
2.5 倍	193914.3	0.373672	0.0002441192
3 倍	232697.1	0.448407	0.0049730587
3.5 倍	271480.0	0.523141	0.0352422524
4 倍	310262.8	0.597876	0.1265770114
4.5 倍	349045.7	0.67261	0.2893743622
5 倍	387828.5	0.747344	0.4881655286
5.5 倍	426611.4	0.822079	0.6721088261
6 倍	465394.2	0.896813	0.8105057613

　　从表 9－10 可以看出，如果我们控制债务的违约概率低于 10%，那么债务的规模就要控制在 2012 年债务规模的 3.9 倍以下，负债率需要控制在 55% 以下。政府债务的安全规模为低于 55%，略低于目前被广泛采纳的 60% 的欧盟标准。[①]

　　至此，根据前文中得到的负债率的"增长规模"和"安全规模"，我们可以确定，在经济稳定增长和保持政府债务风险可控的双重目标的约束下，负债率（最优规模）应保持在 12% ~ 55%。

三　未来政府债务可持续性预测

（一）国债可持续性预测

　　债务可持续性研究不仅仅是对历史情况的评价，更重要的是对未来的债务情况做出预测和判断。未来的政府债务规模取决于一系列的假设条件，如 GDP 增长率、通胀率、平均国债利率和名义 GDP 增长率等。假定 GDP 实际增长率呈现下降的趋势，由当前 8% 左右的水平下降到 2050 年的 3% 并且保

---

　　① 所谓 60% 的欧盟标准，并非经过测算得到，而是在欧盟成立之初，各成员国的实际负债率的平均值。

· 105 ·

持稳定；通胀率由当前3%左右的水平逐渐下降，2030年下降到2.5%，2050年下降到2%左右；平均国债利率则保持上升趋势，由当前3%左右的水平上升到2050年的5%左右。假定财政政策与2012年相同（即保持财政收入占GDP比重不变、非利息财政支出占GDP比重不变），政府债务与GDP比例的长期预测方面的具体假设条件和预测结果如下。预测结果显示，2012~2050年，负债率逐年上升，2050年上升到36%，仍然处于债务的"最优规模"区间为12%~55%，政府债务违约风险较小，债务处于可持续模式。

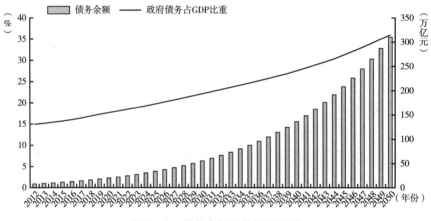

图9-5 债务余额和负债率预测

（二）加入或有债务后可持续性预测

进一步考虑政府的或有债务对经济可能造成的影响。参考马骏（2012）主要考虑四大类或有负债对未来负债率的影响：第一，人口老龄化和转轨成本导致的养老金缺口及其对财政的压力；第二，人口老龄化等因素导致的医疗成本上升对财政的压力；第三，环境治理成本对财政的压力；第四，地方债务问题对财政的压力。2013年12月30日审计署公告自2007年以来，各年度全国政府可能承担一定救助责任的债务当年偿还本金中，由财政资金实际偿还的比例最高为14.64%，我们以此作为或有债务对政府负债率的影响概率。预测结果显示，2017年以前，地方债和铁路债务以及环保治理成本

表 9 - 11　政府债务可持续性预测

单位：亿元，%

年份	2012	2013	2014	2015	2016	2020	2025	2030	2035	2040	2045	2050
总收入	117253.5	129949.7	144020.7	159466.9	176077.0	254197.8	386916.7	563913.7	802718.7	1115627.8	1506283.5	1947463.5
总支出	125953.0	139634.6	154967.3	171933.0	190251.9	274927.6	419925.5	614417.2	878174.4	1231096.5	1672415.2	2180258.6
利息支出	2060.4	2327.0	2792.0	3436.9	4205.2	6336.9	11101.1	18574.1	30004.7	52300.5	80844.1	122527.3
非利息支出	123892.6	137307.7	152175.3	168496.1	186046.7	268590.7	408824.4	595843.2	848169.6	1178796.0	1591571.1	2057731.3
财政盈余	-8699.5	-9684.9	-10946.6	-12466.1	-14174.9	-20729.9	-33008.8	-50503.6	-75455.7	-115468.7	-166131.8	-232795.1
净借款	8699.5	9684.9	10946.6	12466.1	14174.9	20729.9	33008.8	50503.6	75455.7	115468.7	166131.8	232795.1
平均利率	2.7	3.0	3.2	3.5	3.8	4.5	4.5	4.5	4.5	5.0	5.0	5.0
债务余额	77565.7	87250.6	98197.2	110663.4	124838.3	198741.3	337499.8	552476.0	876428.1	1358818.9	2081978.9	3105122.4
政府债务占GDP比重	14.9	15.2	15.4	15.7	16.0	17.7	19.7	22.1	24.7	27.5	31.2	36.0
实际GDP增长率	7.6	7.6	7.5	7.2	7.0	6.0	5.5	5.0	4.5	4.0	3.5	3.0
GDP平减指数变化率	3.0	3.0	3.0	3.0	3.0	3.0	2.5	2.5	2.5	2.5	2.0	2.0
名义GDP增长率	10.8	10.8	10.7	10.4	10.2	9.2	8.1	7.6	7.1	6.6	5.6	5.1
名义GDP	518942.1	575133.2	637408.6	705770.7	779283.7	1125031.6	1712420.7	2495776.3	3552682.6	4937559.3	6666528.2	8619108.5

是最大的债务风险点，而在 2020 年以后，养老金财政成本和医疗财政成本成为最大的债务风险。预测结果显示，加入或有债务后，负债率提高，2050年负债率达到 62.2%，已经超过"安全规模"。

表 9 - 12　2013~2050 年政府债务可持续性预测——加入或有负债

单位：%，个百分点

年份	2013	2014	2015	2016	2017	2020	2030	2040	2050
政府债务占 GDP 比重	15.3	15.7	16.2	16.7	17.9	19.1	27.9	40.6	62.2
其中:地方债和铁路债务	1.4	1.2	1.1	0.8	0.6	0	0	0	0
养老金财政成本	0	0	0	0.1	0.1	0.2	1.4	3.4	6.6
医疗财政成本	0.2	0.3	0.4	0.5	0.5	0.8	1.3	1.5	1.6
环保治理成本	1	1	1	1	1	0.7	0	0	0

四　结论和建议

（一）结论

第一，债务对经济增长确实存在拉动作用，但存在度的限制，当负债率低于 12% 时，债务对经济增长的拉动作用不显著，在 0 左右波动；当负债率高于 12% 时，除个别特殊年份外，债务对经济增长的拉动作用显著增强，但并非随着负债率的提高而呈线性上升。12% 的负债率可以看成是债务"增长规模"的下限。

第二，本章在政府资产负债框架下分析了政府债务风险，借助所编制的简化的政府资产负债表，通过实证研究，给出了在不同负债率下政府债务的违约风险。并且通过情景分析发现，当负债率高于 55% 时，政府债务的违约风险将高于 10%，由此探知了债务"安全规模"的上限。

第三，在分析得到债务的"增长规模"下限和"安全规模"上限后，本章得到了政府债务规模的"最优规模"，即 12%~55%。并以此为标准评价了 2013~2050 年政府债务规模，得知至 2050 年我国政府债务规模都处于

"最优规模"，政府债务违约风险较小。

第四，进一步考虑政府或有债务的情形下，我们分析了 2013～2050 年政府的债务的安全规模情况。当考虑或有债务后，政府的负债率在 2050 年将达到 62.2%，突破"安全规模"的上限，政府债务违约风险加大。

（二）建议

第一，通过分析政府资产负债发现，政府债务的顺利偿还依赖于外汇储备的规模及其流动性，但是目前我国的外汇储备结构较为单一，风险抵御能力较弱。因此，在未来几年内应重视外汇储备的分散化，使外汇储备起到分散政府债务风险的作用。

第二，基于或有债务风险爆发点，严格控制或有债务风险。大量的或有债务是我国政府不可忽视的问题，研究发现，若不考虑或有债务，2050 年前我国政府债务基本处于"最优规模"，而若考虑或有债务的影响，虽然当期债务处于安全规模，但是 2050 年将突破风险界限，或有债务的远期形势堪忧。因此，希望政府密切关注或有债务对违约风险的影响，基于或有债务风险爆发点，严格控制或有债务风险。

第三，严格控制政府债务余额增长速度。根据审计署的公告，截至2013 年 6 月底，省市县三级政府负有偿还责任的债务余额 105789.05 亿元，比 2010 年底增加 38679.54 亿元，年均增长 19.97%，增长速度较快。若要控制债务风险，必须严格控制债务余额的增长速度，若债务余额的年均增速与名义 GDP 增长速度保持一致，那么我国政府性债务负债率将可保持在风险控制界限下。

第四，建议由专门机构测算并发布政府资产负债表。目前具备条件的国家都是由专门机构发布国家资产负债表的，我国缺乏权威的发布机构，在政府资产测算上存在混乱情况。为了提高政府债务违约概率测算的准确度，更好地发挥其决策支撑作用，建议由专门机构来测算并发布政府资产负债表。

中篇

宏观经济分析的热点问题

第十章　修复阶段平稳转换，畅通供需循环
为下一步工作关键

　　疫后与周期波动后经济修复不同，大致可分为三个特征显著的阶段，第一阶段是政策助力下的供给快速恢复；第二阶段是需求面修复加速，内生动力增强；第三阶段是实现供需循环畅通，经济回归正常状态。从宏观指标来看，一、二季度经济总体处于第一阶段并向第二阶段过渡，三季度以来需求回升加速，与供给的匹配度提升，经济修复进入第二阶段。但当前经济整体仍较为脆弱，增长动力较分散，政策需进一步助力，全力做好"六保"和"六稳"工作，畅通供需循环，促进经济尽快完全回归正常轨道。

一　2020年前三季度经济修复阶段实现平稳转换

　　2020年前三季度，在政策助力下，经济快速修复，当前供给面修复趋于完成，需求回升边际加速，供给和需求的匹配度提高，经济增长的内生动力不断增强。

（一）供给面修复接近完成

　　一是近期工业增速基本持平于上年。2020年1～8月规上工业增加值同比增长0.4%，年内首次转正，8月增长5.6%，高于上年同期1.2个百分

点，基本持平于上年全年 5.7% 的增速。二是工业增长动力链条延长。首先，基建和房地产链条保持强劲。8 月，黑色和有色金属冶炼和压延加工业增加值分别增长 9.2% 和 4.8%，通用设备制造业和专用设备制造业增加值分别增长 10.9% 和 8.0%。挖掘机、铲土运输机械、钢材、水泥产量分别增长 34.1%、32.5%、11.3% 和 6.6%。其次，新动能链条快速增长。电气机械和器材制造业，计算机、通信和其他电子设备制造业增加值分别增长 15.1% 和 8.7%。工业机器人、智能手机、集成电路、微型计算机设备产量增速均超过两位数。再次，抗疫相关产业仍保持较高增速，8 月医药制造业增加值增速环比提高 1 个百分点至 4.3%。最后，消费品制造业增加值增速有所回升。8 月当月消费品制造业增加值同比下降 0.8%，降幅比上个月收窄 0.3 个百分点。三是服务业修复提速。1~8 月，服务业生产指数同比下降 3.6%，降幅比 1~7 月收窄 1.1 个百分点，8 月，服务业生产指数同比增长 4.0%，达到上年末的 60%。信息传输、软件和信息技术服务业，房地产业，交通运输、仓储和邮政业生产指数同比分别增长 13.8%、9.4%、3.3%。

（二）需求修复速度超过供给面

一是投资趋势性增长确立。1~8 月，制造业投资增长 -8.1%，较 1~7 月回升 2.1 个百分点，8 月增速已经回升至上年水平。房地产开发投资增长 4.6%，基建投资增长 2.02%，单月增速均持续稳定在较高水平。高技术行业投资增长 8.2%，其中高技术制造业投资增长 8.8%，高技术服务业投资增长 7.2%。二是服务消费回升将加快弥补消费缺口。随着防控措施放松，各类消费场景稳步恢复，居民外出旅行和就餐活动增多，住宿和餐饮消费持续恢复。8 月电影票房收入水平恢复至上年同期的一半，8 月下旬票房收入增长接近上年同期的 90%，最后一周单周票房达到 17.2 亿元，超出上年同期。三是出口增速持续高于预期。2020 年 4~8 月我国口罩、医疗器械、药品等的出口同比增长 57%，出口贡献度达到 88.6%。近期虽然防疫物资出口增速有所回落，但依然较为强劲，8 月纺织品出口同比增长 47%，医疗器械出口同比增长39%。三季度以来,服装、玩具、鞋等传统消费品出口形势开始有所好转,8月服装类出口增长3.2%,年内首度转正,家具出口连续两个月增速超过20%。

(三)资金层面显示经济进入自发性修复

一是社会融资规模持续扩张。一季度新增社会融资11.09万亿元,同比增加2.5万亿元,之后二季度社会融资规模继续扩张,同比多增3.75万亿元,7~8月新增社会融资5.28万亿元,同比多增1.8万亿元,显示整体经济融资需求持续平稳修复。二是社会融资结构显示经济运行持续向好。社会融资中债券融资和新增信贷是主要支撑,1~8月企业债券新增39578亿元,较上年同期增长近80%,显示政策托底之下,实体企业信用扩张随着复工复产进程而有序推进。三是新增信贷结构改善。新增贷款中,中长期贷款比例大幅提高,显示企业扩大再生产的积极信号。

(四)高频数据显示需求修复将持续进行

一是制造业订单和企业生产经营预期大幅改善。8月,PMI中新订单指数升至52%,环比提高0.3个百分点,企业生产经营预期指数环比提高0.8个百分点至58.6%。二是服务业商务活动指数显著回升。8月服务业商务活动指数为54.3%,比上月上升1.2个百分点。从行业看,交通运输、电信等行业商务活动指数连续4个月在60.0%以上;住宿、餐饮、文化体育娱乐等行业呈现回暖迹象,商务活动指数均高于57.0%;租赁及商务服务业商务活动指数升至50.0%以上。三是原材料价格上行且产量增加,指向需求继续回暖。9月上旬重点企业粗钢产量同比增长6%,动力煤、褐色金属和化工产品等重要生产资料价格继续上涨,CCFI指数和公路物流运价指数均继续上升。四是BCI指数显著回升。8月BCI指数为54.87%,环比上升3.45个百分点,其中相关行业内需订单和出口订单均呈现回升态势,现货价格继续上行,显示企业经营状况持续改善,量价均有所改善。

二 当前经济中存在的问题和风险

当前全球形势复杂多变，疫情尚存在较大的不确定性，金融市场波动加剧，地缘冲突增加，我国经济长期积累的风险矛盾不断释压，或将在一定程度上干扰我国经济的修复进程。

国际环境不确定性趋升。一是全球经贸活动收缩。当前，全球新冠肺炎疫情蔓延态势尚未得到有效遏制，世界经济和宏观经济政策前景不确定性上升，严重挫伤全球经济未来预期，导致全球经贸投资活动等更趋谨慎。OECD全球综合领先指标自2020年3月以来持续低于99，处于2009年10月以来所未有的低位。IMF在年中报告中将2020年全球经济增速预测值进一步下调1.9个百分点至-4.9%，较上年全球经济实际增速下滑约8个百分点，预测全年货物和服务贸易增速为-11.9%，较上年货物和服务贸易实际增速下滑约11个百分点。二是地缘冲突增加。随着美国总统大选临近，特朗普政府对华政策的不确定性进一步加大。此外，中美关系对抗升级也促使印度在边境方面动作频频，中印边界纠纷有所升级且不断反复。三是疫情存在较大不确定性。国际疫情单日新增感染人数持续创新高，可能步入秋冬季后还将迎来第二波大暴发，部分控制较好的国家持续面临疫情输入性风险。

货币供需边际失衡导致市场流动性相对趋紧。三季度以来，我国货币供给速度出现放缓，但社会融资需求仍增长较快，货币供需缺口面临进一步扩大风险，流动性趋紧状况恐将逐步暴露。一是货币供给出现边际收窄苗头。8月，央行净投放现金175亿元，环比少增233亿元，M2同比增长10.4%，增速已连续2个月出现放缓。流动性趋紧背景下，资金利率成本不断上升，6月以来各期限银行间同业拆借利率持续上行，9月中旬隔夜和7天期SHIBOR分别增至2.1010和2.2330，较6月初分别上涨29.0%和14.0%。二是社会融资需求保持旺盛。8月，新增社会融资规模达35823亿元，环比大增211.6%，且显著高于上年同期水平。企业融资需求依旧旺盛，非金融性公司及其他部门新增贷款额度环比提高3152亿元。三是新增贷款主要是流向居民部门。8月新增人民币贷款1.28万亿元，同比多增694亿元，好于预期。但如果扣除居民部门贷款，新增人民币贷款同比下降21%。

部分地方政府加大非税收入征收力度可能增加企业经营压力。2020年以来，受宏观经济、新冠肺炎疫情、减税降费等因素综合影响，基层保运转压力持续加大，用于疫情及相关费用支出增加，财政收支矛盾凸显，部分地方政府拓展非税收入以提升财力。数据显示，1~7月，山西省税收收入累计增速为-18.3%，而非税收入累计增速为8.8%；河北省税收收入累计增速为-9.3%，而非税收入累计增速为21.9%。调研情况显示，1~8月，西部某省会市某辖区税收收入增长-5.3%，非税收入增长39.9%。1~7月中部某地市税收收入与非税收入同比分别增长2.6%与28%，东部沿海某地市税收收入和非税收入分别同比增长-18.6%和30.9%。

大宗商品、股票、汇率等市场波动有所加剧。受新冠肺炎疫情及微观主体预期不稳等因素影响，近期主要金融市场波动幅度有所加大，为企业经营和经济运行带来一定的次生风险。一是主要大宗商品价格大幅波动。受疫情影响，2020年初，煤炭、钢铁、石化、有色金属等大宗商品价格出现大幅回落，上游原材料生产企业利润空间受压，伴随着疫情防控形势的逐步好转和经济增长的持续回暖，"三黑一色"等大宗商品价格稳步上行，近期主要大宗商品价格再现下行迹象，能源、贵金属、非金属建材等Wind指数较前期高点的降幅均超过10%。二是全球股票市场普遍面临调整。9月以来，美国道琼斯工业、纳斯达克、标普500三大股指全线回落，10个交易日累计跌幅接近或超过10%，科技板块所受冲击尤为明显。英国、法国、德国等国股票市场持续不振，个别新兴市场国家股指面临大幅回调。国内上证综指、深圳成指、创业板指等在经历6~7月一轮快速上行后，近期正处在震荡调整区间，较前期高点回落约10%。三是人民币汇率呈现宽幅波动。年初以来，美元、日元等主要货币兑人民币均出现明显升值，月均汇率分别由1月的6.9172和6.3255升至5月的7.0986和6.6167，升值幅度达到2.6%

和 4.6%。我国疫情得到有效控制，经济触底回升，人民币逐步转向升值通道，截至 9 月中旬美元和日元兑人民币汇率分别降至 6.7588 和 6.4625，降幅为 4.8% 和 2.3%。

三　政策助力下内生动力增强，努力完成全年目标

前三季度经济增长结构性特征鲜明，地产系、基建系、抗疫系行业成为经济修复的主要动力。三季度以来，消费恢复加快，企业经营改善，增长动力链条扩展，预计经济将呈现持续复苏态势。

基建和房地产投资趋于稳定、制造业投资回升促进投资增速进一步提高。首先，得益于前期托底政策支撑，基建投资快速修复。虽然近月在专项债节奏及 7~8 月专项债向棚改分流影响下，基建投资增速有所回落，但在存量政策效应持续释放拉动下，预计基建投资年内将保持较高增速。其次，监管部门对房企融资设置了"三条红线"，可能会在一定程度上抑制房地产活动，但这个政策的执行和铺开还需要一定的时间，且该政策将促使企业更依赖销售回款，短期内或加快开工、推盘以实现高周转，房地产投资仍将保持较强韧性。最后，随着企业经营预期显著好转，企业利润有所修复，加之服务业防疫措施的放松，将对制造业的生产扩大形成一定支撑，预计制造业投资将继续呈回升态势。

服务消费、大宗商品消费和升级类消费助推消费回升趋势显著。第一，疫情之前，服务消费和货物消费在居民消费支出中大致各占一半。据估计，2020 年一季度，两者同比都下跌了 10% 左右，二季度货物消费已经转为 2% 左右的正增长，但服务消费继续下跌 10% 以上，可以说服务消费复苏缓慢拖累了整体消费增长。随着后期防控措施进一步放松，预计服务消费将出现较快回升。第二，房地产市场持续高景气以及疫情防控形势好转，家具类、家用电器和音像器材类、建筑装潢类等房地产链条消费增长将成为消费增长的支撑点。第三，前期受疫情影响，新品上市节奏较慢，而秋季是新车上市旺季，预计三、四季度将有较多新品集中上市，加之上年基数较低，预

计三、四季度汽车消费将保持强势。基建投资的高增长也将带动工程车辆消费的较快增长。第四，升级类消费和新型消费将保持较快增长。

国内外疫情时差和我国完备的供给体系使得我国出口表现仍然值得期待。前三季度，防疫物资、远程办公用品以及高新技术产品的出口表现良好。四季度出口首先受益于全球需求的持续回暖。摩根大通 8 月全球综合 PMI 为 52.4，进一步高于上月，为 4 月以来的最高水平，特别是预计疫苗上市后世界经济修复速度将进一步加快。其次，国外疫情促使防疫物资出口仍将保持较快增长。最后，疫情冲击时点错位和完备的供应链支撑促进我国传统优势产品，如服装、家具、玩具等的出口回升。不利因素方面，第一，人民币汇率走强将在一定程度上抑制出口增长。第二，东南亚等国家的企业复工复产的推进对我国出口构成竞争。CPB 数据显示，6 月亚洲其他新兴经济体出口增速已经明显回升并超过我国，如 6～7 月越南出口明显反弹，我国出口至美国和欧洲的市场份额已有所下降。总体来看，预计四季度出口将延续较高增速。

基建系、地产系、抗疫系、消费系生产稳定成为供给面稳定的支撑。首先，基建投资和地产市场的较快增长带动生产端原材料、装备制造、金属冶炼等行业较快增长。其次，国际疫情蔓延和国内疫情防控常态化使得抗疫物资需求不减，纺织业、医药制造业受此带动将持续保持较高增长。再次，1～8 月，受消费低迷影响，消费品制造业增速低于整体工业，预计随着货物消费和服务消费回升速度加快，上半年表现弱势的相关消费品制造业也将呈现较快增长。最后，企业经营状况改善、预期向好，显示企业扩大生产的积极信号。

高基数和低翘尾下价格形势总体保持稳定。年底在新涨价因素叠加季节因素的影响下，月度价格涨幅可能会冲高，但受到上年高基数影响，预计 CPI 总体将保持稳定。近期 PPI 受到上年低基数、大宗商品价格上行以及需求逐步回暖的影响连续出现上行，预计年内 PPI 回升态势将持续。

总体而言，经济供给面和需求面修复都将继续，经济总体进入疫后修复的第二阶段，三、四季度经济增速将显著高于二季度，预计全年经济增长

2.2%左右。展望2021年上半年，疫苗大概率上市，消费和服务业将加速修复，全球贸易也将有新一轮扩张，经济增长可能出现阶段性冲高。

表10-1 2020年经济指标及全年预测

单位：%

指标	上半年	三季度	前三季度	全年
GDP	-1.6	5.0	0.8	2.2
全社会固定资产投资	-3.1	3.0	0.6	2.3
社会消费品零售总额	-11.4	0.6	-7.3	-4.1
规模以上工业增加值	-1.3	5.1	0.9	2.2
服务业增加值	-1.6	5.0	0.7	2.0
出口	-3.0	10.5	1.9	3.0
CPI	3.9	2.4	3.4	3.2
PPI	-1.9	-2.0	-1.9	-1.3

四 相关政策建议

当前国内需求回升滞后于供给、供需循环不够顺畅，下一步政策应以扩大有效需求为重点，着力破除供给制约，加快完善流通网络体系等，通过深化体制机制改革最大限度释放各类要素资源的潜能和活力，尽快形成顺畅的供需循环格局。

需求方面，需聚焦"两新一重"扩大有效投资，传统新兴并重促消费。首先，加快5G、一体化数据中心等新型基础设施建设，加快推进以县城城镇化补短板、强弱项为重点的新型城镇化建设，加快交通、水利等重大工程以及物流基础设施建设。加快中央预算内投资计划执行和项目建设进度及专项债券发行使用进度，及早谋划做好2021年专项债券项目准备，通过REITs等多措并举促进民间投资。其次，进一步创新无接触消费模式，完善"互联网＋"消费生态体系，促进消费新业态、新模式、新场景的普及应用。研究出台消费券，消费券发放向脱贫攻坚的重点地区、重点人群倾斜，向中低收入群体直接发放现金，提高消费券中商品消费的比例。尽快出台2.0升及以下排量乘用车购置税减半优惠政策，在北京等特大城市适当增加新能源汽车购车指标，启动家电节能更新补贴政策。允许学校、科研院所等公益性事业单位及政府部门等公共机构适当加速固定资产折旧、扩大采购产品范围。制定临时性调整休假制度，试行每月一次周末2.5天弹性工作制。

供给方面，着力提升供应链质量和激发市场主体活力。提升产业基础能力和产业链水平，围绕主导产业形成系统、高效、灵活、完备的供应链网络，加快供应链创新应用。提升供应链全链安全性、稳定性、协同性、开放性，提高供应链数字化和智能化水平，积极推进区块链、大数据、5G等新兴技术在供应链领域的集成应用，以数字经济、新基建、智慧城市建设、创新平台打造等为主攻方向，支持企业开展数字化转型，加大智能设备的投入和使用力度。保护和激发各类市场主体潜能，加强自主品牌建设等。落实并强化对市场主体的各项政策支持，确保各项纾困措施直达基层、直接惠及市场主体，增强市场主体活力。

流通方面，加快建设和完善现代流通基础设施和物流网络体系等。加快建设现代综合运输体系和交通运输市场，优化综合运输通道布局，加强高铁货运和国际航空货运能力建设，支持关系居民日常生活的商贸流通设施改造升级，强化支付结算等金融基础设施建设，提供更多直达各流通环节经营主体的金融产品和服务，加快建立储备充足、反应迅速、抗冲击能力强的应急物流体系等。完善商贸流通等基础设施网络，加快建立健全数字化商品流通体系，畅通工业品下乡、农产品进城双向流通渠道，补齐农产品冷链物流设施短板，开展农商互联农产品运输链建设，优化城乡商业网点布局，畅通物流、人流、信息流、资金流等要素流通循环。

体制机制方面，尽快破除阻碍供需顺畅循环的梗阻。有序推进农村土地改革，赋予农民更多财产权利。适度放开户籍、编制等人员流动的限制，启动城市群户籍准入年限同城化累计互认。健全多层次资本市场体系，完善股市发行、交易、退市等制度，深化债市改革，增强人民币汇率弹性，推进存贷款基准利率与市场利率并轨，有序推进人民币国际化和人民币资本项目可兑换，完善科技成果资本化体制机制，改革数据要素市场相关体制。完善竞争中性机制，加快统一市场建设，完善社会信用体系，建立健全以信用为基础的集中统一、权威高效的新型监管机制，推动商品和要素流通制度环境显著改善。

第十一章 经济动能结构性修复，经济增长压力仍存

随着全国经济活动逐步恢复常态，供给和需求动能持续修复，工业、服务业、消费和投资数据逐月好转。然而，考虑到世界主要经济体经济增长依然疲弱、美国收紧对华出口导致供应链脱钩压力加剧等因素，加之国际国内疫情仍然存在反复风险，下半年我国经济增长仍将面临较大不确定性。当前，应进一步提升政策的针对性和前瞻性，更大力度激发有效需求，畅通供需循环，最大限度地挖掘生产要素的潜能和活力，加快经济持续复苏进程，推动经济增长尽快步入正常运行轨道。

一 五大动力链条支撑经济增长

受疫情影响，上半年我国经济下行压力显著加大，主要经济指标普遍呈现负增长。然而，在基建投资明显提速、房地产市场景气回升、"抗疫经济"规模扩大、新动能保持较快增长和多行业库存回补五大动力的协同推动下，经济边际改善的势头明显。然而，社会消费品零售总额尤其是餐饮住宿消费和服务消费复苏缓慢，制造业中消费品制造业持续呈现负增长，且制造业投资受企业利润收窄和预期不佳双重影响延续低迷态势，经济结构性复苏特征明显。

基建投资提速带动相关产业生产和相应产品消费显著改善。1～5月，

固定资产投资完成额同比下降 6.3%，降幅逐月收窄，其中基建投资显著提速，增速在 3 月转正后，4~5 月均在保持两位数以上。一是带动原材料类行业生产企稳。3 月以来，原材料类行业增加值持续呈现正增长，5 月当月增速达到 5.5%，其中黑色金属冶炼及压延加工业累计增长 2.8%，二季度平均增速达到 5% 以上。二是带动装备制造业快速增长。5 月装备制造业增加值同比增长 9.5%，建筑工程用机械产量连续多月保持两位数增长，5 月增速高达 38.4%，其中挖掘机产量增长 82.3%。三是在一定程度上带动汽车类消费迅速回暖。汽车类消费 4 月转正后，5 月同比增长 3.5%，明显快于整体消费。

房地产市场景气回升带动相关领域的投资和消费。上半年房地产开发企业到位资金状况持续改善，销售不断向好，新开工面积增速提高，房地产市场景气度明显回升。一是带动房地产投资较快增长。前 5 个月，房地产开发投资同比下降 0.3%，在三大类投资中跌幅最小，3 月以来连续保持 10% 左右的高增长态势。二是带动房地产相关链条消费。上半年房地产链条消费好于整体消费，二季度随着疫情防控形势逐步好转，防控级别相应下调，房地产链条消费表现进一步改善，5 月家电类、家具类、建筑装潢类消费分别增长 4.3%、3%、1.9%。

"抗疫经济"规模明显扩张。二季度开始全球新冠肺炎疫情迅速蔓延，疫情防控相关物资的需求显著增加。一是防疫物资出口大幅增加。1~5 月，我国进出口总额同比下降 4.9%，其中出口和进口金额分别下降 4.7% 和 5.2%，出口降幅较一季度大幅收窄 6.7 个百分点，防疫用品是其中最为活跃的出口分项。前 5 个月，包含口罩的纺织品出口增速达 25.5%，医疗器械和中药材出口分别增长 33.0% 和 8.0%。疫情影响下办公场景转换带来的集成电路和电脑出口分别增长 14.5% 和 1.8%，带动计算机、通信和其他电子设备制造业出口增长 3.7%。二是必需品和医药消费保持较快增长。5 月份，粮油食品类、中西药品类、日用品类商品限额以上零售额分别同比增长 11.4%、7.3%、17.3%，且二季度以来上述领域消费始终保持强劲，带动相关行业生产实现较快增长。

　　新动能领域表现亮眼。上半年我国经济结构持续优化，新经济、新业态、新模式等领域增长均快于平均水平。一是网上零售加速扩张。前5个月，实物商品网上零售额同比增长11.5%，较一季度提高5.6个百分点，占社会消费品零售总额的比重进一步升至24.3%，吃穿用类商品网上零售全线回暖，带动信息传输、软件和信息技术服务业等实现较快增长。二是高技术行业保持较快增长。1~5月，高技术产业增加值累计增长3.1%，3月以来月度增速达到近两位数。高技术产业投资增长1.9%，高于全部投资增速8.2个百分点。其中，高技术制造业和高技术服务业投资分别增长2.7%和0.5%，计算机及办公设备制造业、医药制造业、电子商务服务业投资增速分别升至12.0%、6.9%和25.4%。

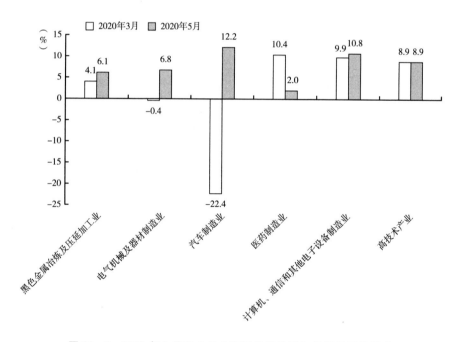

图11-1　2020年3月和5月主要行业工业增加值当月同比增速

　　库存回补推动行业生产逐步提速。上年末我国企业整体库存水平创近三年来新低，多行业库存回补需求显著增加，推动产能逐步修复。整体来看，我国库存水平已于上年末触底回升。5月，我国PMI中产成品库存指数升至

47.3%，较上年末提高 1.7 个百分点。前 4 个月，工业企业产成品存货同比
增长 10.6%，较 2019 年 11 月大幅提高 10.3 个百分点。近期企业库存水平
持续上升，部分源自疫情影响下社会需求的整体萎缩，但企业主动补库存的
周期运行规律也在其中扮演了重要角色，为相关行业的发展提供了较强支
撑。分行业来看，原材料类企业、机械设备制造类企业及抗疫相关行业企业
补库意愿较强。基于国际大宗商品价格显著回落，基建、房地产等领域后市
预期乐观等因素，产业链上游行业和机械设备制造类企业加快补库存进度，
4 月黑色金属和有色金属矿采选业、冶炼及压延加工业，以及仪器仪表制造
业等行业产成品存货均保持两位数以上较高增速。同时，全球新冠肺炎疫情
蔓延，抗疫物资需求大幅提升，医药制造业等补库意愿同样强烈。

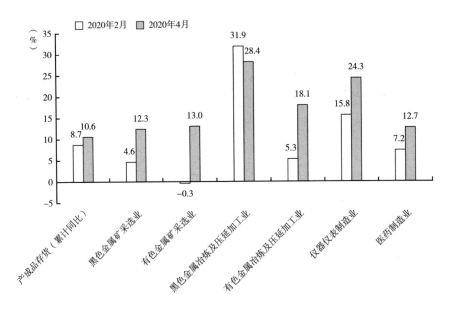

图 11 - 2　2020 年 2 月和 4 月主要行业产成品存货当月同比增速

消费复苏缓慢拖累相关行业增长。1 ~ 5 月，社会消费品零售总额同比名
义下降 13.5%，其中餐饮收入降幅高达 18.9%，5 月消费增速仍未转正。受此
影响，消费品行业生产持续低迷，5 月增速由上月的增长 0.7% 转为下降 0.6%，
服装、家具、文教工美、皮革制鞋等行业降幅为 5.0% ~ 11.4%。

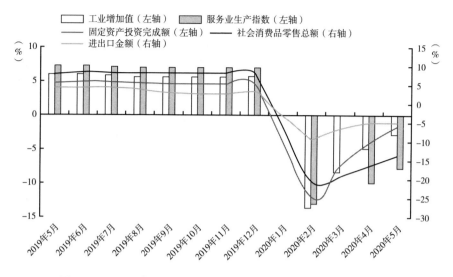

图 11 - 3　2019 年 5 月至 2020 年 5 月主要经济指标累计同比增速

二　经济运行中面临的主要问题和挑战

当前世界经济形势复杂多变，我国经济长期积累的风险矛盾不断释压，叠加疫情的持续性影响，或将对我国经济的复苏进程造成一定干扰。

世界经济严重衰退对我国经济的不利影响恐将逐步显现。当前，全球新冠肺炎疫情蔓延态势尚未得到有效遏制，世界经济严重衰退风险持续上升，未来恐将对我国经济产生严重冲击。一是国际贸易面临大幅萎缩。世界经济严重衰退，一方面，导致国外家庭部门的收入增速趋缓且收入预期转差，降低家庭消费的能力和潜力。另一方面，经济前景不佳导致投资者更趋谨慎，投资规模收缩风险进一步上升。此外，因疫情防控需要企业大规模停工停产，零部件等中间产品的需求明显降低，未来我国出口领域将明显承压。二是外商直接投资存在收缩风险。世界经济严重衰退背景下，国外投资者的投资行为更趋谨慎，风险偏好明显降低，我国的投资规模也将相应回落，从而减少国内资本形成。三是国内企业投资恐将继续承压。世界经济面临严重衰退将造成我国企业经营预期转差，并通过收缩产能规模、搁置计划项目等方式减少国内投资。测算结果显示，2020 年全球 GDP 增速若下降 3.0 个百分点（国际货币基金组织预测值），恐将通过上述渠道导致我国经济增速回落逾 10 个百分点，减少城镇新增就业机会逾 400 万个。

多重因素叠加导致稳就业难度进一步加大。年初以来，受新冠肺炎疫情、中美经贸摩擦、经济转型发展等长短期因素交织叠加影响，我国就业领域压力明显上升，稳就业难度显著增加。一是疫情冲击效果恐将持续显现。5 月，我国城镇调查失业率升至 5.9%，较上年末大幅提高 0.7 个百分点。前 5 个月，城镇新增就业人数同比回落 23.0%，且 2020 年 2 月以来月度回落幅度始终保持在 20% 以上，年内疫情对于就业领域的影响恐将持续显现。二是中美经贸摩擦导致就业不稳定性增加。受中美经贸摩擦影响，前期一些企业已出现生产计划调整、加班减少和员工轮休的现象，招工也更趋谨慎，部分地区、部分行业已现裁员现象，就业岗位外迁风险加大。未来，中美经贸关系以及由此引发的国际产能布局调整等将面临多重变数，为就业领域增添诸多不确定性。三是转型发展等因素对就业企稳形成一定制约。当前，转型发展地区就业接续难度加大，国有企业改革、减员的压力上升，民营和中小企业发展信心不足，就业预期持续走低，部分行业低技能群体转岗就业较为困难，创业公司融资难度进一步增加，创业带动就业的示范效应趋弱。

基层保运转压力持续加大。新冠肺炎疫情以来，各地经济活动受到不同程度影响，财政收支缺口进一步扩大。一是税源减少叠加减税降费政策导致地方财税收入明显下滑。1~4 月，公共财政收入同比下降 14.5%，其中税收收入同比下降 16.7%。二是各地用于疫情及相关费用支出明显加大。1~4 月，公共财政支出中用于社会保障和就业的支出同比增长 23.98%。三是部分长期积累的风险矛盾可能集中爆发。源于前期政府财税收入减少、债务到期规模增多、隐性债务化解压力加重、税收开源能力不足、民生保障和重点项目建设等刚性支出不减等，税收收入呈负增长的地区有所增多，基层保工资、保运转、保民生的"三保"压力趋升，一些地方"保运转"的困难已经显现。

企业经营困难引发金融系统风险趋升。新冠肺炎疫情以来，企业生产经营等活动所受影响持续增大，现金流压力不断增加，并通过多种渠道推升金融系统风险。一是企业银行贷款逾期现象有所增多。疫情期间，银行等金融机构通过减息降费、贷款展期、再贷款等多种方式对企业进行救助，一定程度上对金融机构的盈利空间形成一定挤压，同时源于经营状况不佳，企业近期贷款逾期现象有所增多，导致银行系统风险有所集聚。二是银行信用和贸易融资风险趋升。新冠肺炎疫情、贸易保护主义等加剧全球经济不确定性，人民币汇率波动加剧干扰企业订单生产安排，导致外贸出口企业预期不稳，相关企业亏损乃至破产倒闭的风险加大，致使商业银行面临的信用风险和贸易融资风险持续增加。

三　经济仍将呈现结构性复苏

上半年我国经济增长结构性特征鲜明，五大动力链条带动相关产业实现较快复苏，其他行业处于弱势地位。展望下半年，经济增长结构分化特征仍将存在，但总体复苏态势不改。

二季度经济大概率实现正增长。鉴于内需持续恢复，4~5月出口表现超预期，6月高频数据显示供需两端持续改善，预计二季度实际GDP同比增长1.2%左右。一是订单状况和企业生产经营预期大幅改善。5月，PMI中新订单指数升至50.9%，环比提高0.7个百分点，企业生产经营预期指数环比提高3.9个百分点至57.9%。二是原材料价格上行且产量增加均指向需求继续回暖。6月上旬重点企业粗钢产量同比增长3%，钢材社会库存继续去化；动力煤、黑色金属类价格保持上行；BDI、CCFI和公路物流运价指数均上升。三是房地产市场仍保持较高景气度。6月上旬全国各地成交44宗超10亿元地块，整体来看高溢价率成为主流，土地市场延续高位运行态势。四是微信支付大数据显示小店经济复苏。微信支付大数据显示小商家交易增长510%，零售、餐饮、出行等百余行当小店呈强劲复苏势头。

下半年经济增长结构性特征依旧明显。一是基建链条相关生产和消费仍将保持强势。得益于前期托底政策支撑，基建投资快速修复，下半年在存量政策效应持续释放、增量政策陆续出台的综合作用下，预计基建投资仍将保持较高增速，进而带动生产端原材料行业、装备制造行业较快增长。1～5月，专用、通用设备制造等行业累计投资增速为－15%～－20%，低于整体投资增速；上述行业在产销渠道畅通后，资本开支需求或将上升，对制造业投资形成一定支撑。同时基建投资的快速增长将带动工程车辆等消费实现较快增长，对下半年消费增长形成有力支撑。二是房地产链条仍将保持较高景气度。首先，房地产开发投资将保持较高增速。在房地产开发资金来源大幅好转、房企拿地积极性提高和地产销售好转背景下，房地产开发投资将保持较高增速。5月，房地产开发资金同比增速升至10%，高于上年同期水平。前5个月，房地产开发企业购置土地面积增速较上年同期大幅提高25个百分点，4～5月购置土地面积平均增长10%以上，显示房地产企业拿地积极。房地产市场销售情况也显著好转，6月上旬35城商品房销量增速回升转正至12.6%，其中一、二线城市销量增速持续上行，带动十大城市库销比降至40周，处于历年同期均值以下水平。其次，房地产链条的消费将持续好转。1～5月，家具类、家用电器和音像器材类、建筑装潢类等房地产链条消费增速均低于整体消费增速，后期随着房地产市场持续高景气以及疫情防控形势的逐步好转，相关领域的消费将成为消费增长新的支撑点。最后，房地产行业景气度较高也将带动钢材、水泥、玻璃等行业的生产逐步扩大。三是外需链条表现将弱于上半年。在全球疫情蔓延之势下，防疫物资、远程办公用品以及高新技术产品的出口预计将逆势而上，出口表现相对稳健。同时，国外前期严厉防疫措施的逐步退出以及新一轮大规模刺激政策也将对我国贸易增长形成一定支撑。然而，考虑到多数发达经济体需求依然疲弱、美国收紧对华出口导致供应链脱钩压力加剧等因素，下半年我国出口走弱风险有所上升。四是消费品链条增长有所修复。尽管最近新冠肺炎疫情出现反复，但随着全国经济活动逐步恢复常态，消费将得到进一步改善，预计餐饮消费增速将会出现较大幅度好转。同时，文化、旅游、院线等服务消费均会呈现一定程度好转。五是库存回补动力减弱。在疫情期间销售中断、疫情后供给修复速度快于需求的背景下，2020年一季度工业企业产成品库存被动抬升，增速升至 14.9% 的周期高位。4 月库存增速下降至 10.6%，预计后续下行态势或将延续。从经验来看，库存将滞后于 PPI 见底，在内外需继续缓慢改善的背景下，此轮去库存过程或将于三季度后段结束。

CPI 和 PPI 的剪刀差将有所收窄。当前，虽然全球主要经济体货币均处于超发状态，但经济产出缺口明显为负的状态短期内难以改变，原油等大宗商品价格明显疲软，加之新冠肺炎疫情对全球经济和需求的不利影响短期难以消除，预计价格将保持在温和区间。在上年基数和翘尾因素的影响下，预计下半年 CPI 涨幅将逐步走低，PPI 在大宗商品价格底部回升带动下将触底反弹，二者之间的剪刀差有所收窄。

整体而言，下半年经济动力总体呈现扩面和增强态势。预计下半年经济将持续修复，经济增长总体好于上半年，全年经济增长 2% 左右。当然，上述预测是在疫情不出现大面积反弹且下半年全球经济渐进复苏的基准假设下进行的，若年内全球和国内新冠肺炎疫情出现反复，则将使得预测数字存在很大不确定性。

表 11 - 1　2020 年一季度经济指标及全年预测

单位：%

指标	一季度	上半年	全年
GDP	- 6.8	- 2.5	2.0
全社会固定资产投资	- 16.1	- 3.5	5.0
社会消费品零售总额	- 19.0	- 11.5	2.0
规模以上工业增加值	- 8.4	- 1.5	2.2
服务业增加值	- 5.2	- 3.0	1.5
出口	- 11.4	- 3.4	- 5.0
CPI	5.0	3.8	2.5
PPI	- 0.6	- 2.0	- 1.5

四　相关政策建议

2020 年是全面建成小康社会和"十三五"规划收官之年，政策制定既需立足当前，又需着眼长远，需把推进供给侧结构性改革、提高经济潜在增长能力作为根本指向。当前应针对经济需求回暖滞后于供给回升的主要特点，将政策重点放在更大力度激发有效需求上。政策的着力点为破除供给制约，扩大社会需求，建立顺畅的供需循环，最大限度挖掘生产要素的潜能和活力，防止大规模破产和失业，避免造成生产要素的沉淀和损失。

一是建立顺畅的供需循环。当前受市场需求制约，我国完善的基础设施、良好的配套和人力资源等供给端优势难以有效发挥，下一步应在扩大内需方面主动发力。全部返还湖北省境内企业和居民的 2019 年所得税，或者全部返还武汉市企业和居民的 2019 年所得税，部分返还湖北省其他地区企业和居民的 2019 年所得税，或者在 2020 年企业和个人所得税中进行抵扣。将消费券发放与受疫情影响较重的行业如餐饮等结合，提高消费券中商品消费的比例。消费券发放向脱贫攻坚的重点地区、重点人群倾斜，向中低收入群体直接发放现金。加快推动以 5G、物联网、工业互联网、卫星互联网为代表的通信网络基础设施建设，加快以人工智能、云计算、区块链等为代表的新技术基础设施建设，加快以数据中心、智能计算中心为代表的算力基础设施及融合基础设施、创新基础设施等建设。供给方面，提升供给体系整体质量，以数字经济、新基建、智慧城市建设、创新平台打造等为主攻方向，不断壮大新的经济增长点。支持企业开展数字化转型，加大智能设备的投入和使用力度，投入的研发费用，未形成无形资产计入当期损益的，在按规定据实扣除的基础上，再按照实际发生的 75% 在税前加计扣除；形成无形资产的，按照无形资产成本的 175% 在税前摊销。

二是最大限度激发要素活力。首先，充分激发人员的积极性。阶段性放宽事业单位和国企的工资总额限制，在调动人员积极性的同时可增加部分税收收入，加快完善地方官员新的激励机制。其次，激发资金的活力。盘活中央和地方财政闲置资金，2019 年末我国财政性存款和机关团体存款达到约 35 万亿元，如果能调动其中的 10%，额度就可达到当年专项债的两倍以上。最后，激发制度活力。放开汽车、金融、能源、电信、电力等基础领域及医疗、教育等的市场准入，落实竞争中性和所有制中性。保持房地产金融政策稳定，加快服务业市场开放以扩大服务的有效供给。

三是保住就业底线。加大重点行业帮扶力度，如出口导向的制造行业、受冲击较大的服务业等，支持和鼓励停工停产企业不裁员、不大幅度降薪，并通过未来五年的税负减免对其予以奖励。加大对重点群体的帮扶力度，如农民工、高校毕业生，灵活推动就业和创业结合。对于疫情催生的各种线上或线上线下相结合的新业态有序引导，让更多人通过这一途径实现就业。降低社会组织设立门槛，从严格管制转向有效服务，释放社会领域的巨大就业空间。

四是高质量建设强大国内市场。充分挖掘超大规模市场优势，促进产业消费"双升级"，助推新型有效需求、有效供给。大力引导资金投向供需共同受益、具有乘数效应的先进制造等领域，推动养老、托育、科技服务等现代服务业高质量发展，加快促进消费新业态和新亮点等的配套政策措施落地。以数字经济等为新发力点，支持拓展5G等新技术新产业应用场景。鼓励电商平台与物流配送等企业开展"无接触服务"。

第十二章　密切关注疫情对宏观经济的
持续性影响

一场突如其来的新冠肺炎疫情严重干扰了生产和消费的正常开展，经济短期下行压力加大。市场普遍认为疫情冲击仅会带来经济的短期波动，疫情结束后经济将迅速回归原有增长轨道。然而，从历史规律和当前我国经济特征来看，即便防控得力，疫情短期内得到有效控制，对经济的直接冲击消失，但其在部分领域所造成的中长期影响仍将持续，对此务必引起高度重视。

一　疫情结束后消费可能出现二次收缩

疫情期间，餐饮、文化娱乐、交通运输、旅游等行业遭遇明显冲击，消费收缩显而易见，但疫情对后续消费的持续影响往往被忽视。事实上，2003年"非典"疫情期间，二季度消费出现明显回落，疫情结束后的三季度消费仍处于较低水平，对消费的滞后影响显著。由于我国经济结构转变，预计本次疫情对后续消费的冲击将更为显著，消费领域出现二次收缩的风险进一步上升。一是疫情期间居民收入下降制约后续消费潜力释放。疫情期间，企业停工限产、农民工延期返城及部分企业降薪裁员，居民收入增长必将受到影响。2003年"非典"疫情期间，全国城镇居民人均可支配收入大幅减速，一季度增长10.8%，二季度快速回落至7.1%；农村居民现金收入减速幅度更为显著，一季度增长 8.0%，二季度则降至 - 4.3%。当前我国就业结构明显改变，受疫情影响最为严重的第三产业就业比重大幅提高，由 2003 年的 29.3% 升至 2018 年的 46.3%，故预计本次疫情对居民收入的影响较"非典"时期更为显著。二是消费结构改变导致补偿消费难度加大。"非典"期间的经验显示，部分疫情期间受到抑制的消费需求会在疫情结束后出现反弹，一定程度上弥补前期消费的回落。然而，随着消费升级持续推进，居民消费重点已从实物消费转向服务消费，旅游、文化、信息等服务消费已占据消费总支出的"半壁江山"。值得注意的是，服务消费易受冲击且难以形成补偿性增长，当前受影响较大的餐饮住宿、休闲娱乐等行业多属于上述领域。疫情过后其销售虽可以迅速恢复，但已受损失的却难以得到有效弥补。三是新增就业减少抑制后期居民增收。受疫情影响最大的主要是交通运输、餐饮住宿、娱乐、旅游等服务行业，第四次经济普查资料显示，上述行业以小微企业为主，其中个体经营户 5134.9 万家，平均规模不到 3 人，法人单位 857.0 万家，平均就业规模也多在 10 人以下。如果其中 5% 的企业或个体经营户因受疫情冲击而破产或倒闭，涉及面将超过 300 余万家。市场主体的减少将降低新增就业数量，一定程度上抑制居民工资性收入增长。而城乡低收入人群主要依赖这些小微企业生存，其就业和收入的下降对消费的影响更为显著。四是高杠杆条件下居民消费对收入变动的敏感性更高。2019 年末居民部门杠杆率增至 55.8%，较 2018 年末再提高 3.7 个百分点。央行研究报告指出，当前居民杠杆率每上升 1 个百分点，消费增速将下降约 0.3 个百分点。高杠杆条件下，偿贷等刚性支出在居民总支出中的比重提高，导致消费对于收入变动的敏感度进一步提升。

二　固定资产投资将面临更强资金约束

疫情冲击下，居民、企业和政府收入减少已是不争的事实，叠加疫情防控支出大幅提升、企业生产经营预期普遍不佳等因素，财政、信贷资金的供给面临较大回落，后期扩大投资所需的资金将面临更强约束。

一是财政收支紧张限制基建投资资金来源。为有效应对疫情冲击，大量财政资金投入管控防疫、物资保障等领域，截至 2 月 14 日，各级财政共安排疫情防控资金 901.5 亿元，其中中央财政安排 252.9 亿元。疫情期间，企业停工停产导致税收来源减少，地方政府收入受到显著影响。以"非典"期间为例，2003 年 3 ~ 5 月我国财政收入急剧下滑，而此次疫情影响的广度和深度较当时均有增加，预计冲击将更为显著。支出大幅增加的同时收入下降明显，使得本就紧张的地方政府收支状况更加艰难。近年来，在防控地方政府债务风险的背景下，资金来源问题已成为制约固定资产投资增长的关键因素，也是扩大有效投资政策的着力点所在。此次疫情冲击导致地方政府财政收支更趋紧张，即使疫情结束后固定资产投资项目加紧复工，资金来源的约束也将在很大程度上限制工作量的形成进度。二是停工停产导致企业年度利润总额面临下降。疫情期间企业虽暂时停工停产，待疫情解除后生产将逐步恢复，但一季度利润总额的减少不可避免，甚至会出现大规模的企业亏损。即便后期生产可在一定程度上有所扩大，但损失的利润难以得到全面弥补，企业年度利润总额下降或是大概率事件。事实上，2019 年以来我国企业经营状况持续不佳，工业企业利润总额累计同比增速始终处在负值区间，亏损企业数量和亏损额度均保持扩张态势。叠加疫情因素影响，企业经营效益或将进一步转差，可用于扩大投资的资金再次减少，未来企业扩大投资的意愿可能进一步减弱。

三　外需增长恐受到持续干扰

在全球经济同步放缓、地缘政治经济事件频发多变的背景之下，疫情对我国外贸领域的平稳健康运行带来新的挑战。从地方和行业的反馈来看，受物流不畅、复工延迟等因素影响，预计 2020 年 1 ~ 2 月进出口增速将大幅回落。即便疫情防控工作取得阶段性成效，外贸领域仍将受到滞后效应的持续影响。

一是错过外贸订单高峰期，后期弥补困难较大。2005 年以来的数据显示，每年春节后的 3~4 月是年内出口订单的高峰期，订单总量明显高于年内其他月份，其间又以 3 月的订单指数均值为最高。疫情冲击下，多数企业被迫停工停产，年初订单交付时间目前尚无法确认，甚至将出现一定比例的延误和违约。若 3 月工业生产仍无法全面恢复，则将对当月新订单产生一定影响，进而影响全年的外贸出口。二是受疫情影响采取管制措施的国家和地区持续增多。1 月 30 日，世界卫生组织宣布将新型冠状病毒肺炎疫情列为国际关注的突发公共卫生事件，有效期为三个月。伴随着全球疫情蔓延，采取相关管制措施的国家和地区持续增多。管制措施的升级扩面将显著降低我国与他国在人流、物流等方面的流通配置效率，对进出口领域产生持续影响。三是全球供应链面临加速调整。当前，我国已成为世界货物贸易第一大国，并深度融入全球产业链、供应链、价值链。作为名副其实的"世界工厂"，我国贸易业务和生产订单遍布全球。部分调查显示，受疫情影响，多数跨国公司营收下降风险加大，个别企业已着手寻找新的供应商，同时加快将原有供应链搬出中国的速度。全球供应链的加速调整将在更长时间、更广范围内对我国外贸和经济发展带来更大的挑战。

四　疫情冲击或引发未来食品价格上涨

2003 年年中"非典"疫情结束后，2003 年末至 2004 年初出现了一轮食品价格的显著上涨。湖北省作为农业大省，国家统计局的数据显示，2018 年湖北省粮食产量占全国的比重约为 4.3%，猪肉、禽肉、禽蛋产量占全国的比重达 4%~7%，饲料产量占全国的比重约为 5%，其中全价饲料在全国占比接近四成。湖北省全面停产停工对全国食品供应的影响不容小觑。

一是肉类价格面临较大上涨压力。首先，禽肉供应量或将下降。由于活禽被认为是潜在的疾病风险因素，活禽交易受到限制。养殖企业的产能在疫情全面暴发前便已形成，企业的鸡鸭无法出栏，鸡苗无法销售，致使鸡苗活埋和鸡鸭闷棚现象频繁发生，许多养殖企业和养殖户濒临破产。受此影响，养殖户补栏积极性不高，据行业机构估计，鸡苗和鸭苗的市场投入量较往年同期下降了约 50%，若按照 40 天的出栏周期计算，一季度后市场供应量可能出现明显下降。其次，猪肉价格面临再度上涨风险。2019 年，非洲猪瘟蔓延导致猪肉供给大降，产生了较为明显的社会影响，甚至影响了其他宏观政策的实施。目前从农业农村部公布的母猪存栏数据来看，生猪产能尚未明显恢复。当前由于防疫工作需要，多地采取了交通阻隔措施，部分养殖企业遭遇饲料供应不足、产品销售受阻等问题，加之非洲猪瘟带来的影响仍在持续，猪肉供应面临较大压力。虽然经济下行会降低肉类需求，但是供需矛盾依然是主要矛盾，且低收入群体受到的收入端冲击将使其对食品价格的变动更加敏感。二是未来粮食价格存在上涨风险。疫情对于粮食价格的影响主要体现在农业生产资料的供应方面，诸如化肥、种子、农药能否保障春耕供给。湖北省作为全国农用氮磷钾化肥生产第一大省，化肥产量连续 6 年排全国首位，约占全国产量的 10%，磷肥产量更是占全国产量的 30% 以上，直接关系到全国的春耕用肥供给。湖北省已全面停工停产，加之部分农村道路阻断、上游产业延迟复工，农用生产物资供给不足且流通不畅的矛盾突出，将对春种春播造成明显影响，进而影响未来粮食价格的走势。此外，近期联合国粮农组织指出，全球蝗灾存在蔓延势头，小麦及棉花价格大概率同步走高。三是食用油价格或将小幅走高。我国食用油品种以菜籽油和豆油为主，二者占总消费的比重达 75% 以上。2019 年，我国油菜籽总产量约 1300 万吨，其中湖北省产量达 210 万吨，占全国的比重超过 16%，产量连续 20 余年保持全国第一。当前正值油菜田间管理的关键时期，受疫情影响，人员和农药的投入受限，油菜籽产量面临下滑，未来食用油价格或将出现小幅走高。

五 相关政策考虑

面对疫情造成的冲击，政府部门、金融体系、国有企业要协同合作，财政政策、货币政策、社会政策要统筹配合，把疫情对经济社会的影响降到最低，确保经济的长期平稳健康运行。

一是政策组合保障企业存续性经营。财政政策方面，积极探索救助式、生存性政策，采取直接补贴和间接补贴的方式切实为企业减负，确保疫情防控重点保障企业和个人尽享财税支持政策，及时获得资金支持，把保障企业生存、减少倒闭作为首位任务。对于租用民营或私营业主物业的中小微企业，允许其凭有效租赁合同去当地政府相关部门申请税前加倍扣除。货币政策方面，要"定向"增加投放，保障流动性合理充裕，对疫情防控和民生保障相关领域予以适当倾斜，通过专项再贷款定向支持疫情防控重点领域和重点企业；灵活运用资产证券化、外部担保等多种方式保障中小微企业的现金流不断裂。

二是多措并举保障基建投资资金来源。完善地方政府专项债券制度，优化专项债券发行程序，进一步提高专项债券的发行规模并加快发行进度，建立并完善专项债券项目安排协调机制，加强地方发展改革、财政部门间的沟通衔接，确保专项债券发行收入可以迅速使用和转化。盘活各级财政存量资金，利用以往年度财政结余资金保障项目建设，适度扩大赤字。拓宽政府部门资金来源渠道，加大中央财政转移支付力度。尽快在交通、油气、电信等领域推介一批投资回报机制明确、商业潜力大的项目，形成真实有效的项目储备库，优化民营资本参与 PPP 合作的模式，建立明确的权责机制，提升民间资金参与的积极性，最大限度调动社会资本参与项目建设。

三是着力保障外贸活动正常开展和供应链稳定。为企业有序复工复产创造有利条件，协调复工审核部门加快办理手续，简化外贸管理程序并实现全流程网上办理。进一步扩大出口信用保险覆盖面，合理降低短期险费率，加大对受疫情影响企业支持力度，帮助企业应对订单取消、出运拒收等风险。积极跟进并及时发布各国针对疫情所出台的各类贸易管制措施，畅通企业反映问题的渠道和途径，配合驻外使（领）馆经商机构加大双边交涉力度，充分发挥境外中资企业商（协）会作用，及时搜集企业遇到的实际困难和问题，做好协调服务。及时掌握各行业、各领域外资企业受疫情影响情况，了解企业生产经营状况和投资动向，对龙头企业和产业链关键环节企业有针对性地加强服务和指导，加强外资大项目跟踪服务保障能力。

　　四是确保就业和物价水平整体平稳。对所在企业因疫情冲击难以生存而面临失业的群体实施定向救助；灵活使用已积累的失业保险基金，降低失业给贫困边缘人群带来的损失；特别是针对一些贫困地区从事种植、养殖的农民和对重点地区损失较大的家禽养殖场户要给予适当的帮扶，克服疫情影响。密切跟踪监测与民生密切相关商品的市场价格变动情况，持续强化市场监管，严厉打击囤积居奇、哄抬物价、制售假劣食品药品等违法犯罪行为，确保市场秩序稳定；通过适当提高低保标准、发放临时补贴、加大困难补助力度等政策措施，确保畜肉和农产品价格上涨不影响困难群众的生活水平。

第十三章　2020年经济恢复的几点政策建议

当前疫情得到初步控制，工作的重心要逐步转到疫后恢复经济增长上来，加大逆周期调节力度，对冲疫情不利影响，全力支持经济发展。但也需要注意，宏观政策刺激是有成本的，每一轮的刺激，都应该考虑为下一次危机爆发时的宽松政策留有余地。

一　财政货币政策

第一，设立"疫情特别赤字"，不纳入正常年度赤字范畴。发行特别国债1.5万亿元，为该赤字融资，1.5万亿元特别国债对应约1.5个点额外赤字。第二，财政部和国开行成立"疫后恢复专项基金"，助力企业"疫"后重建。第三，扩大国家和地方融资担保基金规模，为中小微企业提供贷款担保并取得优惠利率贷款。第四，继续进行定向降准操作。有效引导银行进一步降低贷款报价利率，避开物价高点，降低存款基准利率。第五，简并目前多达五档的定期存款基准利率，给予市场更多的为期限溢价定价的空间，进而激励商业银行投放中长期贷款。

二　支持企业恢复正常生产经营政策

第一，破除健康证明区域认可限制，返厂员工只要提供居住地开具的健康证明及最近 14 天活动轨迹信息即可返岗。第二，疫情高发地区返厂的高管、专业技术人员，由地方政府将其信息统一上报当地疾控中心，申请免费核酸检测。第三，复工复产过程中主动进行智能化改造、转型升级的企业，政府应予以支持和奖励。第四，目前中小企业缺的是短期流动性资金，加大对中小企业的短期贷款和票据融资的支持力度。加快推进标准化票据和票据 ETF 发展，为中小企业提供更多的融资渠道。第五，如果中小企业租用非公或者私人物业不能免除租金的，承租企业可以凭有效租赁合同申请税前加倍扣除或者从税收中扣除租金。第六，鼓励和支持国家开发银行、进出口银行、农业发展银行等政策性金融机构加大对制造业、外贸企业、春耕备耕和生猪生产产业链小微企业信贷支持力度。第七，积极推广广东、江苏、浙江等发达地区协同复工复产政策先进经验，鼓励成立产业链服务专班，全面梳理排查本地产业链、供应链企业复工复产情况，摸清产业链薄弱环节和堵点难点，进行精准化、响应化纾困。

三 居民补助政策

第一，建议将疫情管控期间的居民收入从 2020 年个税综合计征税基中扣除。第二，建议将个税汇算清缴结束时间推迟到 2020 年年底，确保在特殊时期，社会各个群体的直接税负只降不增。

四 定向政策

第一，发放湖北省居民定向补贴。由财政部通过向央行发行特别国债的方式来筹集资金，以购物券形式对"封城"时的武汉市居民发放购物券，按照"封城"时城内人数 800 万，每人发放 1 万元补贴的话，总计 800 亿元人民币。对湖北除武汉外的另外 5000 万人平均每人补贴 3000 元，总规模为 1500 亿元人民币。第二，建议返还湖北省境内企业和居民缴纳的 2019 年所得税，提振信心。第三，针对湖北省发放定向免息或者低息贷款，尤其是受到冲击更为严重的行业，如旅游、餐饮等，向中小企业提供免息贷款。第四，支持湖北省停工停产企业不裁员，不大幅度降薪，企业多负担的成本可以通过未来五年的税负减免予以弥补。

五　稳定投资增长政策

第一，弥补国内医疗卫生资源的不足，中央政府可补贴地方政府，在一定规模以上城市新建永久的而非临时的防疫中心兼传染病医院。这些设施可能没有资格被称为新基建，但对我国而言实在是过于稀缺。在这方面，五年前就落成的南京市公共卫生医疗中心就是一个很好的例子。中央政府可根据南京等地的经验快速复制此类设施到其他地区。第二，对冲短期总需求不足的问题，新基建规模不够，鞭长莫及。真正比较务实的办法就是重点保障现有基建项目的复工，保障建筑工人的及时到岗和原材料的运输。已经完全规划好在 2020 年启动的项目，可通过货币政策甚至一些应急性的财政政策为其提供资金支持，加速推进这些项目的开工。第三，保持房地产投资的适当增长。政府从土地出让环节为房企解困，缓解房企拿地时的资金压力，主要涉及降低竞买保证金、延期或分期缴纳土地出让金等。近期纾困政策效果显现，土地市场日渐火热，具有融资优势的国企近期拿地较为积极，民企迫于资金链压力拿地热情依然不高。疫情下，纾困政策仍以防风险为主，谨防房企纾困政策演化为土地热、房价热的情况。在合法合规和控制风险的前提下，适当增加房地产企业的融资渠道。第四，充分调动地方政府积极性，尤其是对敢干事、会干事的基层官员大力度实施尽职免责、责任担当的激励机制，确保一系列稳增长、保民生的政策措施做细做实真落地。

六　稳定消费和外贸增长政策

第一，积极推动汽车消费升级，鼓励以旧换新，对消费税、购置税进行适当减免，鼓励汽车限购地区适当增加汽车号牌配额，对有条件的地区适当放开限行、限购，鼓励4S店开展品牌促销及宣传推广，对于活动组织、广告投放等费用给予适度补贴。第二，考虑放松一线城市别墅市场，给高净值人群的闲置资金一个出口，这不会影响"房住不炒"的总基调，不会影响民生，反而会在一定程度上拉动建筑装修的消费。第三，通过抓大企业、龙头企业的复工复产来保证全球供应链的稳定可能成为稳定外贸工作的重点。

第十四章 2020年一季度
固定资产投资形势分析

近期新冠肺炎疫情形势严峻，生产和消费的正常开展受到严重干扰，参考 2003 年"非典"疫情时期的数据，2003 年上半年固定资产投资累计增长 32.8%，较一季度的 31.6% 有小幅提高，显示似乎"非典"疫情并未造成固定资产投资增速的回落。据此市场普遍认为本次疫情仍然是对第三产业和消费冲击较大，对固定资产投资影响不明显，对此，有以下几点必须说明。

一 "非典"未拉低全国固定资产投资增速，但
人口密集度大的一线城市受到的影响较为明显

"非典"时期，疫情高发主要集中在北京市，其他省份的确诊病例数较少。2003 年上半年北京市的固定资产投资增速低于全年平均水平 4 个百分点，显示"非典"疫情对于北京市固定资产投资的影响还是非常明显的。河北省因紧挨北京市，也采取了严格的防控措施，二季度的投资增长受到较大影响，上半年累计增速低于一季度 10 个百分点。一线城市的人口密集度高，防控压力更大，疫情对投资的影响也较为明显，如上海市 2003 年上半年投资增速较一季度回落 7 个百分点。分行业的投资增速从 2004 年后开始公布，因此难以就当时制造业、基建、房地产等行业的投资情况进行细致讨论。

二 新冠肺炎疫情打乱固定资产投资节奏

本次新冠肺炎疫情的波及范围更大，防控措施严格，复工复产进度缓慢。相比于"非典"时期，本次疫情的防控力度更大，全国范围内严防死守，又正逢春节假期，项目复工所需的人员流动受到控制。电话调研显示，当前北京市许多建设项目完全没有工人，管理人员也只有20%左右到岗。且多地规定，外地归来人员需进行隔离，项目复工进程缓慢。另外，企业面临的复工条件严苛，项目复工需要卫健委、建委等多部门联合审批，且规定项目中出现一人感染，则视为重大安全生产事故，企业将面临高额罚款，企业复工的动力受到影响。复工复产的节奏是判断未来经济走势的重要因素，从当前趋势来看，预计2月项目总复工率可能在40%左右，3月或可能恢复到70%左右。我们用2019年一季度各月的固定资产投资值作为参考值来粗略估算2020年一季度受疫情冲击损失的投资值。2019年1~2月共计36个工作日，3月有21个工作日，按照之前预计，2月复工率为40%、3月复工率为70%计算，2020年1~2月折算后共计24个工作日，3月有14.4个工作日。综合计算，2020年1~2月的形成工作量为上年的66.7%，3月为上年的70%，共损失固定资产投资值约为30000亿元。

三 固定资产投资将呈补偿式回升态势

第一，从固定资产投资的周期规律来看，三、四季度的固定资产投资量更大。在现有的医疗及管控水平下，若本次疫情能得到及时有效的控制，那么投资所受的影响只是阶段性的，并不会严重影响到全社会固定资产投资信心，在疫情冲击消失后，投资增长将回归正常的轨道，当然，在逆周期政策力度进一步加大的作用下，不排除出现补偿式回升，整体增速或将略高于上年。

第二，预计基建投资增速将提升。2018 年之前的 14 年，基建投资平均增速接近 20%，2016~2017 年基建投资增速也达到 15%，2018 年增速出现断崖式下跌至 1.8%，2019 年也只有 3.3%。如何看待 2018 年和 2019 年基建投资的低增速，关系到我们如何判断 2020 年的基建投资走势。需要说明的，首先，2018~2019 年基建投资的过低增速不代表政策导向的合意值。2019 年政策对基础设施建设投资明显倾斜，3 月增加了地方政府专项债的额度；6 月允许符合中央重大决策部署以及融资条件的重要项目将部分专项债作为一定比例的项目资本金；9 月规定新增专项债不得用于土地储备和棚改；11 月更是调低项目资本金比例并提前下达 2020 年的 1 万亿元专项债额度。可以说政策导向非常明确，希望基建投资增速有所修复。其次，基建投资的低增速亦不是投资空间饱和下的合理值。9 月 16 日统计局发言人指出目前中国人均基础设施存量水平相当于发达国家的 20%~30%，在民生领域、区域发展方面还有大量基础设施建设投资需求。即便是基建成熟度远高于我国的日本，基建投资增速仍然保持在 3% 左右，高于我国 2017~2018 年的平均水平。再退一步说，如果是基础设施建设投资需求饱和，基建投资的增速也会是逐年降低的，而不会像 2018 年那种断崖式的回落。最后，基建投资的低增速只是前期政策调整下形成的阶段性硬着陆的结果。在防控地方政府债务风险的背景下，基建投资的资金来源和投资动力均受到约束，2018~2019 年基建投资的低增速，实际上是前两年在建立债务约束机制的过程中出现的一场小的硬着陆。2018~2019 年陆续出台政策促进基础设施建设投资，从政策的显效时长上看，2020 年政策效应将充分释放，加之 2020 年财政空间将进一步打开，因此基础设施建设投资增速在 2020 年明显回温将是大概率事件。

第三，房地产投资增速有所下行，但幅度有限。本轮地产周期已步入下行通道，并已表现为房地产新开工项目和土地购置费同比增速的持续下滑。从行业经验来看，中国房地产投资从新开工到竣工需 24~30 个月。考虑到在本轮周期中，新开工面积的回落开始于 2018 年末，由此推断，施工面积的触顶回落将大概率不早于 2020 年四季度。由此，建安投资的韧性亦预计将延续至 2020 年末。因此预计房地产投资增速的下行空间有限。虽然 2020 年土地购置费增速料将进一步下滑，但是房地产投资增速的下行空间有限。需要特别说明的是，房地产投资中的土地购置费并不计入 GDP 核算中的固定资本形成，建安投资才是房地产投资对 GDP 增长的核心贡献项。因此，2020 年，在建安投资趋稳的情况下，土地购置费引导的房地产投资下行对经济增长的真实拖累料将有限。

第四，制造业投资回升幅度有限。在降低制造业增值税率、降低融资成本的推动下，制造业投资成本降低、预期改善，有利于投资扩大。加之在库存周期作用下，预计 2020 年制造业生产及企业利润情况较 2019 年有所回升，有利于企业进一步扩大投资。历史经验表明，企业盈利增速对制造业投资增速有滞后约 1 年的正向影响。考虑到 2019 年企业盈利增长乏力，因此总体预计 2020 年制造业投资反弹空间有限。

第五，补短板投资和新动能行业投资快速增长。2020 年高技术产业投资增长 17.3%、生态保护和环境治理业投资增长 37%、教育投资增长 17%，是整体投资增长的重要拉动力。伴随着供给侧结构性改革持续推进，经济增长动力转换升级，新兴产业方兴未艾，预计 2021 年高技术产业、新能源新材料制造业等新动能行业投资将继续保持较快增长，有力支撑整体投资的增长。

四　政策考虑

首先，在全力以赴治病救人、防控疫情的同时，要争取尽早尽快地复产复工，尽可能恢复正常的生产生活秩序，避免对经济和民生带来更大的冲击。2 月 12 日政治局常委会与国务院常务会都强调要求统筹兼顾疫情防控和经济社会发展，应该也是考虑到上述因素。需要强调的是，无论是防控疫情还是复产复工，都不能搞全国"一刀切"，要实事求是，因地制宜，由各地政府根据当地的实际情况进行判断，首先解决最突出的问题。疫情较轻的地区，可以先于其他地区放松防控措施，率先恢复生产。

其次，要帮助中小企业度过当前关口，增强企业的存续性，避免企业死在黎明之前。引用朱武祥教授对 995 家中小企业的调查数据，疫情期间中小企业面临的主要成本压力来自工资和租金，员工工资和五险一金、租金合计占 76.46%，偿还贷款占 13.98%。34% 的受访企业只能维持 1 个月，33.1% 的企业可以维持 2 个月，17.91% 的企业可以维持 3 个月。因此，当前最重要的是资金输血，比如到期贷款的展期，信贷政策对受疫情影响较大的行业和地区适当倾斜，不得盲目抽贷、断贷、压贷等。

最后，财政货币政策方面，在疫情影响下，地方财政收支矛盾将更突出，因此在加大中央转移支付力度的同时，有必要适当扩大赤字，以应对收支缺口。货币政策要"定向"增加投放，保障流动性合理充裕，对防控疫情和保障民生相关的领域可以适当倾斜。

第十五章　如何看待当前的经济恢复态势

5月经济数据显示，工业、服务业、消费和投资数据均逐月好转，供给和需求动能持续修复。但有观点认为，当前经济恢复主要受到行政性手段推动，内生动力不足，因此经济的恢复不具有可持续性，甚至出现了三季度经济增速可能会再次回落的悲观论调。如何看待当前的经济恢复态势，如何判断下半年的经济走势，对此，有几点需要说明。

一　当前经济恢复并非是纯粹的经济周期波动后的复苏，具有一定的特殊性

与纯粹的经济周期波动后的复苏不同，疫情之后的经济修复可以分成几个特征比较明显的阶段：第一阶段是供给的快速恢复阶段。疫情影响不同于经济周期波动的冲击，生产能力和生产方式并未遭到破坏，因此，一旦供给制约消除，加之政策助力，供给面就会呈现相对较快的恢复，相比之下，这一阶段的需求恢复会相对滞后。第二阶段是需求的逐步修复阶段。随着供给的恢复，需求尤其是消费需求恢复的条件逐渐成熟，比如就业扩大、收入逐步增加、信心和预期的逐步好转等，需求面将出现较快修复，其边际修复的速度将会超过供给面。第三阶段是经济恢复到正常状态阶段。在需求逐步修复后，供需循环畅通，供给和需求的增长速度趋近于潜在水平，逐步摆脱疫情的影响，回归到正常状态。

二　数据显示当前经济修复处于
第一阶段向第二阶段的过渡期

一是 5 月数据显示需求的恢复速度加快且已超过供给面。5 月工业增加值增速为 4.4%，较上月提高 0.5 个百分点，显示随着复工复产，供给的边际修复速度开始减弱。5 月，服务业生产指数增速为 1%，较上月提高 5.5 个百分点，月度改善幅度持续扩大。三大需求中，消费增速为 -2.8%，较上月抬升 4.7 个百分点，实际增速提高 5.4 个百分点；固定资产投资 1~5 月累计增速为 -6.3%，较上月收窄 4.0 个百分点，从单月数据看，固定资产投资的月度增速逐渐加快。二是高频数据显示需求的修复将持续。首先，订单和企业生产经营预期大幅改善。5 月，PMI 中新订单指数升至 50.9，环比提高 0.7 个百分点，企业生产经营预期指数环比提高 3.9 个百分点至 57.9%。其次，原材料价格上行且产量增加，指向需求继续回暖。6 月上旬重点企业粗钢产量同比增长 3%，且钢材社会库存继续去化；动力煤、黑色金属类价格保持上行；BDI、CCFI 和公路物流运价指数均上升。三是资金层面显示经济自发性修复开始，社会融资总量与结构均显示后续国内经济大概率将稳步修复。5 月资金面数据显示，企业的资金需求已经开始从"活下去"向有序推进扩大生产转变。实体经济融资需求持续平稳修复。一季度新增社会融资 11.08 万亿元，同比增加 2.47 万亿元，之后二季度社会融资规模继续扩张，4~5 月新增均超过 3 万亿元，高于市场普遍预期。社会融资结构亦显示经济运行持续向好。二季度以来，社会融资中债券融资和新增信贷是主要支撑，4~5 月企业债券新增 12223 亿元，显示政策托底之下，随复工复产有序推进，实体企业信用扩张。4~5 月企业贷款新增规模在 3 月之后继续放量，4 月达到 9563 亿元，5 月达到 8459 亿元，同比多增 9327 亿元，企业信贷结构较 3 月显现更大幅度改善，主要是中长期贷款和票据融资增多。票据融资增长反映了企业间贸易往来更趋于频密、产业链上下游供需状况改善信号积极，国内商业信用正在逐渐恢复。

三 四大动力支撑经济持续恢复

一是基建链条相关生产和消费将保持强势。首先，得益于前期托底政策支撑，基建投资快速修复，下半年在存量政策效应持续释放、增量政策陆续出台的综合作用下，预计基建投资仍将保持较高增速，进而带动生产端原材料行业、装备制造行业较快增长。其次，需要关注的是，1～5月，专用、通用设备制造等行业累计投资增速处在 - 20% ～ - 15%，弱于整体投资增速，而在产销渠道畅通后，资本开支需求或将上升，对制造业投资形成一定支撑。最后，基建投资的快速增长将继续带动工程车辆等消费实现较快增长，对下半年消费增长形成有力支撑。二是房地产链条仍将保持较高景气度。首先，房地产开发投资将保持较高增速。在房地产开发资金来源大幅好转、房企拿地积极性提高和地产销售好转背景下，房地产开发投资将保持较高增速。5月，房地产开发资金同比增速升至10%，高于上年同期水平。前5个月，房地产开发企业购置土地面积增速较上年同期大幅提高25个百分点，显示房地产企业拿地积极。一、二线城市销量增速持续上行，十大城市库销比降至40周较低水平。其次，房地产链条的消费将持续好转。1～5月，家具类、家用电器和音像器材类、建筑装潢类等房地产链条消费增速均低于整体消费增速，后期随着房地产市场持续高景气以及疫情防控形势的逐步好转，相关领域消费将成为消费增长新的支撑点。最后，房地产行业景气度较高也将带动钢材、水泥、玻璃等行业的生产逐步扩大。三是消费品链条增长有所修复。尽管最近新冠肺炎疫情出现反复，但随着全国经济活动逐步恢复常态，消费将得到进一步改善，预计餐饮消费增速将会出现较大幅度好转。同时，文化、旅游、院线等服务消费均会呈现一定程度好转。受此带动，上半年表现弱势的消费品制造业将会有所恢复。同时PPI在大宗商品价格底部回升带动下将触底反弹，企业利润将有所修复，也将对制造业的生产扩大形成一定支撑。四是外需链条表现仍有亮点。国外前期严厉防疫措施的逐步退出以及新一轮大规模刺激政策将对我国贸易增长形成一定支撑，防疫物资、远程办公用品以及高新技术产品的出口逆势而上，促使出口表现仍将相对稳健。

总体而言，当前的经济修复不同于纯粹的经济周期波动后的复苏，具有一定的特殊性，不可因当前需求修复较慢就轻下定论，认为经济恢复不具有可持续性。展望下半年，在基数、局部冲击等因素影响下，月度数据波动在所难免，但经济持续修复的趋势不会改变，经济增长将显著好于上半年。需要特别指出的是，当前经济正处于疫后恢复的关键时期，实体企业由终端需求引致的扩大生产需求仍然较弱，需要相关政策的持续支持与呵护。

第十六章 2020年宏观经济的六个新特征

    2020 年新冠肺炎疫情严重干扰了人们的生产生活，对经济增长的直接冲击主要表现在工作日减少，而工作日减少所造成的财富净损失又会对经济运行带来持续性影响，二者相加，必然会改变宏观经济的短期运行轨迹。当然，我们在研究新冠肺炎疫情对经济短期增长的影响时，也应该同时关注它对经济的结构性影响。近年来随着供给侧结构性改革的深入推进和经济发展阶段的变化，我国经济运行的内在基本逻辑和机理均在发生变化，而这次重大疫情的冲击将会使这种转变加速显性化。总而言之，一场来势汹汹的疫情冲击使得 2020 年宏观经济的短期运行态势和长期发展模式都将呈现出新的特征。

一 经济增长"低开"后"高走"仍然面临严峻考验

    新型肺炎疫情形势严峻，生产和消费的正常开展受到严重干扰，餐饮、文化娱乐、交通运输、旅游等行业遭遇明显冲击，店铺停业、订单取消等现象极为普遍，同时复工延迟造成的产销停滞、跨境传播造成的外需减少等因素均会对经济增长造成影响。从当前疫情发展态势来看，其对经济增长的冲击集中在一季度，程度或将超过 2003 年的"非典"疫情，一季度经济负增长基本已成定局。二季度经济增速大概率呈现补偿性上行，但疫情后续影响的持续显现，叠加国际疫情蔓延影响的逐渐增强，后续经济增长仍然面临严峻考验。

二 疫情冲击、库存回补等短期因素决定全年增长态势

从经济增长动力来看，决定一个阶段经济增长速度的不仅是潜在增长水平这样的长期趋势性因素，还包括周期性、冲击性等短期因素，甚至在长期趋势性因素相对稳定的时候，短期因素将决定这一阶段经济的增长速度。2020 年经济增长的大趋势未变，疫情冲击这一短期因素压制了一季度的经济增长速度，而库存调整这个短期因素将成为决定全年剩余季度经济增长速度的关键。2019 年制造业整体处于去库存周期，在疫情冲击之下，企业停工停产，库存水平进一步降低，这为 2020 年行业库存回补提供了较大空间。以汽车行业为例，前期库存超调的汽车行业已经率先开启了补库存周期，2019 年 9 月汽车企业库存 94.2 万辆，为近年来的最低水平，之后进入库存回补，12 月达到 108.2 万辆，同期汽车行业的增加值增速也开始显著上行，由 9 月的 0.5% 回升至 12 月的 10.4%。同时销售端逐渐好转，12 月汽车销售增速转正，预计未来销售端的好转将进一步向生产端传导，支撑汽车行业增速进一步上行。原本从历史规律和先行指标来看，预计制造业整体转向"补库存"的拐点将在 2020 年下半年出现，而疫情冲击将使这一拐点提前，加之 2019 年基数较低，将有力支撑 2020 年制造业的整体景气回升。

三 基建投资增速显著回升

2018 年之前的 14 年，基建投资平均增速接近 20%，2016~2017 年基建投资增速也达到 15% 左右，2018 年增速出现断崖式下跌至 1.8%，2019 年也只有 3.3%。如何看待 2018~2019 年基建投资的低增速，关系到我们如何判断 2020 年的基建投资走势。需要说明的是，第一，2018~2019 年基建投资的过低增速不代表政策的合意值。2019 年逆周期调节政策对基础设施建设投资倾斜明显，3 月增加了地方政府专项债额度；6 月允许符合中央重大决策部署以及融资条件的重要项目将部分专项债作为一定比例的项目资本

金使用；9 月规定新增专项债不得用于土地储备和棚改；11 月更是调低项目资本金比例并提前下达 2020 年的 1 万亿元专项债额度。可以说政策导向非常明确，希望基建投资增速有所修复，也说明基建投资的过低增速并非政策的合意值。第二，基建投资的低增速亦不是投资空间饱和导致的合理值。2019 年 9 月 16 日统计局发言人指出中国人均基础设施存量水平相当于发达国家的 20% ~ 30%，在民生领域、区域发展方面还有大量基础设施建设投资需求。即便是基建成熟度远高于我国的日本，基建投资增速仍然保持在3% 左右，高于我国 2017 ~ 2018 年的水平。再退一步说，即便是基础设施建设投资需求饱和，基建投资的增速也将会是逐年降低的，而不会像 2018 年那种断崖式的回落。第三，基建投资的低增速只是前期政策调整形成的阶段性硬着陆的结果。在防控地方政府债务风险的背景下，地方政府用于基建投资的资金来源和投资动力均受到约束，可以说 2018 ~ 2019 年基建投资的低增速，实际上是前两年建立债务约束机制的过程中出现的一场小的硬着陆。之后 2018 ~ 2019 年陆续出台修复政策，意在促进基础设施建设投资，从政策的显效时长上看，2020 年政策效应也将充分释放。加之疫情冲击下经济短期稳增长压力加大，财政空间将进一步打开，基建投资作为稳定经济增长的重要抓手，其增速在 2020 年明显回温将是大概率事件。

四　供给增长和需求增长逐步脱钩

供需良性循环是经济持续增长的基本动力和保障，随着消费升级持续推进，而供给面响应不足，供给结构和需求结构的匹配度降低，供需增长可能出现脱钩。一是，投资向中下游产业转移导致投资乘数效应下降。伴随经济发展，我国的投资结构发生了明显改变，投资向中下游产业转移的特征明显，第三产业投资占比越来越高，"十三五"时期的前四年提高了约 12 个百分点。疫情冲击之下，远程办公、互联网医疗、在线教育、云服务等行业逆势增长，必然成为未来的投资热点，投资重点加速向产业链下游转移。与原来上游产业投资不同的是，上游产业第一轮投资生产的产品中大部分仍然为投资品，消费品比重较低；而下游产业第一轮投资生产的产品中消费品比重较高，直接进入消费领域。投资向中下游产业转移导致投资乘数效应降低，等量投资对生产扩大的带动作用下降。二是，消费结构的改变使得消费对生产的拉动减弱。随着消费升级不断推进，消费的重点从原来的吃饱、穿暖、有房、有车开始向身心健康、精神愉悦、生活便利、个性突出转变。从具体消费品类看，体育娱乐用品类、文化办公用品类等增长较快，但与传统的消费热点汽车、建筑装潢、石油制品类等相比，其产业链条较短，对工业增长的拉动力较弱。等量消费增长带来的工业生产扩张效应减弱，需求和生产的运行开始出现背离。这种现象在消费升级越快的地区表现越明显，比如北京市，2019 年消费增长较上年同期加快 1.7 个百分点，投资增长较上年加快 3 个百分点，而工业增速却较上年回落 1.5 个百分点。需求结构的改变打破了原有供需之间的传导链条，造成供需之间的循环弱化，供需波动分化，当前为配合需求结构升级而进行的产业结构调整仍在进行中，预计供需弱循环态势在一定时期内将持续存在。

五　东中西部地区经济联系趋于弱化

东中西部经济阶梯式发展是很多中西部省份发展的重要动力，而近年来东中西部经济连续有所弱化，而疫情冲击将使这种现象加速显现。首先，东部发达省份经济增速放缓明显。东部省份由于优越的地理位置，改革开放以来先行一步，发展水平领先于中西部省份，是很多内陆省份的重要订单来源和招商引资的项目来源，显著拉动了内陆省份的经济增长。但作为全国经济重要引擎的东部地区，沪、粤、浙、苏等近年来经济增速明显放缓，"十三五"时期的前四年，4 省市经济增速平均放缓超过 2 个百分点，幅度高于全国平均水平。其次，东部省份产业结构调整后区域辐射力减弱。随着东部省份产业转型升级进程的持续推进，产业向中西部省份转移的速度逐渐放缓。且东部省份的产业结构有所改变，服务业特别是新兴服务业、高技术产业和数字经济的比重迅速上升。与传统工业相比，这些新兴产业的特点是产业链条普遍较短，区域辐射带动力较弱，以往中西部省份通过参与东部产业链分工和承接产业转移的带动模式将难以持续。最后，东部地区对中西部地区的虹吸作用更强。疫情冲击下，远程办公、互联网医疗、在线教育、在线游戏、云服务等行业将迅速发展，这些行业在东部省份的发展基础更好，优势更为突出。这些新兴行业对经济发展相对低洼地区的虹吸作用更强，除对人才、资金的虹吸之外，部分传统意义上认为难以移动的生产要素和本地需求也开始外流。例如随着网络消费的兴起，中西部省份的部分本地消费外流，比如，调研中内蒙古反映，由网络消费造成的消费外流约占其全部社会消费品零售额的1/3，对区内经济增长形成一定抑制作用。

六　促使全要素生产率加速回升

改革开放以来，全要素生产率的快速提升是我国经济高速增长的主要动力之一，对经济增长的贡献率达到40%以上。但是进入新世纪以来，全球范围内生产率增速持续下滑，特别是在国际金融危机后，一些国家的全要素生产率甚至出现了负增长，我国的全要素生产率增速及其对经济增长的贡献率在2008年也出现急速下滑。但是多家研究机构的测算结果表明，近两年我国的全要素生产率增速处在逐步回升的阶段，说明过去一段时期的改革调整开始释放制度红利。在本次疫情应对过程中，政府防控组织得力，但也反映出政府在管理方面的某些短板，未来如果对政府行政行为引入比较有效的监督机制，引进更多的专业人才进入管理机构并且发挥其重要作用，政府的管理效率将得到进一步提升。对于企业而言，疫情期间各种新需求的倒逼，将使其更有意愿和动力开展数字化转型，更加重视智能设备的投入和使用，更加注重研发投入。从经济学的意义来说，这些举措将有利于生产率的进一步提升。加之按照十九届四中全会精神，2020年起抓紧部署和落实新一轮改革方案，包括从所有制、分配制度和运行机制三个层面完善社会主义基本经济制度，全方位推进市场化、国际化、高标准的制度化开放，以及细化和落实对非公经济和非公经济人士的保护等，将会培育和释放更多的制度红利。预计未来全要素生产率有望呈现加速回升态势，成为我国"十四五"乃至更长时期经济增长的重要动力来源。

　　总的来看，作为多个长短期目标的节点年份，2020 年注定为不平凡的一年，系列短周期力量交错转变，系列长周期特征苗头初现，但我国经济平稳运行的大势始终不会改变。

第十七章 正确判断和应对当前房地产市场变动

　　进入 2014 年，我国房地产市场出现了新的变化，一些苗头性风险隐患开始凸显出来，引发了各界对房地产市场风险和发展前景的热议。2020 年 3 月以来我国多数宏观经济指标出现了回升，而房地产销售投资等指标却仍一路下滑，房地产市场走向成为影响全年经济增长目标能否实现的重要因素。为此，要准确研判房地产市场的趋势及其相关风险和影响，并采取合理措施加以应对。

一　当前房地产市场并未出现颠覆性变化

　　一季度，我国房地产市场出现了价格增速趋缓、市场成交量下降和投资减速等一些调整性变化，但并未引起市场的大幅波动，也没有造成市场出现颠覆性转变。因此，应对当前房地产市场运行及发展形势有一个客观认识和判断。

（一）成交萎缩，并非需求反转

　　房地产市场整体降温。与前些年各地住房普遍供不应求、市场热销情况不同，一季度，全国商品住宅销售面积同比下降 3.8%，销售额下降 5.2%，部分城市出现有价无市、量价齐跌等现象，可以说近期整个房地产市场处于一种较为低迷的状态。这主要有两方面原因：一方面，近年来持续加码的限购、限价和20%所得税等宏观调控政策有效抑制了市场中的投资投机型需求；另一方面，众多城市开发商以价换量市场策略加剧楼市观望情绪，如杭州、常州等城市屡屡出现新开盘项目大幅降价促销行为。

市场短期成交量下降，并不意味着住宅市场需求的反转，实质上中国房地产市场需求空间仍较大。一是存量需求缺口较大。根据天拓咨询的测算，住房商品化以来，由于市场长期处于供不应求状态，2013年底中国累计约114亿平方米的刚性住房需求（包括自住和改善性需求）缺口。二是新增需求较多。在城镇化快速推进的进程中，目前中国每年有700万名左右新踏入职场的大学毕业生，其大多数将选择在城市定居，且每年约有1000万农村劳动力进城务工，其部分也希望在城市购买住房，随着户籍制度、公共服务等领域改革的深化，城市住房的有效需求将增加。

（二）价格松动，并非拐点出现

房价持续上涨局面开始松动，区域市场分化迹象明显增强。3月，全国70个大中城市房价同比、环比涨幅均全面收窄，环比价格显示，新建商品住宅有27个城市出现价格涨幅回落，二手住宅有14个城市出现价格下降。也就是说，房价增速趋缓的城市不断增多，甚至部分城市还出了价格滞涨回调的现象。

从全国房价整体走势看，市场差异性分化趋势或将宣告房价全面上涨的历史结束，但并不能认为市场已经发生逆转，价格拐点就此出现，房价下降的趋势已经形成。毕竟大多数城市房价依然较为坚挺，且一线城市如北上广深等同比涨幅依然较大（3月同比涨幅均高于13%），涨多跌少局面不会导致短期价格全面快速下行或暴跌。当前的房价还远未到2008年下半年至2009年上半年曾出现的那般下行的行情，价格是否发生转折性变化仍需根据市场运行状态进一步跟踪分析。

（三）局部调整，并非全面收缩

房地产市场局部风险加大。统计数据显示，3月末全国商品房待售面积超过 5.2 亿平方米，同比增长 22.9%。当前全国楼市整体库存出现增长之势的主要原因是：一、二线城市主要是受房贷持续偏紧、贷款审核更趋严格、利率优惠取消等因素影响，短期需求受压，同时也与开发商集中释放住房供给有关；而一些三、四线城市则是供求矛盾持续加剧，进而导致库存进一步高企，据中国指数研究院测算，部分城市去库存周期平均达到 30 个月以上。此外，一些地区如内蒙古鄂尔多斯、辽宁营口、云南呈贡等城市"空城""鬼城"不断涌现，也引发对楼市局部性崩盘的担忧。

虽然房地产市场局部调整在所难免，但整体市场短期不会出现全面收缩。一方面，一线城市总体需求旺盛，去库存化速度将会有所加快，房地产开发投资总体稳中有升；二线城市供求基本平衡，房地产开发、销售市场将平稳运行；另一方面，三、四线城市潜在供应明显超出当地人口和市场规模的承载能力，主要依靠本地需求去库存进展缓慢，市场将进入阶段性盘整，房地产投资可能会进一步下滑。

综合来看，全年房地产市场呈现稳中趋缓的发展态势，房地产开发投资增速比一季度略有下降。

二 房地产投资减速的影响

房地产市场调整不会引发系统性风险。从金融风险看，住房按揭贷款最高为 70%，市场不存在转按揭、证券化等衍生金融创新产品，也几乎没有假按揭行为，考虑到住房贷款的前期偿还和二套房首付比例提高等因素，目前市场平均贷款可能在五成以下，抵御金融风险能力是比较强的。同时，银行压力测试也显示其对抵抗市场波动风险的能力较强，以工商银行为例，2013 年房地产不良贷款率约为 0.87%，较上年有所下降。从企业风险看，房地产开发贷款规模相对较小，且在经历了金融危机之后，房地产开发企业普遍加强了对现金流的管控，过度融资的情况总体上较少，因而不会大面积出现企业资金链断裂问题。

房地产市场调整虽然不会引发系统性风险，但是会对经济增长造成一些负面影响。一季度，全国房地产开发投资同比增长 16.8%，增速比上年同期回落 3.4 个百分点，且房屋新开工面积和房地产开发企业土地购置面积等指标同比分别下降 25.2% 和 2.3%，预示短期内房地产投资仍将势弱。房地产投资增速下滑会对整体经济和相关行业产生何种影响，我们借助 2010 年投入产出表进行测算。

（一）预计全年房地产投资下滑影响经济增长0.4个百分点

作为国民经济的重要组成部门，房地产投资减速对整体经济的影响较大。经我们测算，考虑到直接和间接影响，房地产投资每变动 1 个百分点，将同向带动经济增长变化约 0.1 个百分点。其中间接影响，即扣除房地产投资本身，为 0.039 个百分点，直接影响为 0.061 个百分点。需要说明的是，我们的计算结果可能会比简单按照房地产投资占 GDP 的比重推算得到的贡献率低，主要原因在于，房地产投资中约有 35% 的比重是土地购置和相关税费支出，并不形成资本，在 GDP 核算中没有贡献，因此，若按照房地产投资比重估算则会高估房地产投资对经济的影响。

按照前文的分析，全年房地产投资增速可能保持在 16% 左右，比上年降低 4 个百分点，按此估算，则会导致全年经济增长速度较上年下降 0.4 个百分点。

（二）房地产投资对采矿业、建筑材料业等影响较大

受房地产投资拉动影响最大的产业主要包括：一是采矿业，由房地产投资带来的产出占其总产出的 20.4%；二是原材料和能源加工类，包括炼焦、燃气及石油加工业与电力、热力及水的生产和供应业，房地产投资带来的总产出占其总产出的 10% 以上；三是非金属矿物制品业（主要包括水泥、陶瓷等建筑材料生产行业）与金属产品制造业（主要包括钢铁、金属建筑装饰材料等行业），房地产投资带来的产出分别占其总产出的 29.3% 和 14%；四是运输业，房地产投资带来的总产出占其产出的 11.8%。房地产投资对金融业的总产出影响并不高，带来的产出占其总产出的比重为 7.5%，居所

有行业的中游。

按照前文的分析，若房地产投资增速比上年下降 4 个百分点，将对以上行业的增长带来冲击，造成上述行业增速下降 0.3 ~ 1.2 个百分点，采矿业和钢铁、水泥等建筑材料业受到的冲击将会更大。

表 17 – 1　房地产投资对各行业增速的影响

单位：个百分点

	行业增速下降
非金属矿物制品业	1.2
采矿业	0.8
金属产品制造业	0.6
炼焦、燃气及石油加工业	0.5
运输仓储邮政、信息传输、计算机服务和软件业	0.5
电力、热力及水的生产和供应业	0.5
金融业	0.3

三　通盘考虑房地产市场调控政策

当前房地产市场存在房价大跌、资产缩水、房贷断供、企业资金链断进而重创实体经济的风险，政府不要以托市、救市等措施来应对当前市场调整性变化，而应当从宏观经济运行、市场健康发展和防范金融风险等方面综合考虑，促进房地产市场稳定有序运行。

（一）稳定政策，推动房地产与其他产业协调发展

以房地产市场的现实状况和整个宏观经济态势为依据，保持政策的相对稳定性，避免政策变化太快造成房市的大幅波动。在保持房地产市场供需基本均衡的前提下，合理引导市场预期，合理确定房地产开发投资规模、速度，促进房地产业的发展从单纯的数量扩张逐渐向盘活存量、改善质量过渡，满足不同收入层次的住房需求。弱化房地产对国民经济发展的推动功

能，促进房地产与其他产业（如机械设备制造业、金属产品制造业等影响力系数较高的行业也许应成为新的增长动力）协调发展，从而实现经济增长和房价基本稳定的双重目标。

（二）分类调控，促进市场健康发展

坚持保障刚性需求和抑制投机需求并重，加快制定调控政策措施实施的细则。对于需求依然旺盛的一线城市和部分二线城市，要继续从严实施限购政策和差别化的信贷政策，支持和保障居民的改善性住房需求，增加中小户型、中低价位商品房供应，满足普通居民自住性购房需求，同时继续加强保障性安居工程建设，增加市场有效供给。对于缺乏有效需求的三、四线城市，要重视消化存量，控制商品房新开发规模，控制预售许可审批进度。

（三）强化管理，有效防范市场风险

加强信贷风险管理，合理控制房地产行业信贷总体规模，拓宽企业融资渠道，鼓励房地产开发企业整合资源，通过股权合作、房地产信托、项目债券化等渠道筹集开发资金。完善住房贷款管理办法，推动个人住房贷款业务的标准化和规范化，有效防范贷款风险。加快完善税收调节机制，尽快扩大房产税征收范围，推进不动产统一登记制度的实施，优化住房资源配置。

第十八章 土地大幅流拍并非意味着
房地产市场的转向

近期，土地流拍现象屡见报端，流拍宗数、流拍率等指标均已创下近年新高，大量媒体将其解读为房地产市场的转向信号。然而，流拍现象的发生是否意味着高速增长了近二十年的房地产市场开始调转方向进入下行通道？做出上述判断或许为时尚早。

一 土地流拍数量再创新高，多因素助推流拍频现

土地流拍宗数、流拍率等指标均创新高。中国指数研究院的数据显示，2018年1~8月全国300城共推出各类用地18468宗，其中890宗地块出现了流拍，占全部推出地块的比重高达4.8%，相较2017年上升了1.2个百分点。中原地产研究中心的数据同样显示，2018年1~7月全国房地产市场的土地流拍数量达到796宗。其中，一线城市土地流拍13宗，同比增长225%，二线城市土地流拍154宗，同比增长200%，三、四线城市土地流拍数量更是高达629宗，而上年同期该数据仅为284宗，同比增幅超过121%。2018年以来，无论是土地流拍宗数还是流拍率均已创下近7年新高。

近期土地大幅流拍源自多因素协同共振。首先，政策面趋严。近年来，房地产市场的非理性繁荣衍生出了诸多社会问题，政府相继出台了大量政策

以抑制房价的过快上涨。限购、限贷、限售、限价等传统政策持续发力，多主体供应、多渠道保障、租购并举的住房制度加快建立，房产税等长效机制也是箭在弦上。尤其值得注意的是，2018 年 7 月中央政治局会议上表明要下决心解决好房地产市场问题，并首次提出"坚决遏制房价上涨"的口号，房地产调控政策有望进一步趋严。其次，资金面趋紧。在中央稳步推进"去杠杆"工作的背景之下，房地产企业的融资压力不断上升，银行贷款全面收紧、公司债受到严密监管、股权融资冻结、非标渠道遭遇关闭等一系列措施，使得房地产企业融资成本不断上升。不仅如此，房地产企业近期将迎来债务偿还高峰。恒大研究院的数据显示，2018 年下半年至 2021 年我国房地产企业需要集中兑付的有息债务规模依次达到 2.94 万亿元、6.06 万亿元、5.86 万亿元和 3.39 万亿元，未来 3 年半时间房地产企业的总债务规模高达 18.25 万亿元。最后，市场面趋弱。宏观经济形势不佳、居民部门杠杆率快速攀升、房贷审核标准趋严等因素导致房地产市场终端需求不振，购房者观望情绪浓厚，加之棚改货币化安置逐渐退场，未来一段时间房地产市场的有效需求难以释放，房企资金周转速度有可能出现进一步放缓。

二 多指标显示房地产市场运行平稳，轻言转向为时尚早

众所周知，成交数量与商品价格在合理区间内的波动，是成熟市场化行业的正常表现。因此，对于短期土地市场上的流拍增多现象无须过度解读。事实上，地方政府土地转让收入、房地产行业部分先行指标、商品房销售以及库存等数据均显示，目前我国房地产市场运行平稳，做出整体转向的判断为时尚早。

土地转让收入持续高歌猛进。财政部的数据显示，地方政府国有土地使用权出让收入近年来始终保持高速增长。2016 年地方政府土地转让收入的增速实现由负转正，随后便开始了长达三年的快速扩张。2016 年当年土地转让收入增速由 0 快速上升至 15.1%，2017 年初更是直接跃升至 36.1%，随后这一增速继续提升，并于 2018 年 5 月达到 45.9% 的历史高点，近期这

一增速虽有小幅回落，但始终维持在35%以上的高位水平，持续快速扩张的态势十分明显。土地转让收入快速增长得益于地方政府供地节奏的调整，同时意味着土地需求持续旺盛。事实上，地方政府土地转让收入增速于2016年初开始止跌回升，并于2017年初开始大幅扩张，与之相伴随的是地方政府供地面积的大幅提高。2012～2016年期间，我国地方政府的土地供给不断减少，致使购置土地面积的同比增速常年位于负向区间，土地惜售已成常态。然而，伴随着地方政府债务风险的不断积聚以及房地产调控思路的转变，各级地方政府开始加快供地步伐，购置土地面积随之快速上升。国家统计局的数据显示，2015年12月我国购置土地面积的同比增速为−31.67%，2016年6月快速上升至−3.04%，半年时间上涨了28.63个百分点，随后2017年2月首次实现了由负转正，除2018年2月和4月出现小幅下跌以外，其余时段均保持较快增长，其间，2017年11月更是创下了16.34%的近五年高点。

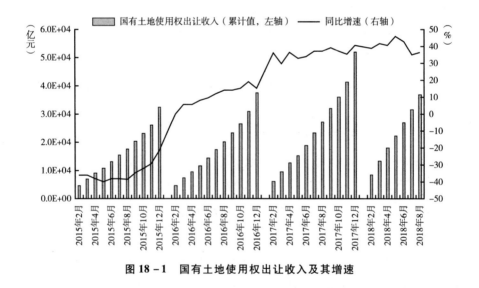

图18−1 国有土地使用权出让收入及其增速

房地产行业部分先行指标运行平稳。首先，土地购置费用大幅提升。国家统计局的数据显示，2018年以来房地产企业的土地购置费用大幅增加，截至8月累计同比增速高达66.9%，相较上年底上涨了43.5个百分点，其中 6 月增速高达 74.4%，创下 2010 年 12 月以来的新高，显示出房地产企业的购地欲望强烈。其次，实际到位资金保持稳定。2018 年以来，房地产企业实际到位资金增速持续扩张，累计增速由年初的 3.0% 快速上升至 8 月的 8.2%，上涨幅度达 5.2 个百分点，其中房地产投资上年资金结余增长 10.9%，本年资金来源增长 6.9%。虽然国内贷款、利用外资等方面出现一定回落，但自筹资金方面增长迅速，总体而言资金依旧充裕。最后，新开工项目大幅增加。截至 2018 年 8 月，房地产新开工施工面积累计达 133293.15 万平方米，累计同比增速高达 15.9%，高于 2018 年初约 13 个百分点，相较上年同期增长了 8.3 个百分点，表明未来一段时间市场供给力度将进一步加大。

商品房销售情况基本保持稳定。首先，销售面积回落幅度有限。国家统计局的数据显示，2018 年 8 月房地产销售面积累计达 102473.53 万平方米，累积增速为 4.0%，相较 2018 年初微降 0.1 个百分点，与上年末相比也仅下滑了 3.7 个百分点，跌幅有限。其中，住宅类商品房的销售面积增长 4.1%，略高于年初 1.8 个百分点，较上年末仅下降了 1.2 个百分点。其次，销售额度实现持续回升。截至上年 8 月，我国商品房销售额累计同比增速达 14.5%，相较 2018 年末上涨了 0.8 个百分点，与上年同期基本持平。其中，住宅类商品房销售额增速达 16.4%，高于上年同期 2.2 个百分点，相较上年末更是上涨了 5.1 个百分点，实际销售情况出现持续改善。

商品房库存状况持续收紧。根据国家统计局每月发布的《全国房地产开发投资和销售情况》，2016 年 11 月以来我国商品房待售面积持续减少，且去库存速度不断加快，截至 2018 年 8 月，商品房待售面积已降至 53873 万平方米，累计同比增速跌至 -13.6%，库存紧张状况可见一斑。其中，住宅类商品房的跌幅最为显著，截至 2018 年 8 月，住宅类商品房的待售面积已降至 26446 万平方米，累计同比增速达 -20.3%，未来住宅市场的供求状况将会进一步恶化，房价极有可能出现回涨的苗头，对此需引起高度警惕。

三　保持政策定力，加快建立促进房地产市场
平稳健康发展的长效机制

根据前文分析可知，虽然房地产企业受限于政策、资金、市场"三座大山"，近期拿地更加谨慎，土地市场上短期出现了流拍数量的增加，但是，土地转让收入的快速增长、行业先行指标的平稳运行、商品房销售状况的持续改善、行业库存压力的不断上升等均表明，房地产市场现阶段依然处于合理运行区间，并未出现趋势性转向。因此，现阶段应密切关注市场动向，同时必须保持现有调控政策不动摇，防止我国经济再次走上依靠房地产拉动的"老路"。

房地产市场的平稳健康发展不仅是一个经济问题，更是一个社会问题，要深刻认识到这一问题的复杂性、重要性、紧迫性。现阶段房地产市场所呈现的部分积极信号，表明房地产领域的调控政策已初见成效，下决心解决好房地产市场问题要求我们必须保持政策定力，不能因市场中的部分杂音、假象、扰动就松懈、调整抑或完全转向，致使改革进程受阻甚至功亏一篑。

房地产市场问题的解决关键在于长效机制的建立，而这需要短期政策创造条件并赢得时间。事实上，近年来政府在行政措施、金融政策、土地供给、住房供应等领域同时发力，需求端、供给端双向调节，并引入了诸多创新的做法和措施，为长效机制的建立打下了坚实的基础。未来，在房产税征收、土地多元化供给、租赁市场规范等领域应加大推进力度，着力解决好地方政府的"土地财政"问题，从根本上化解房地产市场的根源性矛盾和深层次障碍。

第十九章 两个6.9%背后的不同增长逻辑

2019年上半年我国经济增长取得了不俗的战绩，两个季度的经济增长速度均达到了6.9%，超出了市场预期，但这两个6.9%的背后反映了不同的增长逻辑。

一 一季度的经济增长链条非常清晰

在稳定经济增长的大前提下，财政预算拨付进度加快，促动基建投资高增长；房地产市场景气度延续，房地产投资同比提高3个百分点。受此影响，以挖掘机为代表的工程机械设备类销售增长翻番，也带来了石油消费需求的高增长。因此一季度的经济增长可以概括为"高基建投资+高房地产投资"拉动"工程机械设备类制造业"需求高速增长，稳定了供给面，也拉动了"石油制品类"消费的高速增长，进一步促进了需求面增长。这个增长链条更多的是外力作用下的拖曳式增长，具体表现如下：第一，基建投资和房地产投资高速增长，而市场主导的制造业投资增速下滑。一季度基础设施建设投资高位运行，同比增长23.5%，提高3.9个百分点。房地产开发投资同比增长9.1%，提高2.9个百分点。而一季度制造业投资仅同比增长5.8%，回落0.6个百分点。第二，供给面，其他行业表现平平，唯有工程机械设备类制造业一枝独秀。受到高投资增长影响，工程机械设备类需求快速增长，制造业中装备制造业需求同比增长12%，增速高出整个规上工业 5.2 个百分点。第三，石油制品类销售高速增长支撑消费增长。在整体消费增速同比下滑的同时，石油制品类零售增速比上年同期大幅回升，一季度限额以上单位石油制品类零售额同比增长 13%，比上年同期加快 12.6 个百分点，直接拉动消费增长 1.7 个百分点。

二　二季度以来，经济增长的链条开始发生变化

从主要依靠外力的拖曳式增长，拓展为外力拖曳和终端需求复苏带来的内生推动的"一推一拉"双动力增长。一季度高投资的带动作用仍在持续，终端需求复苏的迹象开始显现，基本消费面好转，下游制造业有所回暖，经济增长的内生推动力开始增强，具体表现如下：第一，石油制品类销售增长仍然较快，但增速稍减，基本消费开始提速。与一季度石油制品类消费大幅增长支撑消费增长不同，二季度以来，该类商品连续呈现较大幅度下滑，这主要是受到基础设施投资和房地产投资增速回落的影响。二季度，限额单位石油制品类零售额同比增长 8.2%，较一季度放慢 4.8 个百分点，拉低消费增速 0.7 个百分点。但基本生活类消费增速加快，二季度消费增速较一季度提高了约 0.8 个百分点。上半年限额以上单位吃穿用类消费增速较上年同期加快 0.1 个百分点，家电类消费增速加快 3.1 个百分点，家具类、建筑及装潢类消费增速分别加快 3 个、3.5 个百分点。第二，制造业投资增速由降转升。上半年主要由市场行为驱动的制造业投资增长 5.5%，较 1~5 月提高了 0.4 个百分点。6 月制造业投资单月增长 7.5%，大幅回升 2.6 个百分点。制造业技改投资增速持续回升至 11.8%，比 1~5 月提高 1.6 个百分点。二季度尤其是 5 月以来，民间投资的增长点由第三产业转回制造业，上半年制造业民间投资增长 5.6%，增速比 1~5 月提高 0.7 个百分点，且表现为从冶炼到汽车、装备制造等行业的普遍好转。第三，装备制造业仍然支撑工业增长，下游制造业增长状况有所改观。二季度以来装备制造业继续保持高速增长。6 月装备制造业同比增速进一步加快，其中电器机械、汽车、通用设备、专用设备、金属制品业增速较 5 月分别提高 1.6 个、2.8 个、0.8 个、

0.9 个、1.8 个百分点。以服装业、食品制造业为代表的下游行业已经感受到需求回暖，下滑态势得到缓解，如 6 月食品制造业增速较上月大幅回升 3.4 个百分点。

从其他指标看，这种增长链条的拓展表现也很明显。比如，企业效益的行业结构发生转变，5 月中下游行业的企业利润得到一定程度的修复。上游行业的企业利润累计同比增长 79.2%，较上月进一步回落 15.4 个百分点；中游行业同比增长 4%，较上月回升 1.3 个百分点；下游行业同比增长 9%，较上月略增 0.3 个百分点。再如，下游行业的价格反弹也反映了供需情况的好转，在 PPI 同比增速下滑的同时，6 月加工工业的出厂价格较 5 月提高 0.8 个百分点。近期，多家国际组织和研究机构上调了对我国全年经济增长的预测值，认为经济发展的新动能在不断积聚，这也反映出市场的预期在好转。

总的来看，两个相同的 6.9% 的增长速度，第二个 6.9% 更加充满活力和光彩照人，显示经济增长的内生驱动力逐步增强，这为下半年经济保持平稳增长奠定了良好的基础。

第二十章 民间投资缺席的"挖掘机盛宴"
能走多远

开年以来，挖掘机市场产销两旺，1 月和 2 月的销量增长分别达 53.6% 和 298%，大超预期，市场一片叫好之声，信心逆袭，引发人们对经济增长的无尽遐想。挖掘机市场强势爆发原因之一是设备更新需求开始出现。自 2011 年挖掘机市场达到顶峰后，2012~2015 年，年度销量都表现为 10% 甚至 30% 以上的大幅下滑。挖掘机设备的生命周期是 6~10 年，从 2017 年开始，2011 年前的设备密集进入更新周期，据中国工程机械协会测算，当前更新需求约占总需求的 2/3。第二个原因是，受宏观调控的影响，2016 年钢铁、煤炭等资源型行业利润显著好转，因此 2017 年大型工程、矿山的建设需求有所扩大，基础设施建设的力度也在加大，据许多地区反映，基建挖掘机需求占比达到 70% 以上，地产因素的影响减弱。需要指出的是，基建投资是国有投资的主战场，但国有投资占总体投资的比重不足 40%，必须通过引领效应有效撬动民间投资跟进，才能保证投资增速实现显著回升。然而从当前种种迹象来看，民间投资似乎并未深受鼓舞，撸起袖子加油干的劲头仍显不足。同时消费增长面临制约因素，国际市场可能反复，这场挖掘机盛宴的可持续性引人忧虑。

一 多次宏观调控中民间投资跟随意愿渐弱

（一）1998年应对东亚金融危机，国有投资和民间投资齐头并进

1997 年东亚金融危机爆发后，政府采取稳增长措施，国有投资增长速

度较高。1998 年全社会固定资产投资增长 14%，其中，国有投资增长
19.6%，代表民间投资的其他经济投资（1998 年缺乏民间投资统计数据）
与国有投资增速基本一致，国有投资的引领效应显著，原因在于，1998 年
之前，基础设施条件比较薄弱，投资回报率较高，民间投资进入的积极性很
高，伴随稳增长措施的推出，大量民间投资进入基础设施建设领域。民间投
资的主战场制造业虽然受到东亚金融危机的冲击，投资一度出现负增长，但
国内外总体需求仍较旺盛，民间投资进入的热情不减，2000 年制造业投资
增速即恢复至 10%，2001 年进一步冲高至 26%。

（二）2009年应对美国次贷危机，国有投资大幅提高，民间投资小幅回落

2008 年美国次贷危机爆发后，受国际市场景气度下降的影响，经济增
长出现波动，政府开始通过其主导的基础建设投资来稳定经济增长。2009
年，全社会固定资产投资同比增长 30%，其中，国有投资同比增长 27%，
民间投资同比增长 32%。但需要指出的是，民间投资增速是从前几年的
40% 左右回落至此，而国有投资的增速则较前两年的 15% 左右近乎翻了一
番。民间投资的跟随意愿大大减弱，原因在于，随着经济的不断发展，基础
设施建设成本不断上升，建材、人工及占地补偿成本等都大幅提高，且随着
时间的推移，基础设施领域的饱和度提高，人口红利结束以后，经济增速下
降，运输业的增速下降，这从成本和收益两个方面抑制了基础设施领域的投
资回报率上升。为刺激民间投资增长，2010 年国务院出台了《鼓励和引导
民间投资健康发展的若干意见》，即民间投资新 36 条，但民间投资增速并
未出现明显提高。

（三）近年来稳增长中，民间投资与国有投资背道而驰

2015 年以来，民间投资和国有投资增速均为 10% 左右，2016 年随着稳
增长政策的加力，国有投资增长速度大幅提高至 16%，而民间投资的增长
趋势与国有投资背道而驰，继续延续前几年的大幅下滑态势，年中出现低点

至2%左右，而后虽然随着企业利润好转而有所回升，但年度增速也仅为3.2%，原因在于，随着全国经济增速持续放缓，盈利项目减少，企业的利润和投资回报率不断下降，民间投资能力和意愿都在弱化。次贷期间，虽然我国外汇占款有所下滑，但增速仍然在20%左右的高位波动，此外在固定资产投资的资金来源中，自筹资金增速在30%附近波动，为此，在国有投资的带动下，民间投资可以较快地恢复至前期水平。但近些年，特别是2016年以来，外汇占款增速低至零附近，固定资产投资中的自筹资金呈负增长，这决定了民营企业至少在短期内没有充足的资金跟紧国有投资的步伐，进而实现民间投资增速的大幅反转。

二 多项因素决定近两年民间投资或仍将低增长

从几次调控可以看出，民间投资最初与国有投资齐头并进，但近年来连续下滑，与国有投资走势相悖。虽然2016年年中实现微幅回升，但近两年民间投资总体仍将维持低速增长，原因如下。

第一，民间投资回报率仍处下降通道。由于民间投资的逐利性和承担的投资成本较高，其对回报率的变动更加敏感。从多项研究结论来看，1993年前后投资回报率为16%左右，之后持续下降，2000～2008年稳定在8%～10%，但金融危机后快速下降，2013年降至5%左右，已经低于资金成本，近年来投资回报率仍处下降通道。受此限制，预计民间投资难以出现高速增长。

第二，民间投资进入部分高回报行业面临诸多限制。当前民间投资多集中于制造业和低端服务业等，受产能过剩和无序竞争等影响，这些行业的投资回报率下降幅度高于社会平均水平。水利、教育、卫生、金融等领域民间投资的准入门槛非常高，而这些领域多处于有效供给相对不足的状态，投资回报率高于社会平均水平。虽然近些年来国家出台了多项鼓励和扩大民间投资的政策措施，但是服务业相关领域的准入限制尚未得到有效突破。

第三，2016年以来制造业利润回升可能不会带来大规模的投资增长。

虽然民间投资尤其是制造业投资很大程度上受到企业利润的影响，如 2016 年企业利润转好以来，民间投资增速也出现了一定程度的回升。但企业利润并非是企业扩大投资的充要条件，在企业家预期根本转好前，利润好转对生产的影响大于投资。根据莫尼塔研究和中国工业机械联合会在 2 月底发起的"中国 2017 年企业开工及生产情况相关调查"显示，2016 年利润的好转对促进 2017 年年初企业开工和生产的作用更大，对企业扩大投资的作用微弱，仅有 14% 的企业表示会扩大投资。加之 2016 年企业利润好转，主要是由 PPI 的回升所致，2017 年 PPI 同比基数较高，若需求没有显著改善，企业利润持续好转的趋势恐难以持续。

第四，对外投资增速不断上升，对民间投资有一定的分流作用。近年来受到我国经济增长速度放缓和人民币贬值预期的影响，很多企业通过换汇到海外进行投资。2016 年，我国境内投资者全年共对全球 164 个国家和地区的 7961 家境外企业进行了非金融类直接投资，累计实现投资 11299.2 亿元人民币，同比增长 44.1%；占国内固定资产投资和民间投资的比重分别为 1.9% 和 3.1%，较上年提高了 0.6 个和 1 个百分点。随着资本账户的逐步放开以及人民币国际化进程的加快，对外投资的比重将会进一步上升，其对国内投资的分流不容忽视。

三　消费出口缺席使得"挖掘机"更加独臂难撑

除投资外的其他两驾马车的增长都面临诸多限制和不确定性。消费方面，就业冲击、股市低迷等因素导致居民收入增长放缓，消费信心和能力受到影响。2016 年为消费增长做出较大贡献的车市和楼市受政策影响可能降温，新的消费热点如网络消费等虽保持较高增速，但一方面所占比重很小，短期内难当大任，另一方面较 2014~2015 年出现了较大幅度的减速，因此 2017 年消费增长面临诸多掣肘。出口方面，虽然 1 月出口数据表现较好，同比增长 7.9%，但该数据转好一定程度上受到低基数影响（2016 年 1 月出口增速为 -15.2%），且出口数据的月度波动非常大，如 2016 年 2 月为

-28%，3 月回升至 7.5%，4 月又下降为 -5.3%，因此一个月的数据改善不足以喜。同时，第一，国际市场景气度仍然较低。世界贸易组织预测 2017 年全球贸易很可能难以回暖，甚至用寒冬来形容 2017～2018 年的全球贸易形势。第二，我国原有的优势出口产品竞争力有所下降。受到人民币实际有效汇率走强、企业要素成本持续上升以及去产能压力影响，外贸传统竞争优势弱化，产业和订单向外转移加快，加工贸易持续下滑，传统低附加值的出口产业对出口增长的贡献作用减弱。受此影响，2017 年出口增长仍将面临较大不确定性。

总的来看，预计近两年民间投资大概率仍将保持低速，消费和外需增长面临掣肘和不确定性，加之国际环境更加错综复杂，我们不可对"挖掘机盛宴"报以太高期望，2017 年经济增长不会出现前几次调控中的"V"形反转，稳增长的压力仍不容小觑，稳增长的弦切不可放松。

第二十一章　稳定经济增长的支点在哪里

5 月 18～20 日，温家宝总理在武汉市调研期间强调，要把稳增长放在更加重要的位置。稳定经济增长即稳定三大需求。三大需求中，外需的可控性差，因此稳定经济增长的重点在于稳定内需的增长。内需中，消费的调控难度较大，即使通过补贴等行政手段可在一定程度上扩大消费需求，但总体而言扩大消费非一日之功，稳定增长的重任就别无选择地落在扩大投资需求上。

制造业的投资多为市场主导，在当前有效需求不足的情况下，企业投资意愿不强，扩大制造业投资难度较大。当前对基础设施投资也存在争论，很多人认为基础设施范围内铁路等领域的投资拉动作用更强，而教育、环保、水利等领域的投资拉动作用较小，因此若要实现稳定增长的目的，扩大基础设施投资只能选择扩大铁路、公路领域的投资。因此定量测算各种基础设施投资对国民经济的影响效应或效益，是令人关注的问题，本章分为三个部分，第一部分简述投入产出表及主要系数，第二部分定量计算各部门的拉动效应，第三部分给出情景分析结果及相关政策建议。

一　投入产出表及主要系数

某领域投资等经济效益是指项目建设过程中给某一领域经济所产生的影响。这些影响通常由直接效益和间接效益两部分组成。以公路建设投资为例，直接效益是指公路建设投资对公路建筑业本身的产值和就业所做的净贡献，包括产出与 GDP 效益和就业效益；间接经济效益是指受产业关联因素的影响，公路建设投资所产生的（为公路建设提供所需原材料）中间投入部门产值、就业增长的后联乘数效益，包括产出与 GDP 效益和就业效益。投入产出模型是目前国际上普遍采用的测算基础设施投资效益的方法。

投入产出表也称部门联系平衡表或产业关联表，是根据国民经济各部门生产中的投入来源和使用去向纵横交叉组成的一张棋盘式平衡表。它可以用来揭示各部门间经济技术的相互依存、相互制约的数量关系。投入产出表的系数很多，最基本、最常用的主要是直接消耗系数、完全消耗系数，就本研究目的而言，还包括增加值系数、劳动就业系数和影响力系数等。增加值系数是指某一部门单位产值能产生的增加值或 GDP。劳动就业系数是指某一部门单位产值所需要的就业人员。影响力系数是反映国民经济某一部门增加单位最终产品时，对国民经济各部门所产生的需求波及程度。当影响力系数大于 1 时，表明该部门的生产对其他部门所产生的波及影响程度超过社会平均水平；当影响力系数小于 1 时，表明该部门的生产对其他部门所产生的波及影响程度低于社会平均水平。当然，影响力系数越大表明该部门的生产对其他部门所产生的波及影响程度越大。

二 基础设施投资影响效应分析

（一）投入产出系数和投资乘数分析

本章的投入产出分析建立在国家统计局投入产出表（2007 年，135×135 部门）的基础上。投资分类和投入产出表的分类不一致，如投资分类中，铁路运输投资包含建筑投资和购买设备的投资，但在投入产出表中，铁路运输业指的是第三产业中铁路运输服务业，而铁路运输投资所包含的内容分别包含在建筑业和铁路运输设备制造业中，因此我们在计算铁路运输业投资的产出效应时，按照建筑投资和设备购置投资占总投资比重加权计算建筑业和铁

路运输设备制造业的消耗系数，从而得到铁路运输业投资的经济效应。其他
部门的投资处理方法与此相同。需要指出的是，这种方法的计算结果可能存
在一定的偏差，但是我们的目的不是得到精确的部门计算值，而是对不同部
门的计算结果进行比较，因此这种虽然有偏差，但是在同一范式下得到的计
算结果还是具有可比性的。根据各部门完全消耗系数和增加值系数计算得到
各部门产出乘数和 GDP 乘数。各投资部门的完全消耗系数如表 12 – 1 所示。

表 21 – 1　各部门投资经济效益分析

部门	铁路	道路	研发	水利	环境	卫生	教育
完全消耗系数	2.5795	2.5665	2.5574	2.5236	2.5232	2.5250	2.5227
产出乘数	3.5795	3.5665	3.5574	3.5236	3.5232	3.5250	3.5227
GDP 乘数	1.78	1.73	1.70	1.75	1.72	1.69	1.69
就业乘数(人/亿元)	1800	1500	240	1020	220	350	110
影响力系数	1.45	1.44	1.44	1.43	1.43	1.43	1.43

从表 12 – 1 的计算数据可以看出，各部门的 GDP 乘数和影响力系数区
别并不大。七大部门中，铁路投资的影响力系数最大，为 1.45，水利、环
境、卫生、教育等投资的影响力系数均为 1.43。从 GDP 乘数来看，铁路投
资的 GDP 乘数最大，为 1.78；其次是水利投资，为 1.75；研发、环境、教
育、卫生等投资的 GDP 乘数略小，分别为 1.70、1.72、1.69 和 1.69。因
此，从拉动经济增长的角度来看，铁路、道路等交通设施项目投资与环境、
水利投资并没有显著差别。

（二）就业乘数

计算各部门投资的就业效应时，投入产出表的应用受到限制，由于统计
口径化，2003 年之后统计局不再发布按行业分的就业人员数，而只统计按
行业分的城镇单位就业人数。为此，我们通过计算城镇单位就业和城镇固定
资产投资的关系来估算我国投资的就业效应，然后再通过城镇就业占全国就
业的比重计算分部门投资对全社会就业的拉动效应。

表 21 - 2 各部门投资经济效益分析

单位：人/亿元

部门	铁路	道路	研发	水利	环境	卫生	教育
就业乘数	1800	1500	240	1020	220	350	110

　　交通设施项目投资与环境、水利、教育、卫生等投资的差别在于对就业的拉动作用上。交通设施项目由于产业链条长、产业关联度较高，对就业的拉动能力更强。如表 21 - 2 所示，每亿元铁路投资可带来约 1800 人的就业，道路为 1500 人，而研发、教育、卫生、环境等每亿元的投资带来的就业为 100 ~ 400 人。其中值得引起注意的是水利投资，每亿元水利投资可带来 1020 人的就业，与交通设施项目的就业带动作用差别不大。

三 实证分析及建议

（一）基础设施投资拉动作用测算

　　我们假定各部门的投资均增加 1000 亿元，即基础设施投资总共增加 7000 元，我们通过上文计算得到的 GDP 乘数计算投资增加对经济的拉动作用，如表 21 - 3 所示。

表 21 - 3 基础设施投资拉动作用测算

单位：亿元，个百分点

部门	铁路	道路	研发	水利	环境	卫生	教育	合计
直接带动	1000	1000	1000	1000	1000	1000	1000	7000
间接带动	2579.5	2566.5	2557.4	2523.6	2523.2	2525	2522.7	17797.9
拉动作用	0.29	0.28	0.28	0.29	0.28	0.27	0.27	1.9

　　计算结果显示，基础设施投资各部门对经济增长的拉动作用差别不大，1000 亿元的投资都可带来 0.25 ~ 0.30 个百分点的经济增长。换算可知，基础设施投资每增加 4000 亿元可带动经济增长 1 个百分点左右。

（二）建议

通过投入产出表分析可知，加大基础设施投资对拉动经济增长是非常必要的，也是切实可行的，基础设施各部门投资对经济的拉动作用差别不大，其差别主要体现在对就业的拉动作用上。因此在当前就业形势较好、经济增长下行趋势明显的情况下，加大基础设施投资，尤其是水利、科研、教育、卫生等缺口较大领域的投资，不仅可以拉动经济增长，还可有效地促进经济增长方式转变和民生改善。

第二十二章　美国旱灾导致我国输入型
通胀风险增加

一　美国旱灾导致玉米等粮食产量锐减

美国农业部监测数据显示，美国本土受中等程度以上干旱影响的区域已扩大至2/3，其中从西部加利福尼亚州到东部纽约州范围的干旱情况仍在加剧。美国农业部已将 31 个州共 1369 个县确定为受灾区，其中 1234 个县为干旱受灾区，全美有 79% 的玉米和 77% 的大豆谷物种植在受旱灾影响的区域内。根据美国农业部公布的农作物生长报告，截至 7 月 15 日，美国玉米生长优良率只有 31%，不及上年同期 66% 的一半，且仍在持续降低；大豆生长优良率为 34%，远低于上年同期的 64%。从当前情况来看，美国玉米和大豆全年的产量将最少下滑 20%。

二　历次美国自然灾害后国际粮价的波动

美国作为世界最大的玉米、大豆、小麦出口国，大豆和小麦产量占全球总产量的 40%，玉米出口量占全球玉米运输量的 50% 以上，其生产动向对全球粮食供给产生直接影响。同时因为玉米和大豆的储量相对较低，即使是收成的小幅下降，也会在全球粮食大宗商品市场引起强烈的连锁反应。从历史规律来看，大豆主产区发生旱涝灾害半年或一年左右，大豆价格涨幅在30%~160%。但价格波动涨幅并不完全取决于干旱程度，也受到当时全球和美国所处的经济周期和投机资金炒作影响。如1999年美国遭遇中等干旱，但受亚洲金融危机拖累，大豆价格处于从1998年高点回落的周期，没有更多流动性支撑价格上涨，大豆价格在4~6美元/蒲式耳震荡。2006年美国仅遭遇轻微干旱，但是正值全球经济过热时期，基金大肆渲染和炒作，大豆价格从2006年底开始飙高，2008年一度创下16美元/蒲式耳的最高历史纪录，涨幅超过150%，超过此前峰值的60%左右。

虽然自2011年下半年以来，国际粮食价格已经开始回落。联合国粮农组织发布的食品价格指数显示，2011年下半年以来粮食价格连续下跌，2012年上半年已低于2008年和2011年的同期水平。然而，近期美国大范围干旱使得国际粮价止跌反弹。截至7月20日收盘，芝加哥期货交易所大豆、玉米以及小麦期货价格已连续5周大涨，在过去短短的一个多月时间里，国际玉米、小麦价格的累计涨幅均超过45%，即使涨幅最小的大豆期货价格也接近25%。

三　预计本轮国际粮价上涨幅度不会超过2008年

本次美国大豆、玉米主产区普遍遭灾，全球经济正处于下行周期，美国复苏步伐缓慢，欧债危机导致欧盟经济继续衰退，中国等新兴市场国家也面临经济下滑风险，大量流动性从新兴市场和国际大宗商品市场撤离。因需求萎缩，国际油价从地缘政治导致的历史高点大幅回调，粮价飙高已经失去高油价的强有力支撑。而且，粮农产品的价格走势出现明显分化，大豆、玉米、小麦价格均超过2008年历史最高点，而大米作为主要口粮并没有出现较大供给缺口，价格只是在历史高位区间内运行。巴西作为全球第二大大豆出口国并没有减产迹象，有望替代美国成为大豆第一出口国。综上，预计2012年干旱所致涨幅不会超过2008年。

但是，这次价格涨幅也不会小，原因有：①大豆、玉米的金融属性不断增强，杠杆效应愈发明显，流动性进场集中炒作，可以导致涨幅较大；当前，国际投行纷纷看好农产品期货的行情。高盛将美国玉米亩产预估从143.5 蒲式耳下调至 126 蒲式耳，并将玉米未来 3 个月价格预估上调至每蒲式耳 9 美元，创历史纪录。英国巴克莱银行将三季度玉米价格预期上调至7.34 美元/蒲式耳，小麦价格预期上调至 8.29 美元/蒲式耳，大豆价格预期上调至 16.2 美元/蒲式耳。花旗银行将未来 3 个月大豆价格预估从 16.50 美元/蒲式耳上调至 18.75 美元/蒲式耳。另外，数据显示，大量资金正在涌入农产品期货。据美国商品交易委员会（CFTC）披露的每周持仓报告，截至7 月 17 日，基金在美国玉米上增持 20044 手多单，同时减持 4309 手多单，基金净多单由前一周的 194885 手升至 219238 手，这是连续第六周出现回升，目前净多头头寸已上升至一个多月来的高位。②美国干旱导致供给短缺，其他国家粮农产品出口政策可能会有明显调整，以保障本国粮食安全和国际贸易利益，更多受损的势必是粮农产品对外依存度较高的进口大国。受美国粮食产量预期下降的影响，全球第二大稻米、白糖和小麦生产国印度正计划调整出口政策，如果未来食品价格不断上涨，印度将减少主要农产品的出口。另一产量大国俄罗斯的粮食出口形势也不容乐观，俄罗斯农业部对外宣布，受恶劣气候条件的持续影响，2012 年俄罗斯粮食总产量预期将从8500 万吨下调至 8000 万吨。③世界粮食供给一直处于紧平衡状态，库存消费比一直在下降，价格对于供给短缺的冲击较为敏感。

对于大豆、玉米两个品种未来一段时期的涨幅可以分以下三种情景进行考虑。

乐观情景下，美国遭遇 15 年来最严重干旱，但其他大豆、玉米主产国没有遭灾，巴西等国供给增长部分弥补美国缺口。而且，美国旱灾能够在未来一两个月内得到缓解。大豆价格将在未来一到二个季度内达到峰值，预计在 18 美元/蒲式耳左右，此轮上涨幅度超过 60%。玉米价格将在未来一到二个季度内达到峰值，预计在 9 美元/蒲式耳左右，涨幅超过 60%。如果2013 年没有新的天灾发生，美国干旱导致的价格高涨有望在 2013 年二季度以后回调。

基准情景下，出现第三次粮食通胀，但是影响面和程度较小。天灾仅限于美国，主要国家粮农生产和贸易政策积极向好，而不是以邻为壑。没有重新开启国际油价和粮价相互拉涨、交替拉涨大宗商品价格的通胀循环。大豆和玉米价格将在未来半年内达到峰值，在 19～20 美元/蒲式耳，玉米价格峰值在 9～10 美元/蒲式耳，上涨幅度超过 80%。此后，将经历一个季度或半年左右的高位震荡。

悲观情景下，爆发 5 年来第三轮粮食危机，而且势头比前两次凶猛。除美国外，其他粮农产品主产国先后遭灾，基金有连续不断的炒作题材。同时，出现新的地缘政治危机或主要粮农出口国贸易政策发生明显变化。国际油价因地缘政治危机而重新抬头，粮油之间的价格拉涨又开始出现。大米、小麦继大豆、玉米之后价格超过历史高点且持续攀高。大豆和玉米价格将在未来半年或三个季度内达到峰值，大豆超过 21 美元/蒲式耳，玉米超过 12 美元/蒲式耳，上涨幅度超过 90%，甚至达到 100%，高位震荡的后续影响将超过 1 年。

这种情形发生的概率较小，因为目前全球处于经济下行周期，尚未走出欧债危机的泥沼，新兴市场经济国家经济下滑趋势明显，需求在短时间内不可能高涨。同时，在短期内发生地缘政治危机的可能性也较小。

四　国际粮价上涨对中国的影响

中国作为粮食进口大国，每年进口的大豆占世界贸易量的近一半，对玉米等主要粮食的进口也越来越多，国际粮价上涨必然会加大中国输入型通胀的压力，刚刚回落至 3% 以下的 CPI 可能被迫抬升。

分粮食品种看，谷物类价格受到的影响较小，这是因为中国谷物进口比重较低，且 2012 年夏粮丰收，有效地保障了供给，此外，政府保有大量粮食储备，调控严格，因此主粮价格受外盘影响较小。以小麦价格为例，2012年国内小麦连续第 9 年增产，但与往年不同的是，收购市场不仅没抢购，而且新麦上市后交易清淡，小麦价格呈现下跌态势。

大豆的情况截然不同，目前我国大豆进口对外依存度高达80%，每年仅从美国就要进口上千万吨，其受到的冲击不言而喻。历史数据显示，我国大豆价格与国际大豆期货价格之间存在2个月左右的时滞，二者的相关系数为0.5，且其波动幅度一般为国内豆类价格波动幅度的2～3倍。统计数据显示，2012年6月至7月23日，我国进口美豆价格由4289元/吨上涨至5303元/吨，进口成本累计上涨1014元/吨，价格涨幅达23.64%。由此，国内各主要农产品现货价格也普遍跟涨。其中张家港地区豆粕价格由3300元/吨上涨至4200元/吨，累计上涨900元/吨，涨幅达27.3%。当前CPI中，豆制品指数为101，若国际大豆价格出现上文中提到的乐观、基准和悲观情景下的上升，则我国豆制品指数在未来半年之内将分别上涨20%、30%和40%。

玉米方面，美国是全球玉米的主要生产国与出口国，我国目前每年也要进口玉米，但我国玉米以自给自足为主，进口占比约为3%，因此短期内受到的影响有限。

需要注意的是，如果美国灾情持续或再度恶化，其影响应该不单单是食品价格等问题，而是会波及全球实体经济。粮价持续高企，将导致通胀上升，直接抑制新兴经济体的增长活力。同时，通胀亦为各国货币政策带来困扰，因为通胀加速会让新兴市场减少对经济的刺激。在目前全球经济一体化的情况下，新兴经济体的宽松政策被通胀问题钳制，只会减慢全球经济复苏的速度。

五　应对措施

（一）坚持稳健的、总体可预期的货币政策

下半年，要密切关注国际国内经济形势及其影响，继续实施好稳健的货币政策，增强调控的针对性和前瞻性，注意把握好政策的节奏和力度，避免政策的大幅波动。要综合运用多种货币政策工具，有效管理流动性，保持合理的货币总量。

（二）抓住当前国内粮价平稳的有利时机，加强粮食储备

国际粮价的上涨预期，对我国粮食市场将产生重要影响，前几年我国部分地区出现的粮食惜售、屯粮等就是这种影响的体现，而一旦出现惜售和屯粮现象，则势必引发粮食价格的波动。但国际粮价对我国市场的影响存在一定的滞后期，因此要抓住当前我国粮食市场总体稳定的有利时机，加强粮食储备，以备必要时能够更加有力地防止粮食价格出现剧烈波动。

第二十三章 PMI 先行性分析及其应用

采购经理指数（PMI）是世界范围内广泛使用的经济运行先行指标，全球已有 20 多个国家和地区建立了此指数体系，有关机构还建立了跨国别的全球指数和区域指数。PMI 及其商业报告已成为世界经济运行活动的重要评价指标和世界经济变化的晴雨表，很多研究机构使用 PMI 预测近期 GDP 走势、经济转折点以及分析主要产业方面的信息。在我国，国家统计局和中国物流与采购联合会自 2005 年开始正式公布 PMI，受到社会各界的高度关注，成为各机构宏观形势分析的重要参考指标。但到目前为止，我国 PMI 相对于经济运行的先行性并没有得到系统性的研究和分析，导致 PMI 应用的理论基础不牢固。PMI 属于环比数据，而环比数据在进行分析使用前必须进行季节调整，当前关于 PMI 的季节调整存在很多争议，为此本章将在完善 PMI 季节调整的基础上，系统分析 PMI 相对于经济运行指标的相关性和先行性，且进一步构造 PMI 定量预测模型和构造新的合成指数，并给出 PMI 应用的相关建议。

一 PMI 的特征与季节调整

（一）PMI 的编制特征

PMI 是基于问卷调查的合成指数。PMI 调查采用非定量的问卷形式，即被调查者对新订单、生产量、从业人员、供应商配送时间、产成品库存、原材料库存、购进价格、采购量、积压订单、新出口订单、进口等 11 项指标做出定性判断，只需在（比上月）上升、不变或下降三种答案中选择一种。各项指标指数基于对三种答案的回答比例计算得出，再对生产量、新订单、从业人员、供应商配送时间、原材料库存五个分项指数加权计算得到制造业 PMI 综合指数，权重分别为 25%、30%、20%、15%、10%。因而根据 PMI 的编制原理，其应为环比数据。而环比数据的分析和使用必须建立在季节调整的基础上，正确的季度调整是正确应用 PMI 的前提。

（二）PMI 的季节调整现状

所谓季节调整，是指从时间序列中估计和剔除季节因素影响的过程，目的是反映序列真正的客观规律和趋势。具体而言，季节调整是对原始月度或者季度时间序列中隐含的由季节性因素引起的季节影响加以纠正的过程。季节调整后的数据消除了季节性因素的影响，使得不同时期的数据具有可比性。

目前业界对中国物流与采购联合会公布的 PMI 的季节性问题一直有很多说法，需要说明的是，当前发布的 PMI 是经过季节调整的，但是使用的方法是基于 PMI 数据采集特性的季节性调整，而非时间序列的调整。中国 PMI 所做的季节性调整建立在调查之前访问的基础上，然后确定调整因子，而不是采用时间序列的季节调整方法。当前，中国物流与采购联合会对每个行业、每个指数、每个月都有确定的调整因子，调整因子根据工作日、节假日、调查问卷受访者的季节答卷意向、行业特点等因素统计计算得出，是一个非常复杂的系统。中国物流与采购联合会认为季节调整技术是 PMI 调查的一项核心技术，因此对其进行保密。但粗略的方法是以工作日调整的除法模型为主、采购经理判断的开方模型为辅的季节调整方法，具体步骤如下。

1. 工作日调整

根据工作日的天数，去除节假日或者其他原因造成的给定月份之间的工作日的差别。通过除法模型，计算月份调整因子 f_1。

设第 i 月的日历天数为 d_0，需要扣除的天数为 d_{it}，调整后的天数为 d_{i2}，即有 $d_{i2} = d_0 - d_{it}$（其中，$i=1$，2，…，12）。

月份工作天数调整因子为：

$$f_1 = d_{i2}/d$$

2. 季节影响程度的调整

季节影响程度调整后所计算得出的因子是采购经理对于每个变量受季节影响程度的认可程度。季节影响程度因子计算公式为：

$$W_j = \sum_{k=1}^{N_j} \frac{I_{kj}}{N_i}$$

其中，W_j 为第 j 个变量的季节影响程度因子，I_{kj} 为认可第 j 个变量受季节因素影响，N_j 为填报第 j 个变量的企业总数。

3. 季节因素剔除程度调整

进行季节因素剔除程度调整时，采用开方模型。设第 j 个变量第 i 月的季节因素剔除因子为 a_{ij}，最终季节调整因子的计算公式为：

$$a_{ij} = W_j \sqrt{f_i}$$

其中，$i=1$，2，…，12；j 为变量代码。

最后，将第 i 月的数据除以季节因素剔除因子 a_{ij} 得到最终结果。

但从调整后的 PMI 来看，其季节波动性仍未完全消除，如图 23-1 所示，即每年的 3 月和 4 月，PMI 都会出现显著的上升，这和春节对 1 月和 2 月的工业生产造成的影响直接相关，并不能反映 3 月和 4 月经济的真实走势，对 PMI 季节性的自相关系数的定量分析也得到了相同的结论。

（三）对 PMI 季节调整的完善

从以上分析看，要检验 PMI 与经济运行的联系就需要对 PMI 作进一步的季节调整，以去除季节波动因素，反映真实波动情况。

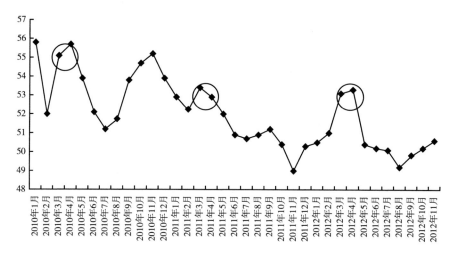

图 23 – 1　PMI 季节波动示意

1. 从分项指数的关系来看，直接调整法更可取

在季节调整方法的实际应用之前，首先需要针对 PMI 总指数和各分散指数的情况，确定使用何种方法和模型来进行最优的季节调整，需要甄别选择直接调整法还是间接调整法。通常而言，当构成总序列的各分序列具有完全不同的季节影响模式时，常采用间接调整法；而当各分序列具有较相似的季节影响模式时，则采用直接调整法。从构成 PMI 的 5 个指数波动来看，生产量指数和新订单指数受季节因素影响的大小较为接近，其余 3 个指数较为相近，故直接调整法和间接调整法均可采用。但如果对于各项分散指数的认识过于精细，则对 PMI 总指数的了解反而会越来越零碎、模糊，这与欧盟统计局在理论上认为 "使用直接调整法会获得更高质量的总量序列" 的结论相一致。因此，我们认为，PMI 的季节调整采用直接调整法更可取。

2. 当前 PMI 长度满足了时间序列季节调整的需要

如果要做通常意义上的时间序列的季节性调整，必须有足够长的数据系列，一般是 10 年左右，只有数据系列有足够的季节对应点，可以完全消除不正常年份对调整因子的不良影响，才可以进行数学调整。当前我国的 PMI

已经发布了8年多，有近100个样本点，可以说从统计上基本满足了进行时间序列季节调整的要求。

3. 基于欧美使用经验开发的X－13方法更符合中国的情况

当前时间序列的季节调整方法中，应用最为广泛的就是 X－11 和 X－12 方法，而且美国和欧盟对 PMI 进行季节调整时也都采用了这种方法。但是 X－11 和 X－12 方法在中国的应用却面临一定的限制，主要原因在于，第一，中国的传统节日多以农历计算，因此对应到公历上出现节日所在月份不确定的现象，如春节有时在 1 月，有时在 2 月，而 X－11 和 X－12 方法的调整都是基于公历进行的。第二，X－11 和 X－12 方法的调整中包含大量的美国节日，这对我国并不适用。因此，很多国家在使用 X－11 和 X－12 方法进行季节调整时都进行了进一步的修正，我国也不例外，2011 年国家统计局开始发布环比数据时，也是基于 X－11 和 X－12 方法进行了修正，开发了更适于我国情况的 X－13 方法。

关于 PMI 季节调整方法的另外一个考虑是，使用其他类似数据的调整因子。例如我们可以使用与 PMI 高度相关的工业增加值数据系列得到一系列的季节调整因子对 PMI 基础数据进行季节调整，但是这样做的后果：一是数据调整后会与增加值数据高度同步相关，二是数据调整后已经不是真正的 PMI 数据了。综上所述，我们认为采用 X－13 方法对 PMI 进行直接调整最为合理。

4. 使用 X－13方法调整后，PMI 的季节性基本消除

使用 X－13 方法对 PMI 进行季节调整后，其季节相关性检验如图23－2所示，对比分析可以看出，其季节性得到基本的消除。对 PMI 各分项指数进行季节调整后，也取得了类似的效果①。因此在下文的分析中，我们主要使用本部分调整得到的 PMI 和各分项指数序列进行分析。

①　PMI 综合指数及各分项指数季节调整后的数据和季节性检验图见本章附录。

Autocorrelation	Partial Correlation		AC	PAC	Autocorrelation	Partial Correlation		AC	PAC
		1	0.779	0.779			1	0.863	0.863
		2	0.512	−0.242			2	0.666	−0.314
		3	0.373	0.180			3	0.527	0.186
		4	0.284	−0.057			4	0.429	−0.049
		5	0.252	0.135			5	0.331	0.068
		6	0.182	−0.169			6	0.201	−0.175
		7	0.044	−0.127			7	0.076	−0.021
		8	−0.082	−0.089			8	−0.021	−0.056
		9	−0.109	0.109			9	−0.053	0.152
		10	−0.100	−0.064			10	−0.071	−0.106
		11	−0.041	0.187			11	−0.124	0.100
		12	0.023	0.004			12	0.172	0.034
		13	−0.058	−0.250			13	−0.168	−0.085
		14	−0.124	0.086			14	−0.134	0.038

图 23 - 2　PMI 序列季节性检验（左图为原序列，右图为调整后序列）

二　PMI 与经济指标之间的相关性及先行性分析

研究 PMI 和不同经济指标之间的相关性和先行性，看似一项非常简单的工作，实则比较复杂，因为单纯从数据意义上讲，每个数据系列的每个指标都有 5 个以上的衍生值，包括绝对值、同比增长率、环比增长率、同比增长率变化值、环比增长率变化值等。我们对这些数据的衍生值进行排列组合后做相关性分析，首先从经济学理论上删除不合理的组合，然后对符合理论和实际的组合做一一对应的相关性和先行性分析。

（一）PMI 综合指数与经济总量的相关性和先行性

分析 PMI 和经济运行的相关性和先行性，首先要选择经济运行的代表指标。GDP 作为经济运行总体指标最能表示经济运行的状况，但是当前国内生产总值指数只有季度数据，因此要考察 PMI 综合指数和国内生产总值指数的相关关系，需要对 PMI 数据进行处理。本章使用季度平均的 PMI 综合指数和当季的国内生产总值指数进行分析。结果表明，二者具有较高的相关性，相关系数达到 0.8，但是不具有先行性。同时我们发现，当 PMI 在49.9%以上时，经济增长速度可保持在8%以上，当 PMI 在 50.9%以上时，经济增长速度可达到9%以上。

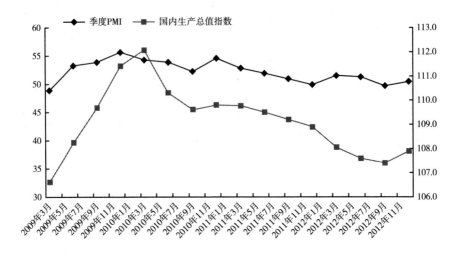

图 23 - 3　季度 PMI 与国内生产总值指数

GDP 数据是季度发布的，频率较低，而先行性分析就是分析指标的领先时间，所以选择季度 GDP 增长速度可能会降低先行性分析的准确度，我们需要选择既能够代表经济运行的总体状况，又具有较高发布频率的指标。就我国情况而言，2000 年以来，工业增加值占 GDP 比重在 40% 以上。无论在周期划分还是在周期持续时间方面，工业与整个国民经济基本保持了同步性，GDP 增速与工业增加值增长率的同期相关系数达到 0.91，且工业增加值的波动幅度更大，更为敏感。基于以上原因，选择工业增加值增长率作为经济运行的代替指标。

进行相关分析之前，首先需要对两列数据进行显著性检验，但数据样本较长，从 2010 年 1 月至 2012 年 12 月，共计 36 个样本①，因此相关测算的误差不会很大，根据学界一般经验，可不用进行显著性检验；其次通过散

---

① PMI 和相关经济指标的相关性分析最长可用的样本范围为 2005 年 1 月至 2012 年 12 月，但是本章中选择的样本范围为 2010 年 1 月至 2012 年 12 月，之所以这样选择主要是基于以下考虑：首先，必须满足统计检验对数据长度的要求；其次，尽量使用最新的样本进行分析，以反映数据之间关系的最新特点，为当前的判断和使用提供依据。在下文的检验中，如无特别说明，样本期都是 2010 年 1 月至 2012 年 12 月。

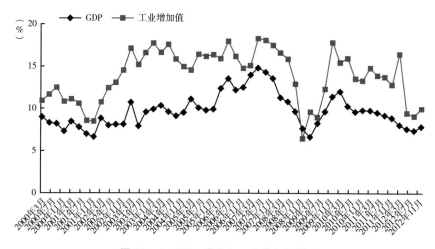

图 23 - 4　GDP 增速和工业增加值增速

点图观察，二者的残差分布处于正常函数区间，不存在极端值的干扰，计算的相关系数信息的有效性可以得到保证。散点图如图 23 - 5 所示。

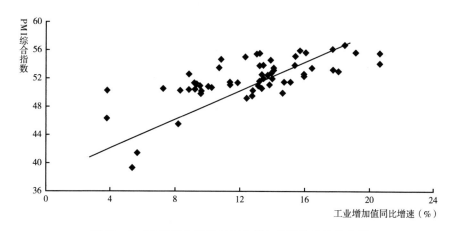

图 23 - 5　PMI 综合指数与工业增加值同比增速散点图

我们选择通用的时差相关法分析 PMI 综合指数和工业增加值之间的相关性和先行性，检验结果如表 23 - 1 所示。发现季节调整后的 PMI 综合指数与工业增加值增长速度的走势更为相近，二者的相关性增强，相关系数达到 0.73，说明在经过一定的数据加工和提炼后，PMI 序列的规整性增强，而且数据调整后 PMI 综合指数与调整之前相比还具有了一定的先行性。

表 23 - 1   PMI 综合指数与工业增加值相关性和先行性

项目	同比增速	环比增速	同比增速变化
PMI	0.6523(0)	0.3087(0)	相关性不显著
PMI 季节调整后	0.7307(1)	0.3114(1)	相关性不显著
PMI 变化	相关性不显著	相关性不显著	相关性不显著
PMI 季节调整变化	相关性不显著	相关性不显著	相关性不显著

注：表中的相关系数为最大相关系数，括号内的数字代表先行期数，如为零，则不存在先行性。另外需要说明的是，因为我国公布环比数据的时间较短，且只公布了几个宏观变量的环比数据，本章中使用的数据是笔者通过 X - 13 方法调整得到。下同。

但是我们注意到，PMI 综合指数与工业增加值同比增速的相关性显著高于与环比序列的相关性，这好像与 PMI 序列的性质不符。前文中指出，PMI 是样本企业的采购经理根据本月相对于上月变化给出的判断，数据性质属于环比序列，理论上应该与工业增加值的环比增速具有更高的相关性。需要指出的是，PMI 更多用于表示工业增加值增速变化的方向，其具体数值并不具有非常强的参考性，因此我们进一步考察 PMI 综合指数的变化方向和工业增加值增速的变化方向的一致性则更具参考价值。结果如表 23 - 2 所示，PMI 综合指数变化方向与工业增加值环比增速的变化方向具有更强的一致性，尤其是经过季节调整后的 PMI 综合指数和工业增加值环比增速变化方向的一致性得到进一步加强，达到70%。

表 23 - 2   PMI 综合指数与工业增加值变化方向一致性

单位：%

项目	同比增速	环比增速
PMI	56	62
PMI 季节调整后	47	70

（二）PMI 各分项指数与主要工业指标之间的关系

PMI 的分项指数涵盖了生产、库存、出口和价格等多个领域，考虑到数据的可得性问题，我们分别分析 PMI 分项指数与工业生产总值、工业产成品库存、工业行业出口交货值以及 PPI 等 4 个具有代表性的指标的相关与先行关系。

1. 生产量指数与工业总产值

PMI 中生产量指数是指企业报告期内生产的符合产品质量要求的主要产品的实物数量。工业总产值代表的是工业企业生产的符合产品质量要求的主要产品的价值。按照定义，二者之间应该具有较好的相关性。通过定量分析发现，二者之间确实存在较强的相关性，且 PMI 经过季节调整后，对工业总产值的相关性和先行性都得到了一定程度的改善，相关系数达到了 0.5 左右，但是不具有先行性。

表 23 - 3　生产量指数与工业总产值相关性及先行性分析

项目	同比增速	环比增速	同比增速变化	环比增速变化
PMI	0.4440(0)	不显著	0.2891(0)	0.2293(2)
PMI 季节调整后	0.5021(0)	0.2783(2)	0.3277(0)	0.2145(1)
PMI 变化	不显著	0.4946(0)	不显著	0.3385(1)
PMI 季节调整变化	不显著	0.3221(2)	0.2460(2)	0.3563(2)

进一步分析生产量指数和工业总产值变化方向的一致性，结果如表 23 - 4 所示。生产量指数在经过季节调整后与工业总产值环比增速的一致性得到进一步加强，达到 69%，远高于与工业总产值同比增速的一致性。

表 23 - 4　生产量指数与工业总产值变化方向一致性

单位：%

项目	同比增速	环比增速
生产量指数	52	62
生产量指数季节调整后	41	69

2. 产成品库存指数与工业产成品库存①

产成品库存指数衡量的是样本企业报告期末止已经生产并验收入库但尚未售出的主要产品的产成品库存的实物数量，与统计指标中的工业产成品库存具有很强的对应关系。通过相关性分析和先行性分析发现，二者的相关性很强，尤其是当 PMI 经过季节调整后，与工业产成品库存同比增速的相关系数更是达到了 0.74，且具有一期的先行期。

表 23 - 5　产成品库存指数与工业产成品库存相关性及先行性分析

项目	同比增速	环比增速	同比增速变化	环比增速变化
PMI	0.4771(0)	0.4210(0)	0.4930(0)	0.4126(0)
PMI 季节调整后	0.7399(1)	0.4188(2)	0.5484(0)	0.3221(1)
PMI 变化	不显著	0.2861(0)	0.3877(0)	0.5334(0)
PMI 季节调整变化	不显著	0.2387(1)	0.4854(2)	0.4066(3)

进一步分析产成品库存指数和工业产成品库存变化方向的一致性，结果如表 23 - 6所示。产成品库存指数在经过季节调整后与工业产成品库存环比增速的一致性得到进一步加强，达到 67%，远高于与工业产成品库存同比增速的一致性。

表 23 - 6　产成品库存指数与工业产成品库存变化方向一致性

单位：%

项目	同比增速	环比增速
产成品库存指数	54	58
产成品库存指数季节调整后	52	67

3. 出口订单指数变化与工业行业出口交货值

出口订单指数衡量的是样本企业在报告期内产品订货中用于出口的部分，其在统计指标中的直接对应指标就是工业行业出口交货值。定量分析发

---

① 由于统计数据缺失，在分析产成品库存指数与工业产成品库存相关和先行性关系时，我们选取的样本期间为 2011 年 1 月至 2012 年 12 月。

现，PMI 与工业行业出口交货值之间存在较强的相关关系，尤其是经过季节调整的 PMI 与工业行业出口交货值同比增速的相关系数达到了 0.64，但是不具有先行性。而经过季节调整后的 PMI 的变化与工业行业出口交货值环比增速变化之间具有 0.3 以上的相关性，具有两期的先行期。

表 23 - 7　出口订单指数与工业行业出口交货值相关性及先行性分析

项目	同比增速	环比增速	同比增速变化	环比增速变化
PMI	0.5744(0)	不显著	不显著	不显著
PMI 季节调整后	0.6400(0)	不显著	不显著	不显著
PMI 变化	不显著	0.2823(0)	0.2572(3)	0.3338(0)
PMI 季节调整变化	不显著	0.2794(1)	0.3059(2)	0.3098(2)

分析出口订单指数和工业行业出口交货值变化方向的一致性，结果如表 23 - 8所示。出口订单指数在经过季节调整后与工业行业出口交货值环比增速的一致性得到进一步加强，达到 71%，远高于与工业行业出口交货值同比增速的一致性。

表 23 - 8　出口订单指数与工业行业出口交货值变化方向一致性

单位：%

项目	同比增速	环比增速
出口订单指数	441	67
出口订单指数季节调整后	61	71

4. 购进价格指数与 PPI 的关系

购进价格指数衡量样本企业在报告期内购进的主要原材料（包括零部件）的价格水平，对于报告期内购进多种原材料的企业，按照一种或者几种主要原材料价格趋势来进行判断，通常只考虑多种价格的简单平均。分析购进价格指数和 PPI 的相关性和先行性，结果如表 23 - 9 所示。二者之间的相关性非常强，尤其是 PMI 的变化和 PPI 环比增速变化之间的相关关系非常强，且具有先行性，这为我们判断 PPI 的变化提供了参考。

表 23 - 9　购进价格指数与 PPI 相关性及先行性分析

项目	同比增速	环比增速	同比增速变化	环比增速变化
PMI	0.7625(2)	0.9633(0)	0.6817(0)	0.2382(0)
PMI 季节调整后	0.7896(2)	0.8989(0)	0.6678(0)	0.1871(0)
PMI 变化	不显著	0.4740(1)	0.3511(1)	0.8906(0)
PMI 季节调整变化	不显著	0.3954(1)	0.3346(1)	0.7950(1)

进一步分析购进价格指数和 PPI 变化方向的一致性，结果如表 23 - 10 所示。季节调整后的购进价格指数和未经调整的购进价格指数与 PPI 环比的一致性得到进一步加强，达到 95%，远高于与同比 PPI 的一致性。

表 23 - 10　购进价格指数与 PPI 变化方向一致性

单位：%

项目	同比增速	环比增速
购进价格指数	59	95
购进价格指数季节调整后	57	95

（三）汇丰 PMI 与相关经济指标相关性分析

1. 官方 PMI 和汇丰 PMI 的关系

官方 PMI 始于 2005 年 1 月，汇丰 PMI 始于 2005 年 9 月，截至 2012 年 12 月，共有 88 组数据，但同样作为反映经济走势的指标，官方 PMI 和汇丰 PMI 走势屡次出现明显背离的情况，两者出现相反走势的情况多达 24 次。这意味着在过去的 7 年多的时间里，官方 PMI 和汇丰 PMI 有近三分之一的月度数据走势相反，如图 23 - 6 所示。

很多研究者从多个方面对这种背离进行解释，比如受到季节调整因素的影响，样本选取对象存在差异，不同群体对宏观经济感受和心理预期不同等。本章也对此现象进行了分析，主要结论如下。

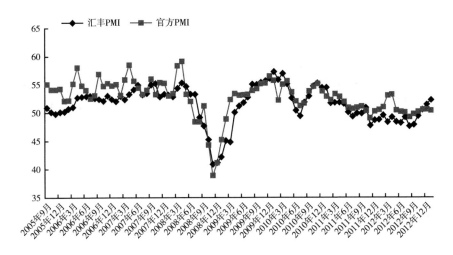

图 23 - 6 官方 PMI 与汇丰 PMI 走势

第一，季节调整因素并非是造成二者背离的主要原因。我们使用 X - 13 方法对官方 PMI 进行季节调整后再与汇丰 PMI 数据进行对比分析，发现二者出现走势相反的情况仍然有 20 余次，虽然比未进行季节调整前稍有降低，但是不能说季节调整因素是二者出现背离的主要原因。

第二，样本选取对象差异能够在一定程度上解释二者的背离。官方 PMI 采用 PPS① 抽样，根据所在行业及企业对 GDP 的贡献度、大中小企业类型、所处地区等因素综合考虑，样本量为 800 多家企业。在抽样的时候尽管考虑了小型企业，但更多的是考虑经济中重要的国有大型企业。因此，官方 PMI 更多的是反映大中型企业的情况。而汇丰 PMI 的样本量仅有 400 多家企业，样本主要集中在出口型企业和小微企业，更多的是反映中小企业的情况。这从官方 PMI 的分企业规模的 PMI 数据中可以得到验证。如 2012 年 3 月，大型企业 PMI 为 54.3%，比上月提高 3.5 个百分点，中型企业 PMI 为 50.4%，比上月提高 0.9 个百分点，小型企业 PMI 为 50.9%，比上月大幅回落 4.3

---

① PPS 抽样调查法是指按照规模大小成比例的概率抽样方法。它是一种使用辅助信息从而使每个单位均有按照其规模大小成比例被抽中概率的抽样方式。

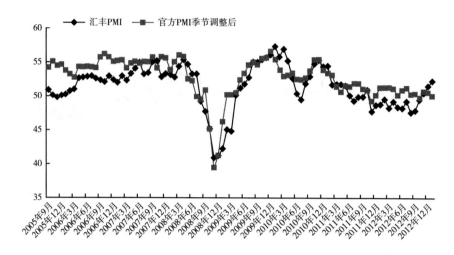

图 23 – 7　季节调整后官方 PMI 与汇丰 PMI 走势

个百分点。①

2. 汇丰 PMI 与中小企业工业增加值增速相关性及先行性分析

鉴于汇丰 PMI 中的样本企业多为中小型企业，我们试图定量分析汇丰 PMI 和中小型企业之间的相关性和先行性。如图 23 – 8 所示，直观来看，汇丰 PMI 和集体企业工业增加值同比增速之间存在较强的相关性②。尤其是当企业增长出现较大波动时，汇丰 PMI 很好地反映了波动的情况，如 2008 年下半年到 2009 年，汇丰 PMI 的走势和企业增长速度非常吻合。

定量来看，汇丰 PMI 和中小企业工业增加值同比增速之间的相关系数为 0.62，具有较强的相关性，但是低于与规上企业的相关性，环比数据的分析结论也是如此。

---

①　由于官方 PMI 中分企业规模指数只从 2012 年 2 月开始公布，我们无法得知更多的历史信息。

②　当前统计数据中并没有中小企业工业增加值的统计数据，所以我们在下文的分析中用集体企业工业增加值的数据近似替代。

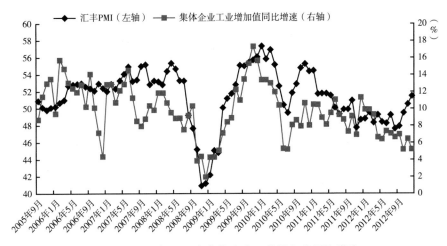

图 23 – 8 汇丰 PMI 和集体企业工业增加值同比增速

表 23 – 11 汇丰 PMI 与中小企业工业增加值相关性和先行性

中小企业	同比增速	环比增速*	同比增速变化	环比增速变化
汇丰 PMI	0.6206（0）	0.2356（2）	不显著	不显著
汇丰 PMI 变化	不显著	0.2442（2）	0.3377（0）	0.2594（2）
规上企业	同比增速	环比增速	同比增速变化	环比增速变化
汇丰 PMI	0.7680（0）	0.2974（0）	不显著	0.3456（0）
汇丰 PMI 变化	不显著	不显著	不显著	0.3635（5）

注："*"由于中小企业工业增加值没有绝对数据，无法精确得到中小企业环比增速，我们只能用中小企业工业总产值的环比增速近似代替工业增加值的环比增速。

按照上文的分析思路，我们在分析相关系数的基础上，进一步分析汇丰PMI 与中小企业和规上工业增长变化的方向一致性问题，结果如表 23 – 12 所示。汇丰 PMI 与中小企业环比增速变化方向具有最强的一致性，达到 62%，高于与规上工业变化的一致性。这一分析结论也与汇丰指数的对象构成相一致。

表 23 – 12 汇丰 PMI 与企业增速一致性分析

单位：%

项目	中小企业 同比增速	中小企业 环比增速	规上工业 同比增速	规上工业 环比增速
PMI	51	62	51	57

三　PMI 定量预测模型的构建[①]

上文相关分析结论表明，季节调整后的 PMI 与经济指标同比增速间的相关性最为紧密，在此基础上，我们希望建立 PMI 的定量预测模型，充分发挥 PMI 作为先行指标的作用，为定量分析未来经济指标的走势提供依据。

（一）基本思路和方法

预测是一个非常复杂的工作，首先要判断利用何种领先指标。在一个经济周期内，不同数据发生变化的时点不同。从第一个领先数据到最后一个滞后数据变化，需要经历 2~3 年的时间。其间经济环境的特点不一样，各种数据提示的意义也不一样。在同一个数据系列里，虽然同一数据系列内的各同类指标都会拟合相关，但不同指标变化的时点也会有所不同。因此，预测模型构建的总体思路即以相关性分析为基础，结合多种因素进行多元回归。模型的构建以形势分析使用为目的，重点放在使用 PMI 预测工业增加值增速以及 GDP 增速上。

（二）GDP 增速预测方程的构建

GDP 是一个非常复杂的计算数据，且是当前政策制定最重要的风向标，因此 GDP 的预测是非常重要也是非常复杂的。上文中，我们分析了 PMI 和 GDP 增速之间的关系，央行也于 2006 年开始着手这方面的分析工作，主要方式是将 PMI 数据年化后，对折年的 GDP 增速进行预测。但由于当时 PMI 序列较短，央行只是得到了一个非常粗略的分析结论，即当 PMI 综合指数在 53% 左右时，我国的 GDP 增速相应可以达到 10% 左右。当前，PMI 数据序列已经能够提供更加丰富的信息，且近几年宏观经济环境发生了急剧变化，数据之间的关系也发生了一定的变化，因此重新使用 PMI 预测 GDP 增

---

① 若无特别说明，本章在构建预测模型时使用的 PMI 都是经季节调整后的。

速是必要的，也是可行的。

在拟合回归方程之前，我们首先检验数据的平稳性，检验结果显示，PMI和GDP季度增速都满足数据平稳性的要求，可以直接使用进行回归分析。我们使用季度的GDP增速和季度化的PMI进行回归分析，可得到PMI和GDP增速之间的函数关系。拟合方程如表23 - 13所示[①]。

表 23 - 13　GDP 增速和 PMI 回归方程

Dependent Variable:GDP			
Variable	Coefficient	Std. Error	t-Statistic	Prob.
C	102. 5260	3. 453789	29. 68507	0. 0000
PMISA(-1)	0. 146723	0. 062823	2. 335519	0. 0275
AR(1)	0. 754878	0. 143425	5. 263225	0. 0000
MA(1)	0. 655149	0. 159972	4. 095405	0. 0004
R-squared	0. 859220	Mean dependent var		110. 4226
Adjusted R-squared	0. 842976	S. D. dependent var		2. 261295
S. E. of regression	0. 896066	Akaike info criterion		2. 741961
Sum squared resid	20. 87630	Schwarz criterion		2. 928787
Log likelihood	- 37. 12941	F-statistic		52. 89512
Durbin-Watson stat	1. 992713	Prob(F-statistic)		0. 000000

从上述拟合方程来看，方程通过了相关的统计检验，调整的 R^2 达到了 0.84，DW 检验也达到了 1.99。为了更加直观地反映预测方程的拟合效果，图 23 - 9 给出了方程的拟合效果。可以看出，方程的拟合效果不错，尤其是在 2009 年以后，二者的拟合关系更好，拟合出了 GDP 增长的趋势和波动。通过对 2011 年一季度至 2012 年三季度范围内一步向前滚动预测发现，模型的预测精度较高，平均误差可控制在 5% 左右。

----

① 由于GDP增速只有季度数据，在构建方程时我们没有采用本章中统一采用的2010年1月至2012年12月的样本范围，而是使用了2005年一季度至2012年四季度的样本范围，其中PMI为季度平均数据。

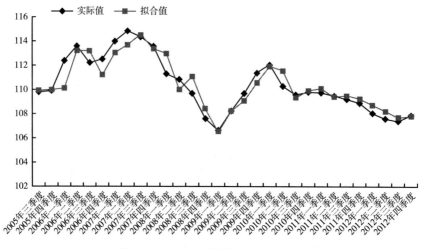

图 23 - 9　GDP 预测方程预测效果

（三）工业增加值预测方程的构建

按照上文的分析，我们可以使用回归的方式对当月及以后几个月的工业增加值进行预测，但是由于数据存在短期波动，预测结果的置信区间会比较大，在实际应用时应尽可能剔除短期波动和干扰因素对预测结果的影响，我们希望使用 PMI 的移动平均值来预测工业增加值的移动平均值。国家统计局不公布工业增加值的绝对值，而使用同比增长速度换算环比增速又存在很大的误差，因此定量分析中最好还是直接采用工业增加值的同比增速作为被预测值，使用季节调整后的 PMI 及其滞后期作为解释变量。同时需要注意的是，工业增加值的累计增长速度并不是工业增加值增速的移动平均值，同时我们在使用移动平均值预测方程得到预测结果后，需要对预测数据进行还原处理，才能得到工业增加值的月度同比增长速度。

在构建预测方程之前，首先检验数据的平稳性。经过 PDF 检验可知，移动平均后的工业增加值月度同比序列和 PMI 序列都是平稳的，可以直接用来构建方程①。构建的预测方程如表 23 - 14 所示。

---

① 和上文保持一致，工业增加值预测方程使用的样本范围为 2010 年 1 月至 2012 年 12 月。

表 23 - 14　工业增加值回归方程

Dependent Variable:INDUS			
Variable	Coefficient	Std. Error	t-Statistic	Prob.
PMISA(-1)	0. 239238	0. 016500	14. 49939	0. 0000
AR(1)	1. 712071	0. 080609	21. 23930	0. 0000
AR(2)	- 0. 777536	0. 081877	- 9. 496432	0. 0000
R-squared	0. 990461	Mean dependent var		13. 37219
Adjusted R-squared	0. 989883	S. D. dependent var		2. 993378
S. E. of regression	0. 301089	Akaike info criterion		0. 516836
Sum squared resid	2. 991610	Schwarz criterion		0. 648796
Log likelihood	- 6. 303057	Durbin-Watson stat		1. 866407

从上述拟合方程来看，回归方程经过了相关的统计检验，调整的 R^2 达到了 0.99，DW 检验也达到了 1.87，方程的拟合效果非常好。为了更加直观地反映预测方程的拟合效果，图 23 - 10 给出了方程的拟合效果。通过对 2012 年 1 月至 2012 年 11 月范围内一步向前滚动预测发现，模型的预测精度较高，平均误差可控制在 6% 左右。

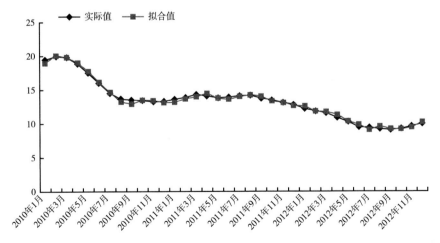

图 23 - 10　工业增加值方程拟合效果

四 PMI合成新指数

为充分发挥 PMI 的作用，我们构建了 PMI 新的合成指数。实际应用中也发现，这些新的合成指数能够更早地发现行业经济的拐点，但也发现，拟合指标更多地反映变动趋势，而不太适用于量化分析。本章构建了以下新的合成指数。

（一）"新订单—新出口订单"

"新订单—新出口订单"指标可以反映内需与出口比例。如图 23 - 11 所示，2012 年下半年以来，企业内需与出口的比例持续上升，这也反映了 2012 年以来世界经济复苏进程迟缓对我国企业出口造成的影响。

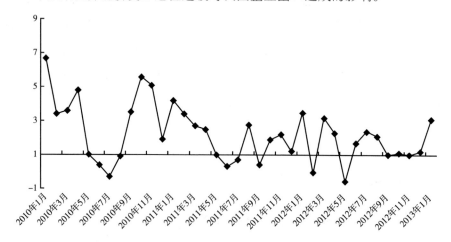

图 23 - 11 企业内需与出口比例指标

我们进一步检验该指标和经济指标之间的关系，通过工业销售和工业出口交货值来构建工业内需与出口的比例关系，通过相关系数分析，我们发现，二者之间的同比相关系数最高达到 0.4，且具有 6 期的先行期。环比分析得到的结论为二者的相关性也较高，相关系数达到 0.42，具有 2 期的先行期。在使用该指标进行分析时，我们可以根据该指标的变化判断未来的企业内需与出口的变化趋势。与上文的分析相同，为排除数据波动对相关系数的影响，我们继续分析兑减指标和经济指标变化方向的一致性，如表 23 – 15 所示。

表 23 – 15　兑减指数与经济指标变化一致性分析

单位：%

项目	同比增速	环比增速
兑减指数	47	65

（二）"原材料库存—产成品库存"

"原材料库存—产成品库存"指标可以反映销售的情况。如图 23 – 12 所示，自 2011 年以来，企业销售情况逐渐恶化。

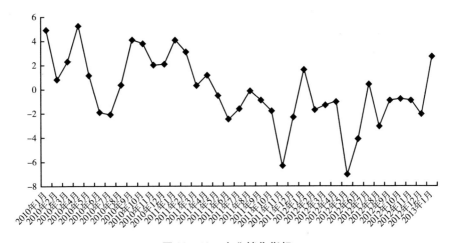

图 23 – 12　企业销售指标

同样我们分析一下该兑减指标和经济指标之间的对应关系。我们用工业销售收入指标反映企业的销售情况，通过分析该兑减指标和工业销售收入同比增速的相关性和先行性，我们发现，二者的相关性较强，为 0.55，且具有 5 期的先行性；分析该兑减指标和工业销售收入环比增速的相关性和先行性，发现二者的相关性和先行性依然显著，二者的相关系数为 0.3，且具有 3 期的先行期。

表 23 - 16　兑减指数与经济指标变化一致性分析

单位：%

项目	同比增速	环比增速
兑减指数	55	71

（三）"新订单—产成品库存"

"新订单—产成品库存"指标可以反映企业的生产动力。如图 23 - 13 所示，自 2011 年以来，企业生产动力持续下降，反映了需求下降对企业的影响。

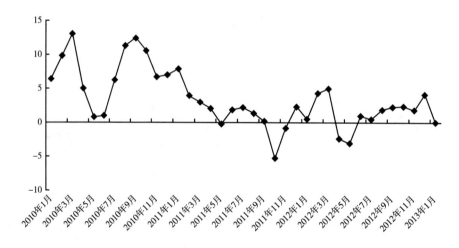

图 23 - 13　企业生产动力指标

五　结论与建议

一是季节调整后的 PMI 更具参考性。通过文中对 PMI 综合指数和工业增加值、PMI 各分项指数和相应的经济指标的相关性和先行性分析发现，经过季节调整后的 PMI 和相应指标的相关性和先行性、与经济指标变化的方向一致性都得到了显著加强。因此季节调整后的 PMI 更具有参考性。但是季节调整具有一定的主观性，不同的操作者进行调整可能得到不同的结果，这可能会造成一定的混乱。因此建议中国物流与采购联合会能够尽快组织力量进行 PMI 的季节调整，并且尽早发布结果。

二是 PMI 更加适用对统计指标环比变化方向的分析。根据 PMI 的编制原理可知，PMI 为环比数据。且通过文中分析发现，PMI，尤其是季节调整后的 PMI 和统计指标环比变化方向具有较高的一致性，可达到 70% 左右，这为我们分析相应统计指标的走势提供了有益的参考。

三是借助 PMI 分项指数构造新的合成指数，进一步拓宽 PMI 的应用范围。当前的 PMI 由 1 个综合指数和 11 个分项指数构成，可反映其相对应的经济运行情况。但是我们通过 PMI 分项指数的兑减构造出新的合成指数，可以从更多角度、更深层次反映经济运行的情况。

四是在使用 PMI 进行预测，尤其是月度预测时，由于数据的波动性较高，预测结果的置信区间会比较大。此时，使用移动平均的方法进行预测，再进一步还原为原值，可以在一定程度上剔除短期波动和干扰因素对预测结果的影响，得到更高的预测准确性。

附　表

附表 1　季节调整后的 PMI

时间	积压订单	供应商送货时间	从业人员	新出口订单	进口	产成品存货	新订单	PMI	购进价格指数	生产量	采购量	原材料库存
2005 M01	48.2	50.6	50.4	61.7	55.2	46.5	61.8	55.9	66.1	58.9	59.5	49.2
2005 M02	51.3	50.7	51.4	62.8	56.7	47.6	62.9	56.2	65.6	59.0	61.9	49.3
2005 M03	46.6	50.2	50.7	59.2	52.3	46.5	59.6	55.4	69.7	62.4	58.2	46.5
2005 M04	48.3	50.5	50.5	54.1	50.0	46.9	55.0	52.9	58.5	56.2	55.0	46.9
2005 M05	47.5	50.8	50.0	55.7	49.9	46.5	54.4	52.4	47.4	55.7	54.1	45.8
2005 M06	48.3	51.0	49.9	55.8	49.1	46.6	54.6	52.0	46.9	55.7	54.3	44.9
2005 M07	49.4	52.2	50.4	54.6	52.2	46.4	56.8	53.0	51.7	56.7	55.2	43.9

续表

时间	积压订单	供应商送货时间	从业人员	新出口订单	进口	产成品存货	新订单	PMI	购进价格指数	生产量	采购量	原材料库存
2005M08	48.5	51.4	50.9	54.6	50.8	45.3	57.4	53.7	53.3	58.2	55.6	45.0
2005M09	48.2	51.2	50.5	56.4	53.0	46.0	57.4	54.2	54.7	58.5	56.7	46.8
2005M10	48.9	51.6	49.8	56.4	53.4	46.0	59.7	55.1	56.4	61.2	58.6	46.3
2005M11	49.0	52.1	51.7	58.0	53.0	44.7	58.8	54.5	51.8	58.0	56.0	46.5
2005M12	50.1	52.3	51.0	57.5	52.0	45.2	59.3	54.7	52.9	58.2	58.0	47.5
2006M01	49.4	51.0	51.6	55.7	51.4	45.3	57.3	53.8	56.9	56.8	57.0	47.3
2006M02	48.5	49.8	51.2	54.7	51.6	45.3	56.7	53.2	55.3	55.0	55.4	46.5
2006M03	49.4	50.8	50.4	54.0	50.9	46.4	56.7	52.7	53.1	55.3	54.5	47.6
2006M04	49.1	51.0	49.2	55.7	52.9	45.2	58.9	54.3	57.0	58.8	56.9	46.4
2006M05	49.9	51.7	50.2	56.7	54.2	43.1	59.5	54.3	58.6	57.5	56.5	46.3
2006M06	50.9	51.3	50.6	57.3	51.8	45.9	58.8	54.4	60.3	58.6	55.8	47.2
2006M07	49.4	52.0	50.9	56.8	51.7	47.8	58.0	54.3	60.8	58.7	55.8	47.0
2006M08	50.7	52.1	50.1	56.7	51.1	45.5	59.6	54.2	59.1	58.4	57.1	45.8
2006M09	51.7	52.0	51.6	59.0	53.4	44.2	61.6	55.8	59.3	59.9	59.4	47.8
2006M10	50.4	52.0	51.6	59.3	53.7	44.5	61.7	56.3	59.2	59.4	59.6	49.8
2006M11	50.3	51.6	51.3	57.5	53.3	45.1	60.5	55.7	59.0	60.4	60.4	48.8
2006M12	51.6	51.6	51.6	56.2	53.5	47.0	59.3	55.1	60.7	58.4	57.9	48.9
2007M01	52.4	51.6	51.7	56.4	53.7	45.9	59.2	55.2	55.9	59.9	58.4	49.5
2007M02	51.8	51.4	50.8	57.2	53.6	44.1	59.6	55.3	55.6	59.9	59.4	49.4
2007M03	51.5	51.8	50.8	57.2	53.7	45.2	57.5	54.1	57.9	58.9	57.8	49.2
2007M04	50.5	52.0	50.9	57.0	52.4	47.1	58.9	54.9	58.8	60.1	57.8	48.9
2007M05	51.0	52.1	51.1	55.1	51.7	44.9	59.3	55.1	60.8	59.3	58.3	49.6
2007M06	50.5	52.4	51.3	54.4	52.6	46.1	58.4	54.8	60.7	59.2	57.3	49.5
2007M07	50.3	51.7	50.6	55.1	52.0	47.3	59.5	55.1	59.4	59.1	57.7	50.6
2007M08	49.5	51.3	51.4	56.8	53.6	46.7	58.5	55.0	62.2	59.5	58.2	51.0
2007M09	50.1	51.3	50.9	54.7	53.1	47.5	60.4	55.7	68.3	60.0	58.9	47.5
2007M10	51.5	51.2	51.8	54.8	52.7	47.8	57.7	54.1	72.6	56.1	56.4	49.4
2007M11	51.9	51.5	52.1	54.4	54.6	48.5	60.1	55.8	73.3	59.5	59.8	50.4

时间	积压订单	供应商送货时间	从业人员	新出口订单	进口	产成品存货	新订单	PMI	购进价格指数	生产量	采购量	原材料库存
2007M12	50.5	52.0	52.2	54.9	55.1	47.9	60.0	55.7	72.1	57.7	59.4	49.9
2008M01	51.0	49.9	51.9	52.6	53.0	48.1	55.7	53.8	68.1	58.3	57.3	48.5
2008M02	52.3	46.4	51.6	53.5	51.6	47.7	58.6	55.1	69.9	58.1	56.5	46.9
2008M03	50.7	50.3	52.4	54.4	53.1	47.0	60.1	56.1	72.1	60.5	59.7	49.1
2008M04	50.5	51.0	51.4	53.9	52.3	47.6	59.3	55.8	69.9	61.4	59.3	49.7
2008M05	48.8	49.2	50.8	51.6	50.7	48.6	54.3	52.5	69.4	55.0	53.7	48.8
2008M06	47.6	48.1	50.4	49.7	50.0	48.3	53.6	52.3	74.7	53.8	54.0	48.1
2008M07	47.0	48.9	50.1	48.2	47.2	47.5	49.3	49.9	71.8	50.9	50.4	48.4
2008M08	45.9	49.7	50.2	49.3	45.9	50.3	48.2	49.5	57.4	50.3	48.6	47.2
2008M09	46.0	50.4	49.3	48.5	45.7	50.6	51.1	50.9	46.8	53.1	50.2	46.9
2008M10	41.1	50.6	46.7	43.2	41.1	51.7	42.9	45.5	38.9	46.5	43.2	43.8
2008M11	36.3	50.6	45.2	29.2	33.2	51.0	33.0	39.3	29.7	34.2	34.4	39.3
2008M12	36.8	50.1	43.7	31.7	34.2	44.9	37.5	41.2	34.9	38.2	36.9	40.1
2009M01	43.2	50.8	45.7	38.3	41.1	45.0	45.3	46.3	41.8	48.4	45.5	44.0
2009M02	44.0	51.1	47.0	43.3	42.6	46.7	51.9	50.3	45.1	52.1	49.9	46.1
2009M03	45.0	51.0	47.6	43.6	44.9	46.2	51.0	50.2	44.8	53.9	50.2	45.9
2009M04	45.9	50.5	48.8	44.8	46.6	45.1	51.4	50.5	46.3	53.0	51.4	45.4
2009M05	47.7	50.3	49.6	48.4	48.4	45.4	55.1	52.5	51.3	55.8	54.6	46.7
2009M06	48.3	50.8	50.0	51.0	50.4	44.1	56.9	53.4	57.2	57.1	57.4	47.7
2009M07	49.0	51.2	50.3	53.3	50.8	45.5	58.4	54.7	60.8	60.5	58.7	48.6
2009M08	49.3	50.5	51.0	52.9	51.6	47.7	58.3	55.1	62.3	59.4	59.8	49.3
2009M09	47.3	50.6	52.3	53.7	51.4	45.9	57.4	54.6	60.2	58.8	58.8	47.4
2009M10	50.2	50.5	52.1	55.4	53.1	44.3	59.0	55.6	62.1	59.1	59.0	50.2
2009M11	51.1	50.4	52.1	54.1	53.4	45.4	59.0	55.6	66.1	58.4	58.5	51.4
2009M12	53.0	50.6	52.6	53.4	53.3	47.1	61.2	56.7	68.5	60.1	61.5	51.1
2010M01	51.0	50.4	52.5	53.5	52.5	48.0	58.8	55.5	66.2	59.7	58.2	50.6
2010M02	49.8	50.2	52.1	53.2	51.1	47.7	55.9	54.1	60.3	57.7	54.7	49.6
2010M03	48.3	50.3	51.8	51.3	50.2	47.4	54.6	52.9	60.9	56.0	54.9	49.1
2010M04	50.4	50.9	51.7	50.9	50.1	46.3	54.8	53.1	68.1	55.4	56.0	50.0
2010M05	49.4	51.3	51.5	51.9	50.8	49.1	54.5	53.4	57.8	56.9	55.7	51.4
2010M06	48.7	50.3	50.7	51.8	50.3	49.7	53.3	52.5	53.2	56.2	54.7	49.7
2010M07	48.6	50.2	51.7	52.0	51.0	50.1	53.5	52.2	52.2	55.1	54.7	48.4
2010M08	48.6	50.8	51.4	53.3	48.8	48.0	55.0	52.7	60.4	54.8	53.6	48.1

续表

时间	积压订单	供应商送货时间	从业人员	新出口订单	进口	产成品存货	新订单	PMI	购进价格指数	生产量	采购量	原材料库存
2010M09	49.5	50.1	51.4	52.7	52.3	45.2	56.4	53.7	65.6	56.1	56.3	49.1
2010M10	50.7	49.1	52.1	53.4	54.1	46.7	59.0	55.4	75.8	57.8	58.6	50.1
2010M11	50.6	48.9	52.9	53.9	51.8	47.7	58.9	55.5	76.0	57.9	57.8	49.9
2010M12	50.9	49.5	51.8	54.1	51.0	48.5	55.4	53.8	67.9	56.2	56.9	50.6
2011M01	49.2	49.9	51.3	52.8	54.7	48.2	55.1	53.4	67.3	56.0	56.7	50.3
2011M02	47.5	47.7	50.4	51.2	52.9	47.6	54.8	53.1	67.5	55.1	55.2	50.5
2011M03	47.8	50.2	50.7	49.8	48.8	50.3	51.8	51.4	63.8	53.7	51.3	50.1
2011M04	47.7	50.4	50.4	48.0	47.8	51.0	49.9	50.6	62.1	51.6	50.1	50.4
2011M05	47.4	50.2	50.3	49.6	50.2	48.8	52.1	51.7	60.6	54.1	53.1	50.1
2011M06	47.6	50.2	50.3	50.7	49.3	49.4	52.4	51.4	59.6	53.7	53.5	48.7
2011M07	48.5	50.6	50.1	51.0	50.7	49.7	53.6	51.9	59.0	53.8	54.3	48.3
2011M08	48.0	49.9	50.1	49.8	50.3	49.9	52.9	51.9	57.6	54.3	53.1	50.0
2011M09	47.3	49.3	50.1	50.3	49.1	50.4	51.3	51.1	56.3	52.1	51.4	49.0
2011M10	46.6	50.5	49.7	49.5	48.4	51.4	50.8	50.9	50.6	53.2	51.0	49.1
2011M11	45.3	50.4	49.7	46.2	48.4	53.1	48.2	49.2	46.8	50.1	50.1	46.9
2011M12	46.5	50.1	49.0	49.0	49.6	50.2	49.8	50.2	47.7	52.3	50.7	48.2
2012M01	46.9	50.0	49.8	50.1	48.5	50.1	50.6	51.3	49.3	55.8	51.0	48.8
2012M02	49.1	49.8	50.3	50.0	49.4	50.2	51.1	51.3	49.4	53.3	51.9	48.6
2012M03	46.9	48.8	50.0	49.3	48.3	49.8	52.0	51.3	51.6	53.2	52.3	47.8
2012M04	45.5	49.4	49.7	49.2	47.9	49.5	50.9	51.2	51.0	53.7	51.2	46.9
2012M05	43.7	49.3	49.9	49.2	48.3	50.9	50.1	50.1	45.4	52.5	50.7	45.9
2012M06	44.8	49.4	49.9	47.7	47.0	50.5	50.9	50.9	45.2	52.4	48.9	48.3
2012M07	44.0	49.2	49.1	47.6	46.8	48.5	51.4	51.3	44.1	53.7	49.2	49.4
2012M08	45.5	50.0	48.8	48.1	47.7	49.2	50.4	50.3	47.1	52.8	50.6	46.4
2012M09	45.3	49.5	48.5	48.9	48.4	48.6	50.5	50.4	52.0	52.7	51.1	47.3
2012M10	44.0	49.8	48.7	49.2	47.9	49.1	49.6	49.7	55.6	51.0	50.1	47.5
2012M11	45.4	49.9	49.3	50.7	49.6	48.8	51.6	50.8	52.3	51.5	51.5	48.2
2012M12	45.5	48.8	49.3	49.7	49.1	49.2	51.2	50.6	53.9	50.4	51.4	47.0
2013M01	45.6	49.7	49.4	49.3	48.9	48.0	50.8	50.0	53.8	50.8	50.7	48.2

附图 PMI 原序列及 X－13 季节调整后序列季节性检验图

		AC	PAC			AC	PAC
	1	0.729	0.729		1	0.853	0.853
	2	0.440	−0.195		2	0.704	−0.085
	3	0.301	0.132		3	0.573	−0.024
	4	0.254	0.054		4	0.489	0.090
	5	0.289	0.170		5	0.401	−0.076
	6	0.292	−0.014		6	0.292	−0.125
	7	0.115	−0.296		7	0.166	−0.127
	8	−0.035	0.005		8	0.075	0.001
	9	−0.094	−0.040		9	0.013	0.001
	10	−0.075	0.043		10	−0.039	−0.047
	11	0.049	0.184		11	−0.090	−0.022
	12	0.108	−0.027		12	−0.168	−0.148
	13	−0.052	−0.268		13	−0.182	0.158
	14	−0.174	0.023		14	−0.154	0.087

附图 23－1 积压订单原序列及季节调整后序列季节性检验

		AC	PAC			AC	PAC
	1	0.621	0.621		1	0.657	0.657
	2	0.374	−0.018		2	0.424	−0.013
	3	0.431	0.334		3	0.479	0.362
	4	0.463	0.123		4	0.519	0.139
	5	0.377	0.028		5	0.426	0.007
	6	0.301	0.008		6	0.331	−0.019
	7	0.197	−0.155		7	0.257	−0.115
	8	0.140	−0.048		8	0.183	−0.117
	9	0.149	0.004		9	0.196	0.074
	10	0.202	0.133		10	0.249	0.123
	11	0.229	0.145		11	0.187	−0.010
	12	0.187	0.037		12	0.115	0.022
	13	0.090	−0.110		13	0.111	−0.029
	14	0.097	−0.026		14	0.131	−0.015

附图 23－2 供应商送货时间原序列及季节调整后序列季节性检验

		AC	PAC			AC	PAC
	1	0.737	0.737		1	0.737	0.737
	2	0.445	−0.216		2	0.445	−0.216
	3	0.305	0.150		3	0.305	0.150
	4	0.204	−0.080		4	0.204	−0.080
	5	0.130	0.031		5	0.130	0.031
	6	0.078	−0.029		6	0.078	−0.029
	7	−0.018	−0.139		7	−0.018	−0.139
	8	−0.138	−0.113		8	−0.138	−0.113
	9	−0.192	−0.007		9	−0.192	−0.007
	10	−0.171	0.034		10	−0.171	0.034
	11	−0.023	0.279		11	−0.023	0.279
	12	0.070	−0.075		12	0.070	−0.075
	13	−0.084	−0.392		13	−0.084	−0.392
	14	−0.244	−0.088		14	−0.244	−0.088

附图 23－3 从业人员原序列及季节调整后序列季节性检验

Autocorrelation	Partial Correlation		AC	PAC	Autocorrelation	Partial Correlation		AC	PAC
		1	0.838	0.838			1	0.887	0.887
		2	0.628	−0.250			2	0.720	−0.306
		3	0.470	0.077			3	0.610	0.242
		4	0.395	0.129			4	0.551	0.044
		5	0.369	0.062			5	0.467	−0.215
		6	0.323	−0.089			6	0.365	0.037
		7	0.209	−0.189			7	0.275	−0.049
		8	0.102	0.036			8	0.210	−0.020
		9	0.084	0.187			9	0.177	0.120
		10	0.105	−0.038			10	0.149	−0.064
		11	0.162	0.141			11	0.103	−0.070
		12	0.193	0.006			12	0.075	0.159
		13	0.145	−0.142			13	0.066	−0.108
		14	0.069	−0.060			14	0.060	0.022

附图 23 – 4　新出口订单原序列及季节调整后序列季节性检验

Autocorrelation	Partial Correlation		AC	PAC	Autocorrelation	Partial Correlation		AC	PAC
		1	0.780	0.780			1	0.866	0.866
		2	0.578	−0.078			2	0.691	−0.236
		3	0.435	0.026			3	0.576	0.174
		4	0.285	−0.113			4	0.463	−0.159
		5	0.226	0.134			5	0.330	−0.089
		6	0.186	−0.015			6	0.210	−0.041
		7	0.061	−0.222			7	0.108	−0.064
		8	−0.053	−0.085			8	0.022	−0.019
		9	−0.064	0.167			9	−0.033	0.046
		10	−0.088	−0.054			10	−0.094	−0.143
		11	−0.071	0.031			11	−0.166	−0.054
		12	−0.001	0.096			12	−0.187	0.108
		13	−0.054	−0.186			13	−0.166	0.027
		14	−0.070	0.072			14	−0.129	0.099

附图 23 – 5　进口原序列及季节调整后序列季节性检验

Autocorrelation	Partial Correlation		AC	PAC	Autocorrelation	Partial Correlation		AC	PAC
		1	0.666	0.666			1	0.768	0.768
		2	0.422	−0.038			2	0.567	−0.056
		3	0.480	0.383			3	0.558	0.346
		4	0.474	0.017			4	0.557	0.051
		5	0.464	0.227			5	0.551	0.182
		6	0.445	0.003			6	0.487	−0.096
		7	0.287	−0.180			7	0.355	−0.156
		8	0.242	0.052			8	0.296	0.001
		9	0.318	0.043			9	0.368	0.199
		10	0.288	−0.011			10	0.356	−0.100
		11	0.227	0.009			11	0.261	−0.029
		12	0.222	0.031			12	0.176	−0.113
		13	0.109	−0.195			13	0.122	−0.035
		14	0.065	0.010			14	0.116	−0.041

附图 23 – 6　产成品存货原序列及季节调整后序列季节性检验

Autocorrelation	Partial Correlation		AC	PAC	Autocorrelation	Partial Correlation		AC	PAC
		1	0.808	0.808			1	0.867	0.867
		2	0.553	-0.289			2	0.682	-0.277
		3	0.420	0.243			3	0.564	0.217
		4	0.343	-0.071			4	0.486	-0.035
		5	0.307	0.145			5	0.400	-0.066
		6	0.239	-0.184			6	0.280	-0.158
		7	0.123	-0.057			7	0.169	0.004
		8	0.019	-0.070			8	0.093	-0.019
		9	-0.005	0.131			9	0.076	0.157
		10	0.016	-0.025			10	0.061	-0.094
		11	0.064	0.167			11	-0.005	-0.130
		12	0.097	-0.047			12	-0.065	0.037
		13	0.033	-0.165			13	-0.071	0.076
		14	-0.031	0.051			14	-0.039	0.031

附图 23 - 7　新订单原序列及季节调整后序列季节性检验

Autocorrelation	Partial Correlation		AC	PAC	Autocorrelation	Partial Correlation		AC	PAC
		1	0.779	0.779			1	0.863	0.863
		2	0.512	-0.242			2	0.666	-0.314
		3	0.373	0.180			3	0.527	0.186
		4	0.284	-0.057			4	0.429	-0.049
		5	0.252	0.135			5	0.331	-0.068
		6	0.182	-0.169			6	0.201	-0.175
		7	0.044	-0.127			7	0.076	-0.021
		8	-0.082	-0.089			8	-0.021	-0.056
		9	-0.109	0.109			9	-0.053	0.152
		10	-0.100	-0.064			10	-0.071	-0.106
		11	-0.041	0.187			11	-0.124	-0.100
		12	0.023	0.004			12	-0.172	0.034
		13	-0.058	-0.250			13	-0.168	0.085
		14	-0.124	0.086			14	-0.134	-0.038

附图 23 - 8　PMI 原序列及季节调整后序列季节性检验

Autocorrelation	Partial Correlation		AC	PAC	Autocorrelation	Partial Correlation		AC	PAC
		1	0.868	0.868			1	0.880	0.880
		2	0.638	-0.471			2	0.678	-0.428
		3	0.425	0.101			3	0.493	0.095
		4	0.262	-0.030			4	0.345	-0.041
		5	0.135	-0.077			5	0.226	-0.030
		6	0.019	-0.100			6	0.129	-0.044
		7	-0.070	0.028			7	0.009	-0.239
		8	-0.147	-0.141			8	-0.107	0.023
		9	-0.183	0.121			9	-0.182	0.036
		10	-0.187	-0.068			10	-0.238	-0.162
		11	-0.203	-0.160			11	-0.305	-0.143
		12	-0.209	0.108			12	-0.351	0.051
		13	-0.217	-0.138			13	-0.344	0.130
		14	-0.215	-0.007			14	-0.288	0.044

附图 23 - 9　购进价格指数原序列及季节调整后序列季节性检验

Autocorrelation	Partial Correlation	AC	PAC	Autocorrelation	Partial Correlation	AC	PAC
		1 0.708	0.708			1 0.813	0.813
		2 0.438	−0.127			2 0.608	−0.158
		3 0.318	0.119			3 0.480	0.109
		4 0.255	0.018			4 0.408	0.052
		5 0.276	0.165			5 0.341	−0.023
		6 0.208	−0.139			6 0.215	−0.191
		7 0.066	−0.118			7 0.087	−0.062
		8 −0.080	−0.157			8 −0.024	−0.102
		9 −0.086	0.132			9 −0.036	0.171
		10 −0.075	−0.098			10 −0.039	−0.063
		11 −0.015	0.168			11 −0.074	−0.026
		12 0.088	0.135			12 −0.103	0.016
		13 −0.016	−0.234			13 −0.090	0.090
		14 −0.093	0.005			14 −0.082	−0.128

附图 23 − 10　生产量原序列及季节调整后序列季节性检验

Autocorrelation	Partial Correlation	AC	PAC	Autocorrelation	Partial Correlation	AC	PAC
		1 0.775	0.775			1 0.866	0.866
		2 0.521	−0.200			2 0.676	−0.295
		3 0.373	0.113			3 0.554	0.224
		4 0.272	−0.030			4 0.450	−0.152
		5 0.240	0.121			5 0.326	−0.077
		6 0.176	−0.129			6 0.197	−0.095
		7 0.049	−0.142			7 0.069	−0.126
		8 −0.092	−0.139			8 −0.035	−0.002
		9 −0.120	0.155			9 −0.067	0.172
		10 −0.108	−0.064			10 −0.087	−0.132
		11 −0.050	0.157			11 −0.139	−0.049
		12 0.020	0.027			12 −0.173	0.034
		13 −0.038	−0.186			13 −0.145	0.109
		14 −0.083	0.056			14 −0.097	−0.010

附图 23 − 11　采购量原序列及季节调整后序列季节性检验

Autocorrelation	Partial Correlation	AC	PAC	Autocorrelation	Partial Correlation	AC	PAC
		1 0.643	0.643			1 0.790	0.790
		2 0.448	0.059			2 0.570	−0.146
		3 0.417	0.185			3 0.480	0.216
		4 0.323	−0.035			4 0.434	0.024
		5 0.211	−0.054			5 0.348	−0.073
		6 0.165	0.007			6 0.217	−0.131
		7 0.005	−0.226			7 0.091	−0.098
		8 0.000	0.112			8 0.029	0.012
		9 0.062	0.088			9 0.052	0.148
		10 0.007	−0.048			10 0.025	−0.110
		11 −0.077	−0.087			11 −0.111	−0.222
		12 −0.055	0.002			12 −0.231	−0.093
		13 −0.198	−0.273			13 −0.210	0.137
		14 −0.183	0.090			14 −0.191	−0.106

附图 23 − 12　原材料库存原序列及季节调整后序列季节性检验

下篇

宏观经济分析的月度数据分析

第二十四章　短期因素助力数据好转，
经济增长压力不减

在全球经济增速放缓、不确定性因素增多的大背景下，二季度我国GDP增速降至6.2%，较一季度放缓0.2个百分点。从运行数据来看，上半年我国主要经济指标呈现出"扰动多、波动大、持续差"的总体特点。6月，经济数据延续上述态势，虽然投资、消费、工业数据出现全面好转，但多因短期因素助力，预计未来难以持续，下半年保持经济平稳增长的压力依然较大，且短期难以得到有效缓释。

一　政策、基数、汇率、价格和抢出口五大
短期因素助力经济数据好转

一是政策因素助力消费大幅回升。6月，社会消费品零售总额同比增长9.8%，较上月大幅回升1.2个百分点，消费领域实现明显改善。事实上，主要受7月1日部分地区切换国六标准，以及新能源汽车补贴退坡过渡期于6月25日结束等因素影响，在厂家和经销商促销政策的共同推动下，6月汽车消费同比增长17.2%，较上月大幅提高15个百分点，带动整体消费显著回升。然而需要注意的是，中国汽车流通协会的数据显示，6月汽车经销商综合库存系数达1.38，同比下降28%，环比下降16.4%，库存水平已位于警戒线以下（警戒线为1.5），同期企业

端库存已降至 2014 年 7 月以来的最低点。调查显示，国五地区库存系数为 1.56，国六地区库存系数为 1.29，因此 6 月汽车消费的快速大幅上涨主要源自部分地区国五、国六标准切换之际，国五车型加大促销力度，推动销量短暂回升，但由于经销商为清理国五库存已出现价格倒挂现象，当期利润损失较多，且伴随着促销活动的陆续退出，未来汽车消费的持续增长面临较大挑战。二是抢出口和汇率因素助力出口保持平稳。从全球范围来看，2019 年上半年不少国家的出口已呈现明显下降态势，前 5 个月韩国、日本和美国的出口额同比降幅分别达 7.4%、6.2% 和 0.1%。在上述背景之下，上半年我国外贸出口额按美元计算累计增长 0.1%，实属难能可贵。受美方 6 月提升关税影响，大量公司选择在新关税生效前提前清关，加之人民币汇率持续回调，5 月和 6 月我国对美国出口额分别环比增长 20% 和 4%，从而助力总体出口保持了平稳增长的态势。不仅如此，我国出口结构持续优化，企业结构、商品结构、国别结构均现积极调整。民营企业出口上半年以来一直大幅增长，外贸出口中民营企业占比已超过 50%；一般贸易出口占比稳步提高，6 月已达到 59.9%；上半年我国对美国出口下降 8.1%，但对东盟、欧盟、日本等国家或地区出口均呈增长态势。三是基数因素助力进口数据好转。6 月，我国进口金额同比增速较前值提升 2.1 个百分点，上述表现主要受到上年低基数效应影响。2018 年 6 月，我国进口金额同比增长 5.7%，增速较上年 5 月大幅下滑 10 个百分点，低基数对 2019 年 6 月进口金额增长形成较大支撑。需要关注的是，目前我国进口依然保持负增长态势，显示国内需求整体疲弱，6 月 PMI 进口分项指数已下滑至 46.8%，表明进口需求恶化程度有所加深。四是价格和基数因素助力工业实现回升。首先价格预期上行带动黑色产业快速增长。6 月，黑色金属冶炼和压延加工业增加值同比增长 13.7%，增速较上月提高 2 个百分点，创 2012 年 12 月以来新高。从重点工业品产量增速看，粗钢增速保持高位运行，钢材产量进一步升至近年新高。一方面基建预期升温及房地产施工仍处高位使得下游需求持续旺盛，另一方面 6 月以来上述商品的价格上行预期同样对增加值增长有所贡献。其次低基数因素对于工业增速回暖也有一定贡献。2018 年 4 月和 5 月工业增加值增速相对较高，分别达到 7.0%和 6.8%，但 6 月增速仅为 6.0%，低基数利于 2019 年 6 月工业增速录得较高水平。

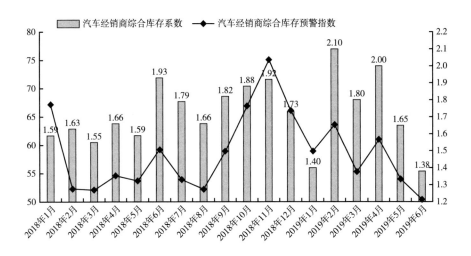

图 24 - 1　汽车经销商综合库存系数和综合库存预警指数

二　三大确定性因素稳住下半年经济基本面

一是消费增长中枢稳定。第一，新增就业超进度完成。上半年，全国城镇新增就业 737 万人，完成全年目标任务的 67%，6 月全国城镇调查失业率为 5.1%，较上月提高 0.1 个百分点。第二，农民工外出务工稳定增长。二季度末，农村外出务工劳动力总量 18248 万人，比上年同期增加 226 万人，增长 1.3%，增速比一季度加快 0.1 个百分点。第三，中等收入人群收入增速较快。2019 年上半年，全国居民人均可支配收入同比名义增长 8.8%，其中中等收入人群的人均可支配收入增速高达 9.0%，表明中等收入人群收入增速快于全国平均水平，为后续消费增长提供强劲动力。第四，居民消费意愿增强。2019 年上半年，全国居民人均可支配收入达 15294 元，同期人均消费支出增至 10330 元，表明居民将近 2/3 的收入用于消费支出，较之前明显提升。第五，汽车等大宗消费或将保持较高增速。受上年低基数因素影响，后续月份虽难以维持 6 月的较高增速，但整体仍将高于上半年平均水平。二是基建投资预计持续走高。1～6 月，基建投资增长 4.1%，较前 5 个月提高 0.1 个百分点，预计随着稳增长尤其是稳投资政策效应的逐渐显现，加之近期政策频出，如中共中央办公厅和国务院办公厅下发文件规定专项债可作为重大项目资本金、央行对锦州银行等风险较高的中小银行提供信用增进等，后续基建投资或将保持回升态势。三是新动能有望保持高速增长。上半年战略性新兴产业增加值同比增长 7.7%，高技术制造业增加值同比增长 9%，分别快于规模以上工业增加值 1.7 个和 3 个百分点。前 5 个月，战略性新兴服务业、高技术服务业和科技服务业营业收入分别增长12.5%、12.3% 和 12.0%，增速分别快于全部规模以上服务业 2.4 个、2.2 个和 1.9 个百分点，整体保持较快增长。与此同时，新动能领域投资实现快速增长，为未来产业发展进一步奠定了基础，其中高技术制造业和高技术服务业投资分别增长 10.4% 和 13.5%，增速分别较全部投资快 4.6个和 7.7 个百分点。

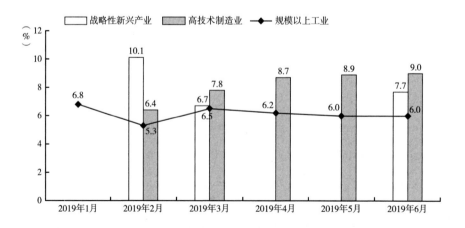

图 24 - 2 战略性新兴产业、高技术制造业与规模以上工业增加值累计同比增速

三 四大不确定性因素影响未来经济走势

一是大宗商品价格波动影响上游产业增长。上半年工业增长中传统行业表现突出，如黑色、有色、石油等产业，增速均高于全部工业平均水平，上述增长的实现多受益于大宗商品价格的高位运行。目前，对于下半年大宗商品价格走势，多家机构均给出悲观预测，受此影响上述行业对工业增长的拉动作用将有所减弱。二是房地产业融资来源受限。上半年房地产投资成为拉动总体投资增长的重要因素，1~6月房地产开发投资完成额累计增长10.9%，增速是平均投资增速的近两倍。上述结果的取得，一方面受益于房地产商加快存量土地的开工进度，另一方面房企资金来源状况较上年有所改善。其中，信托渠道是房企融资的重要来源，2019年上半年投向房地产领域的信托资金规模达到4531.94亿元，占房地产全部融资比重为17%，然而近期多家信托机构被要求对房地产信托项目进行管控并暂停新增房地产信托项目，这一举措将对下半年房地产投资的增长形成明显约束。三是全球经济波动和中美经贸摩擦将对出口造成影响。近期，世界银行和国际货币基金组织（IMF）等国际机构纷纷调低2019年全球经济和贸易增长预期，我国主要贸易伙伴经济景气度下降，韩国出口作为我国出口增长的先行指标近几个月已出现连续负增长，未来外部需求或将进一步放缓。与此同时，受中美经贸摩擦影响，连续的"抢出口"提前透支了相当一部分贸易需求，美国进口商库存已然很高，几乎到了抢无可抢的地步，且时间窗口已经关闭，美国对3000亿美元商品继续加征关税的政策落地时间尚不明确，因此短期内难以再现大规模抢出口行为。四是去库存周期将影响企业生产。6月，PMI中产成品库存指数已达48.1%，为近五年同期最高水平，预计下半年市场将进入被动去库存阶段。按照以往经验，一般库存去化周期为半年左右，故其将在一定程度上影响我国下半年工业生产的增长状况。

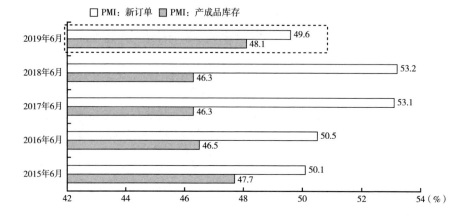

图 24-3　PMI 中新订单指数和产成品库存指数变化情况

第二十五章　需求结构改变导致供需分化加剧，弱循环态势恐将持续存在

2020 年初以来，季节性、政策时间窗口等对经济活动的短期影响突出，经济运行数据月度波动较大，尤其是 6 月数据在政策、价格和基数因素影响下畸高，因此我们更倾向于使用上半年数据作为参考来分析 7 月数据的边际变化。总的来看，7 月数据显示供给面和需求面的走势出现分化，经济下行压力不减。

一　供需走势分化加剧

7 月，供给面数据回落明显，需求面数据相对稳定。供给方面，7 月规上工业增加值同比增长 4.8%，增速较上半年回落 1.2 个百分点；服务业生产指数同比增长 6.3%，比上半年回落 1 个百分点。需求方面，社会消费品零售总额同比增长 7.6%，较上半年回落 0.8 个百分点，其中，除汽车以外的消费品零售额同比增长 8.8%，较上半年回落 0.3 个百分点；固定资产投资（不含农户）同比增长 5.2% 左右（利用公开数据进行估算），较上半年回落 0.6 个百分点；出口同比增长 10.3%，较上半年加快 4.2 个百分点。

为何在需求面较为平稳的情况下供给面呈现较快回落态势，主要原因在于需求结构的改变打破了原有供需之间的传导链条，造成供需之间的循环弱

化，供需波动分化，等量需求对供给的拉动作用减弱。首先，投资结构的改变使得投资增长对工业增长的拉动作用减弱。投资按照构成可分为建筑安装工程投资、设备工器具购置投资和其他投资。1~7 月，投资增长速度与上年基本持平，但其中建筑安装工程投资增速较上年提高 2.6 个百分点，而设备工器具购置投资受到制造业利润下降、环保设备改造升级浪潮结束影响，多年以来首次出现负增长，1~7 月同比增长 -2.1%，较上年回落 3.5 个百分点。这直接影响了设备制造业的生产，设备制造业的回落也是造成制造业整体增速回落的主要原因。2019 年 1~7 月，通用设备制造业和专用设备制造业增速分别为 4.5% 和 7.7%，较上年同期回落 2.3 个和 3.4 个百分点，7月二者增速分别为 0.7% 和 4%，仅为上年同期的 1/10 和 1/3。其次，消费结构的改变使得消费增长对供给面的拉动作用也在减弱。从具体消费品类来看，2019 年的消费增长中，体育娱乐用品类、文化办公用品类等增长较快，但其产业链条较短，对工业增长的拉动力较弱。而汽车、建筑装潢、石油制品类等产业链条较长的消费减速明显，1~7 月增速分别仅为上年同期的30%、40%、20%。消费结构的改变使得等量消费对工业增长的拉动作用减弱。这种现象在结构升级越快的地区表现越为明显，如北京和上海 1~6 月工业增长分别为 3.5% 和 -2.5%，较上年回落 4.8 个和 9.4 个百分点，而消费增长却较上年同期分别加快 1 个和 0.7 个百分点，投资增长较上年同期分别加快 24 个百分点和回落 1 个百分点。产业结构配合需求结构升级仍在持续推进中，预计供需之间传导链条短期内修复难度较大，供需弱循环的态势在一定时期内将持续存在。

二 短期因素支撑进出口反弹，未来大概率继续下行

7 月，美元计价（下同）出口由 6 月的同比下跌 1.3% 转为同比增长 3.3%，强于市场预期，扣除价格汇率等影响的实际出口量增速也由 0.8% 提升至 4.9%（利用公开数据进行估算）。出口反弹主要来自一般贸易出口的大幅好转，7 月同比增速由 6 月的下跌 0.5% 转为增长 8%，从产品来看，

主要是尚未加征关税的 3000 亿美元关税清单上产品的出口增速加快，如纺织服装、鞋类、家具等出口都所有走强，这可能和这部分产品的提前出口有关。分国家或地区来看，对美国、欧盟、巴西、俄罗斯、印度以及除东盟外的其他新兴经济体出口均呈现较明显反弹，对日本出口跌幅继续扩大。

进口同比跌幅由 6 月的 7.4% 收窄至 7 月的 5.6%，连续三个月处于负增长区间，但考虑到上年同期基数很高（2018 年 7 月进口同比增长 26.9%），7 月的进口增速超过了市场预期。从国家或地区来看，自美国进口跌幅由 6 月的 31.4% 收窄至 7 月的 19%，自主要大宗商品生产国（澳大利亚、巴西、俄罗斯、印度）进口由同比下跌 0.1% 转为同比上升 13.1%；自东盟、中国香港、韩国和中国台湾的进口基本稳定，自欧盟、日本的进口则有所下降。从产品来看，大豆、铁矿砂和铜材进口同比增速均有所反弹，这主要是受到大宗商品价格走强影响。

从未来走势来看，贸易摩擦风险再次增加，出口下行压力仍存在，加之大宗商品价格大概率弱势，受二者拖累，进口将继续走弱，内外循环弱势延续。出口方面，特朗普宣称将于 9 月 1 日对 3000 亿美元商品加征 10% 的关税，近期人民币汇率贬值以及 8 月新一轮潜在的抢出口将对出口增速形成一定支撑，但无论是卡特彼勒机械订单还是美欧最新的 PMI 均显示全球需求仍然疲软，叠加中美贸易谈判的不确定性，预计抢出口效应消失后出口将继续呈下行趋势。进口方面，近期支撑进口反弹的大宗商品走强因素或将消失，加之出口可能继续下行，预计进口下行的压力难以减小。

三　价格总体呈现平稳态势

1~7 月，全国居民消费价格比上年同期上涨 2.3%。7 月，全国居民消费价格同比上涨 2.8%，较上月提高 0.1 个百分点。其中翘尾因素影响约 1.2 个百分点，新涨价因素影响约 1.6 个百分点，新涨价因素影响较上月提高 0.4 个百分点。CPI 同比涨幅加大主要受到食品价格上涨的影响。7 月食品价格上涨 9.1%，非食品价格上涨 1.3%。其中烟酒价格上涨 6.7%，影响

CPI 上涨约 1.95 个百分点，鲜果价格上涨影响 CIP 上涨 0.63 个百分点，畜肉类价格上涨影响 CIP 上涨 0.75 个百分点，鲜菜价格上涨影响 CIP 上涨 0.12 个百分点。

油价波动拉低 PPI 涨幅。PPI 由上月的持平转为下降 0.3%，其中翘尾因素影响为 0.2 个百分点，新涨价因素影响约为 −0.5 个百分点，新涨价因素影响较上月回落 0.2 个百分点。其中生产资料价格下降 0.7%，生活资料价格上涨 0.8%。PPI 涨幅回落主要受到石油价格波动的影响，从行业来看，受到 7 月国际油价先涨后跌影响，相关行业价格明显下降，其中，石油和天然气开采业 PPI 下降 8.3%，较上月扩大 6.5 个百分点，石油、煤炭和其他燃料加工业 PPI 下降 5.1%，较上月扩大 3.2 个百分点。

从后续走势来看，CPI 将呈稳中略降态势。支撑年初以来 CPI 上涨的蔬菜、猪肉、水果等主要因素中，蔬菜涨价主要受到天气影响，难以形成趋势性涨价，但寿光灾情将对后期上市的蔬菜价格带来明显影响，8 月蔬菜价格可能会出现较大幅度上涨。前期涨势凶猛的水果价格随着夏季时令蔬果大量上市后，供给紧缺缓解，价格回落。猪肉短期供给偏紧格局难以改变，价格仍有上涨空间。总的来看，8 月 CPI 新涨价压力加大，但由于翘尾因素影响较上月大幅减少 0.7 个百分点，预计突破 3 的概率不大，后续将仍维持平稳走势。PPI 将在零线下徘徊。下半年预计国际大宗商品大概率呈低位震荡态势，在国际需求放缓的大背景下，难以出现大幅拉升态势。加之自 8 月开始翘尾因素进入负增长区间，预计 PPI 突破零基线的难度较大。

第二十六章　出口链条弱、内需链条稳、 市场链条平、物价创新高

　　2019 年 8 月，宏观经济运行总体仍处于合理区间，但指标间分化现象愈发显著，经济数据呈现"结构性承压"特点，部分指标创十年新低；经济运行的基本逻辑出现变化，长期以来驱动我国经济增长的动力模式有所改变，新的模式仍处在探索之中，经济总体趋弱的态势短期内或难以改变。

一　工业生产明显减速主要源于出口交货值增速大幅回落

　　8 月，工业增加值同比增长 4.4%，较上月回落 0.4 个百分点，除季节性的 2 月以外，该增速创近十年新低。究其原因，除工作日、台风等短期扰动因素影响外，主要拖累因素为出口交货值的负增长。8 月出口交货值增速仅为 -4.3%，较上月大幅回落 6 个百分点，同样为近十年来最低值。出口交货值增速的大幅回落可能与同期经贸摩擦的新一轮升温有关，贸易环境的再度不明朗致使企业减少了当期生产。连续两个月工业增加值增速位于 5% 以下意味着三季度 GDP 增速将大概率低于二季度。从行业来看，出口相关产业链景气度更低，主要分布于外向型经济领域的外资企业工业增加值增速仅为 1.3%，明显低于整体工业增速。除需求相对刚性的医药制造业、库存明显偏低且处在补库存阶段的汽车产业有所回升外，其余相关行业的增速均

出现了不同程度的回落，而建筑业等与出口关联较弱的行业景气度则略高一些。

从未来走势来看，工业整体保持低迷态势。在全球经济增速放缓、贸易摩擦升级导致出口受到冲击以及去库存周期延续等因素的综合影响下，预计工业整体保持低迷态势。有利条件：一是汽车行业生产将有所回升。汽车行业在经过连续几个月的去库存后，当前库存水平明显偏低，库存回补将拉动整个行业的生产有所回升。8 月，汽车行业增加值增长 4.3%，大幅高于上月的 -4.4%，汽车产量降幅已连续三个月显著收窄，预计这种趋势将延续至 2020 年，对工业增长形成较大支撑。二是政策有所倾斜。比如信贷倾斜，央行表示 MPA 评估中已增设制造业中长期贷款和信用贷款等指标，对缓解企业生产经营困难起到一定作用。不利条件：一是贸易预期的高度不确定性影响企业生产。世界银行和 IMF 等纷纷调低 2019 年和 2020 年全球经济增长和贸易预期，并警告全球经济面临重大下行风险，加之中美经贸摩擦不断升级，企业出口增长的下行压力将进一步加大。二是国内投资和消费增长也遇掣肘，需求景气度低迷。8 月 PMI 中新订单指数较上月再度下滑 0.1 个百分点至 49.7%，连续 4 个月处在荣枯线以下。三是去库存周期仍将延续。从 PMI 中的产成品库存指数来看，当前库存仍处于较高水平，去库存仍将延续，对工业生产形成制约。

二　必需品消费稳中有升，消费增长表现尚可

8 月，社会消费品零售总额名义增速和实际增速分别为 7.5% 和 5.6%，均较上月回落 0.1 个百分点。其中，生活必需品消费增速稳中有升，如粮油食品、饮料、服装等增速均较上月显著回升，这与近期食品价格上涨速度较快有一定关系。房地产业链条中的建筑装潢材料和音像器材消费也出现较为显著的回升。汽车零售本月同比下降 8.1%，较上月的 -2.6% 有较大幅度回落，可能仍受到"国六"标准切换的延续影响。扣除汽车消费后，本月社会消费品零售总额增长 9.3%，较上月加快 0.5 个百分点，表现尚可。

从未来走势看，消费总体保持平稳态势。未来消费增长中，生活必需品消费保持稳定，汽车消费降幅收窄，升级类消费保持较高增速对稳定消费起到支撑作用，但居民收入增长和财富效应走弱，消费增长的基础受到削弱。一是贸易冲击对就业的影响有所显现。中美经贸摩擦持续升级，出口部门就业受到一定影响，8 月 PMI 从业人员指数为 46.9%，较上月下滑 0.2 个百分点，处在荣枯线以下，且为十年以来最低值，城镇调查失业率达 5.2%。二是居民杠杆率高位上升，2019 年二季度已升至 55.3%，显著影响消费增长。三是收入增长受限。经济低迷，居民人均可支配收入增长走弱，加之股市、楼市财富效应减弱，居民收入预期回落。四是汽车消费降幅可能收窄。作为消费增长最大的拖累因素，汽车消费在基数效应、多地限购放松背景下将有所回升，成为消费增长的一大利好。

三　前期政策效应显现托底基建投资增长，但难以对冲制造业投资的显著下滑

1 ~ 8 月，固定资产投资（不含农户）同比增长 5.5%，较 1 ~ 7 月回落 0.2 个百分点。专向债新政效应显现（6 月出台，7 月首批项目案例出现，8 月在基建投资完成额上有一定反映）促进基建投资（不含电力）增速有所回升，1 ~ 8 月较前 7 个月提高 0.4 个百分点，其中交通运输业投资增速从 2.1% 大幅升至 11.2%，是拉动基建投资走强的主要动力。虽然受到融资政策收紧等冲击，但在基数效应以及房企促销加快回款等因素影响下，房地产投资增速与上月持平，保持在 10.2% 的较高水平。然而，制造业投资较 1 ~ 7 月大幅回落 0.7 个百分点至 2.6%，从行业看，除需求刚性较强的医药制造业以及与 5G 相关的计算机、通信和其他电子设备制造业投资增速有所改善外，其他制造业增速均出现不同程度的下滑，尤其是出口链条相关制造业投资增速下滑更为明显，反映出贸易摩擦再度升温引起的外需前景预期下降对制造企业扩大生产的影响正在显现。

从未来走势看，固定资产投资短期难有起色。在全球经济增速放缓和贸

易摩擦冲击出口、房地产融资一再收紧、土地财政大幅下降和严控地方政府隐性债务、企业利润下行和 PPI 连续走低等因素影响下，固定资产投资短期内难有明显起色。一是制造业投资总体持续低迷。受到工业企业利润增长减速、PPI 持续回落、生产增速放缓以及企业家预期不明朗等多重因素的影响，预计制造业投资仍将处于低位。二是房地产投资呈现回落态势。受到房地产融资全面收紧、销售降温以及土地购置大幅负增长的制约，当前因基数效应及房企促销加快回款等影响处于高速增长的房地产投资恐难以持续，未来将呈现下滑态势。三是基建投资有所反弹但预计幅度有限。前期政策效应持续显现，8 月基建投资有所回升，预计未来在积极财政政策作用下将延续反弹态势，但受到大规模减税降费、严控地方政府隐性债务、土地成交下降等因素影响，地方政府各项收入出现明显下滑，同时提前下发的专项债新增额度仍需 2020 年初方可投入使用，预计基建投资的反弹幅度总体有限。

四　加征关税的冲击逐步显现，对美国出口增速创十年新低

8 月，以美元计价的出口增速较上月大幅下滑 4.3 个百分点至 -1%。从产品类型看，劳动密集型产品、机电产品和高新技术产品出口均呈现显著下滑，从国别看，主要是对美国出口的大幅下滑所致。8 月，我国对美国出口增速降至 -16%，较 7 月回落 9.5 个百分点，创 2009 年 9 月以来新低，贡献了 8 月整体出口跌幅的一半左右。对日本、东盟、俄罗斯、中国香港的出口增速较上月均有所回升，这可能与我国企业转移出口市场有关。

从未来走势看，出口将继续承压。虽然人民币贬值一定程度上有利于出口的增长，但在全球经济贸易增速放缓、中美经贸摩擦持续升温、抢出口效应逐步消退的影响下，即便企业出口转移起到一定缓冲作用，出口整体下行的态势仍难以缓解。一是全球经济增速放缓导致外需疲软。8 月，全球制造业 PMI 为 49.5%，连续 4 个月位于枯荣线以下；美、欧、日制造业 PMI 分别为 49.1%、47% 和 49.3%，均处在荣枯线下方，且美国制造业 PMI 已连续 5 个月出现下滑。二是中美经贸摩擦加剧。美国对我国价值 2500 亿美元

和 3000 亿美元的出口商品关税加征规模分别增至 30% 和 15%，从前期加征关税的影响期限来看，预计出口承压将于 2020 年达到峰值。

五　市场情绪保持平稳

一是房地产销售同比增长 4.7%，较上月回升 3.5 个百分点；商品住宅销售价格总体稳定。二是企业中长期贷款有所回暖。8 月新增人民币贷款 1.3 万亿元，同比少增 95 亿元，但新增企业中长期贷款达 4285 亿元，同比多增 860 亿元，占比较 7 月提高了 0.7 个百分点。三是股市情绪略有回升。8 月上证综指基本持平，股市成交额达 0.82 万亿元，较上月回升 0.03 万亿元，新开户数较上月小幅上涨 3 万户。四是债市融资额有所回升。8 月债券一级市场共实现融资额 41027 亿元，较上月多增 4540 亿元。

六　物价总水平运行的结构性矛盾逐步显现

一是猪肉价格带动食品价格上涨，CPI 创年内高点，但核心 CPI 稳中向下。1 ~ 8 月 CPI 同比上涨 2.4%，其中 7 ~ 8 月 CPI 涨幅超市场预期，食品价格同比涨幅超过 10%，为七年来首次，是 CPI 上涨的主要拉动因素。在食品价格上涨中，猪肉价格的涨幅尤为引人关注，8 月同比涨幅达到 46.7%，主要是受前期非洲猪瘟疫情等冲击性因素影响，生猪和能繁母猪存栏量大幅减少，8 月更是创下同比跌幅接近 40% 的历史低位，导致部分地区屠宰场收购生猪压力有所增大，收购价上行，猪肉零售价创新高。由于消费替代效应，同期牛羊肉、禽肉价格也均出现 10% 左右的上涨。据测算，剔除猪肉价格后，1 ~ 8 月 CPI 同比涨幅约 2%，运行较为稳定。年初以来，扣除食品和能源价格的核心 CPI 呈现连续下行态势。1 ~ 8 月核心 CPI 涨幅为 1.7%，8 月降至 1.5%，创三年来新低。二是 PPI 同比收缩风险有所增大。1 ~ 8 月 PPI 涨幅为 0.1%，5 月中旬以来，受中美经贸摩擦反复、全球经济增速放缓等多重因素影响，大宗工业原材料价格震荡下行，6 月 PPI 涨幅为零，7 月转负，8 月降幅进一步扩大。结合同期的制造业 PMI、工业增加值、企业利润和地方财政等多项反映实体经济运行的指标来看，工业领域结构性通缩风险有所加大。

从未来走势来看，综合考虑当前全球和国内宏观经济基本面、供给侧结构性改革走深走实的情况、经贸摩擦发酵的连锁反应，以及经济进入新常态以来物价总水平的环比变化规律，预计全年 CPI 为 2.6% 左右，四季度可能会超过 3%。考虑到春节消费因素，2019 年年底至 2020 年初的 CPI 月度涨幅尤其值得高度关注，不排除单月涨幅再创高点、极端情形下可能突破 4% 的情况。

第二十七章　经济景气或至小周期谷底，四季度大概率在6%以上

2019 年三季度经济增长 6%，略低于市场广泛预期的 6.1%，较二季度进一步放缓 0.2 个百分点。但 9 月多项经济指标有所好转，工业生产增速由 8 月的 4.4% 回升至 5.8%，社会商品零售总额增长也从 7.5% 反弹到 7.8%，同时制造业 PMI 也回升 0.3 个百分点至 49.8%，这些好转虽然只是局部的并且有季节性因素的影响，但总体而言 9 月经济增长势头有回升迹象，经济景气可能已经达到小周期谷底，预计四季度经济增长大概率保持在 6% 以上。

一　内需增长企稳势头初现

第一，消费方面，三季度社会消费品零售总额增长 7.6%，较二季度降低 0.9 个百分点。其中，9 月社会消费品零售总额同比增长 7.8%，增速比 8 月加快 0.3 个百分点，扣除价格因素，实际增长 5.8%，加快 0.2 个百分点。前三季度，消费增长低迷主要受到出行类商品尤其是汽车销售的影响，据国家统计局测算，出行类商品拉低社会消费品零售总额增速超过 0.8 个百分点，如果扣除出行类商品后，三季度消费品市场增速比二季度加快 0.4 个百分点。基于近期出行类商品走势特别是汽车销售负增长幅度显著缩小，预计四季度在上年基数等因素作用下其将进一步好转，进而带动整体消费的平

稳增长。第二，投资方面，前三季度，固定资产投资同比增长 5.4%，增速较 1~8 月小幅回落 0.1 个百分点。从三大类投资来看，前三季度，基建投资同比增长 4.5%，自 8 月以来连续两个月回升。房地产投资同比增长 10.5%，增速与 1~8 月持平。制造业投资增长 2.5%，增速比 1~8 月小幅回落 0.1 个百分点。在未来货币和财政政策的支撑下，预计投资将呈现稳中有升的态势。第三，进出口方面，受到全球经济景气回落以及新一批征税影响的显现，以美元计，9 月我国出口同比增长 -3.2%，较前值下滑 2.2 个百分点。其中对美国出口同比下降 21.9%，较前值下滑 6 个百分点，跌幅加速扩大，对总出口的拖累进一步扩大到 4.5 个百分点。对欧盟和日本的出口增速均较前值有所下滑。分产品看，主要商品出口增速均有所回落，但劳动密集型产品下滑最快。进口同比下降 8.5%，较前值下滑 2.9 个百分点。从未来走势看，虽贸易谈判取得进展，但其实质性影响显现尚需时日，预计未来一段时期对外出口仍将保持低迷的态势。

二 供给面保持稳中有进态势

首先是工业经济方面，1~9 月，全国规模以上工业增加值同比增长 5.6%，与 1~8 月持平。9 月工业生产明显回升，增速较上月加快 1.4 个百分点，达到 5.8%，主要受到仪器仪表制造业、计算机通信和其他电子设备制造业、石油煤炭及其他燃料加工业、通用设备制造业和专用设备制造业等行业显著改善拉动，这些行业的增长速度较上月分别加快了 3.5~6.7 个百分点。特别需要关注的是，汽车制造业虽然增速较上月有所回落，但是扭转了多月的负增长态势，连续两个月实现正增长，显示汽车行业需求端的改善开始向供给端传导，加之上年四季度基数非常低，因此预计未来几个月汽车制造业将继续保持正增长，且增长状况将实现一定程度的改善，支撑整体工业增长保持平稳态势。9 月 PMI 较上月回升 0.3 个百分点至 49.8%，逼近荣枯线，其中生产指数回升 0.4 个百分点，新订单指数回升 0.8 个百分点至 50.5%，历时 5 个月重回荣枯线之上。新出口订单大幅回升 1 个百分点，预计未来工业增长保持景气回升态势。其次是服务业方面，前三季度，服务业增加值同比增长7.0%，占国内生产总值比重为54%，同比提高0.6个百分点，对国民经济增长的贡献率达到60.6%。其中三季度服务业增加值同比增长7.2%，较二季度提高0.2个百分点，房地产业、住宿餐饮业和交通运输及仓储邮政业均较二季度有所改善。对应产业和消费转型升级的新兴服务业和高技术服务业增长速度更快，1~8月，二者的营业收入同比分别增长12.1%和11.9%，高出全部服务业2.6个和2.4个百分点。9月服务业商务活动指数为53%，环比上升0.5个百分点，且在未来制造业景气回升的拉动下，预计服务业市场持续向好，成为支撑经济平稳增长的重要力量。

三　居民消费者价格指数呈现结构性上涨

9月CPI同比达3.0%，是2013年12月以来首次突破3%这一关键点位。这主要是由猪肉和相关替代品推动。目前猪肉、羊肉、牛肉等价格均处于历史高位，9月畜肉类影响CPI上涨2.03个百分点，其中仅猪肉一项就影响了1.65个百分点，对CPI同比涨幅的贡献率达到55%。从未来走势看，对CPI影响最大的有三个部分：一是猪肉、鲜菜、蛋类、鲜果，二是油价，三是其他项目。首先是猪肉等食品类价格，和大多数商品价格受到供需两端影响不同的是，猪肉、鲜菜、蛋类和鲜果等食品类消费需求总体稳定，因此，受到供给端的影响更为剧烈。从能繁母猪等供给面数据来看，到目前为止，能繁母猪数量仍是快速下行的，这意味着至少截至2020年一季度，生猪供给缺口还将面临较大压力。并且受到非洲猪瘟高传染性、高致死率的持续影响，生猪供给的实际情况可能更悲观，2020年全年或都将面临生猪供给缺口。其次，随着全球经济增速放缓，原油整体市场将处于供过于求的状态，价格大幅上涨的可能性不大。因此，总的来看，预计在猪肉等食品价格拉动下，至2020年上半年CPI将在3%左右的高位波动，春节前后不排除"破4"的可能性。

第二十八章 月度波动属季末冲高回落，经济平稳运行态势不改

一 大宗商品价格下行综合外需压力显现导致工业继续回落

2019 年 1~10 月，全国规模以上工业增加值同比实际增长 5.6%，其中，10 月增长 4.7%，增速较上月回落 1.1 个百分点。结合全年情况来看，10 月工业增速波动属正常的季末冲高后回落，且回落幅度小于二季度。从行业来看，受大宗商品价格波动影响，前期增速较快的煤炭开采和洗选业、石油和天然气开采业回落幅度均高于二季度，二季度末冲高时，两者增速分别较上月提高 7.3 个和 0.4 个百分点，之后分别回落 2.3 个和继续冲高 2 个百分点，三季度冲高幅度与二季度近似，分别为 7.4 个和 2.2 个百分点，但之后回落幅度较大，分别回落 5.6 个和 3.5 个百分点。下游设备制造业情况较前期有所好转，尤其是汽车制造业，月度增幅创年内新高，同比增长 4.9%，鉴于 2018 年 11 月和 12 月基数显著下降，预计年底汽车制造业增速仍将保持回升态势。从外需角度来看，压力继续显现。10 月工业出口交货值增长 -3.8%，在上月负增长的基础上降幅继续扩大 3 个百分点以上，显示外需变动对工业生产的影响持续扩大。

二 第三产业投资回落拉低整体投资增速

1～10 月固定资产投资增长 5.2%，较前三季度下降 0.2 个百分点。其中，第三产业投资增长 6.8%，较前三季度下降 0.4 个百分点，拉低全部固定资产投资增速 0.27 个百分点，是固定资产投资增速下降的主要原因。第三产业中主要是铁路运输业投资增速回落幅度较大，1～10 月较前三季度下降 3.9 个百分点。从更长时段来看，铁路运输业投资增速自 5 月以来持续回落，由 15.1% 降至 5.9%。分行业看，1～10 月制造业投资增速较前三季度提高 0.1 个百分点，仍属月度正常波动范围，未能确定回升趋势。其中需特别注意两个行业，一是计算机、通信和其他电子设备制造业，二是仪器仪表制造业。与整体制造业投资低迷的态势不同的是，这两个行业投资增速自二季度以来呈现逐月走高态势。房地产投资增速有所回落，由前三季度的 10.5% 降至 1～10 月的 10.3%。但扣除土地购置费后房地产投资增速由 6.6% 提高至 6.9%，显示房地产投资对经济增长的贡献仍在提高。从投资构成来看，建筑安装工程投资增速降低 0.4 个百分点，设备工器具购置投资增速提高 0.7 个百分点，年内首次显示出转好迹象。设备工器具投资降幅收窄为设备制造业生产扩大释放出积极信号。从区域投资来看，需要特别关注个别省份月度固定资产投资增速已逐步转负。1～10 月北京市固定资产投资增长 0.8%，从月度增速来看，7 月同比增长 18.2%，8 月同比下降 21.6%，9 月和 10 月降幅进一步扩大。9 月之前天津市固定资产投资增速较为平稳，10 月单月下降 7.6%。山东省连续多月固定资产投资增速为负；贵州省自 8 月开始固定资产投资增速转负，10 月降幅进一步扩大为 34.2%。从民间投资来看，民间投资增速由 1～9 月的 4.7% 降低 0.3 个百分点至 4.4%，主要是因为建筑业投资和汽车制造业投资增速下滑，其中建筑业投资增速回落 11.8 个百分点，汽车制造业投资增速回落 2.1 个百分点。

三 房地产链条消费回落幅度较大拖累整体
消费增速再度放缓

10 月，社会消费品零售总额同比增长 7.2%，较 9 月回落 0.6 个百分点，实际增速回落 0.9 个百分点。分品类来看，基本生活品消费保持平稳，房地产链条消费回落幅度较大。基本生活品中，日用类商品、饮料烟酒类商品等增速均与上月持平或略高。受到"双 11"促销活动提前预支影响，服装鞋帽类商品增速由正转负，较上月回落 4.4 个百分点。房地产链条消费回落幅度较大，家具类、家用电器和音像器材类、建筑及装潢类商品分别回落 4.5 个、4.7 个和 1.6 个百分点。从消费升级角度看，首先是服务消费增速较快。10 月全国餐饮收入 4367 亿元，同比增长 9.0%。文化和旅游部数据显示，国庆黄金周全国共接待国内游客 7.82 亿人次，同比增长 7.8%；实现国内旅游收入 6497.1 亿元，同比增长 8.5%。10 月全国电影票房同比增长 123.8%。其次是消费升级类产品增速较快，如限额以上单位通信器材零售额同比增长 22.9%，较上月加快 14.5 个百分点；体育娱乐用品零售额同比增长 11.5%。

四 畜肉类尤其是猪肉价格的大幅上涨势头未减

10 月 CPI 上涨 3.8%，较上月较大幅度上涨 0.8 个百分点。核心 CPI 保持稳定，连续三个月保持在 1.5%。食品类价格上涨 15.5%，非食品类价格下降 0.1%。食品中，鲜菜、鲜果价格均出现回落，其中鲜菜价格同比下降 10.2%，鲜果价格同比下降 0.3%。畜肉类价格同比上涨 66.8%，其中猪肉价格同比涨幅达到 101.3%，影响 CPI 上涨约 2.43 个百分点，贡献了 CPI 同比涨幅的近 2/3。牛肉、羊肉、鸡肉、鸭肉和鸡蛋价格涨幅在 12.3% ~ 21.4%，五项合计影响 CPI 上涨约 0.41 个百分点。

PPI 降幅进一步扩大，由上月的 1.2% 扩大至 1.6%，据测算，在 10 月

1.6%的同比降幅中，上年价格变动的翘尾因素影响约为1.2个百分点，新涨价因素影响约为0.4个百分点。从行业大类来看，上游行业中煤炭及炼焦业、石油工业PPI降幅较大，中下游行业PPI较为稳定，多保持正向增长，但纺织工业和造纸工业PPI已连续多月呈负增长。

与以往仅为商业周期的猪肉价格上涨不同，本次猪肉价格上涨受猪瘟疫情持续蔓延、环保标准持续提高和上一年存栏率下降等多重因素综合影响，供需缺口不断扩大。从未来走势来看，预计2019年我国猪产量占全球的比重从2018年的53.8%大幅降至45.0%，按照农业农村部公布的官方数据，未来生猪缺口在2000万吨以上。而全球很多国家在生猪的消费和生产方面均维持弱平衡态势，全球的可供贸易量仅为800万吨左右，且很多国家猪瘟疫情仍在发酵，故通过进口猪肉平抑猪肉价格的方式难以奏效。因此，只有等待国内生猪存栏量逐渐上升，供需缺口逐步缩小，2020年下半年猪肉价格方能出现拐点，实现猪肉价格的平稳。然而，上述预测需建立在非洲猪瘟不会再度大规模暴发的前提下，不然，养殖户将遭遇重创，本轮猪肉价格上涨无论涨幅还是持续时间都有可能突破以往商业周期的规律。

第二十九章 库存调整支撑供给面回暖，
景气全面回升尚需时日

在前期景气指标和高频数据明确回暖信号的预示下，2019 年 11 月经济运行数据在预期内显著回升，供给面和需求面均有上佳表现。然而，上述改善一定程度上受到上年低基数等因素影响，经济景气的全面回升尚需时日。

一 库存超调行业回补库存带动工业增速回升

2019 年 11 月，工业增加值增速由上月的 4.7% 增至 6.2%，为开年以来非季末月份的最高值，显著高于 2018 年下半年的增速，主要受两方面因素影响：一是低基数因素作用，2018 年 11 月工业增速为全年最低点。二是前期过度去库存为 2019 年底至 2020 年企业回补库存提供了较大空间。虽然当前工业整体库存水平仍在下调（例如，11 月 PMI 产成品库存指数由上月的 46.7% 进一步降至 46.4%，预计制造业整体转向 "补库存" 的拐点将在 2020 年下半年出现），但汽车和钢铁等行业 "去库存" 更早、当前库存水平显著偏低，故其库存回补提前启动。汽车行业最为明显，2019 年以来，在经过连续数个月的低增长、去库存之后，行业库存水平显著偏低。10 月车企库存仅 94.2 万辆，约为上年同期的 2/3，汽车经销商库存系数降至 1.39，低于上年近 30%。得益于本轮产能新旧转换更快（ "国六" 新标等）、产品利润更大等，汽车产业链能够更快突破内外制约因素，早于制造业整体开启

"补库存"拐点。11 月，汽车企业库存升至 107.1 万辆，汽车经销商库存系数增至 1.49，进入库存回补通道。受此影响，11 月汽车制造业增加值较上月提高 2.8 个百分点并达到 7.7%，高于整体工业增速。当前汽车销售端已逐步好转，下降幅度大幅缩小，预计未来销售端的改善将向生产端传导，有力支撑汽车行业景气度进一步提升。钢铁行业情况与此类似，截至 12 月 13 日，主要城市钢材库存仅为 743.54 万吨，不足年初高点的一半，库存回补需要加之北方部分省份环保限产措施边际放松，11 月黑色金属冶炼和压延加工业增加值增速由上月的 6.3% 升至 10.7%，对工业增速的回升形成一定支撑。

二　消费数据回调受多项短期因素影响，整体回暖趋势尚无法确认

11 月，消费增速较上月回升 0.8 个百分点至 8%，但受到多项短期因素影响，消费整体回暖的趋势尚无法确认。一是价格因素的影响。11 月零售价格指数上升至 3%，较上月提高 0.8 个百分点，扣除价格影响后，11 月消费实际增长 4.9%，与上月持平。二是"双 11"电商促销的影响。"双 11"促销的热门门类，如化妆品、家用电器和音像器材以及服装鞋帽针纺织品等商品销售增速明显加快。11 月，限额以上化妆品类、家用电器和音像器材类商品销售同比分别增长 16.8% 和 9.7%，增速较上月加快 10.6 个和 9.0 个百分点；服装鞋帽针纺织品类商品销售同比增长 4.6%，而上月为下降 0.8%。三是部分商品消费实现周期性修复。11 月，汽车销售同比跌幅由此前的 3.3% 降至 1.8%（汽车销量同比跌幅同样有所收窄），剔除汽车后的规模以上商品零售同比增速由 2.6% 升至 6.5%。此外，11 月房地产相关商品销售表现不一，其中建材销售走弱，家具销售反弹；通信设备销售同比增速较上月高位近乎减半，由 22.9% 降至 12.2%。

三　受高基数因素影响投资增速与上月持平

1～11月，固定资产投资同比增长5.2%，增速与前10个月持平，部分源自上年高基数因素影响。上年三季度民营经济整体表现不佳，随后基建投资显著加速，制造业投资也实现明显回升，由此带来了基数水平的抬升。分类别来看，一是房地产投资增速虽降但对经济拉动作用不减。11月房地产投资增速由8.8%小幅降至8.4%，但扣除土地购置费后，房地产投资同比增速仍在提高，表明其对经济的拉动作用不减。从未来走势来看，11月房地产竣工面积同比增速由19.2%大幅降至1.8%，土地购置面积同比下跌0.8%，预计后期房地产投资仍将延续小幅回落态势。二是政策效应助力基建投资加速。11月虽无新增地方政府专项债券的发行，但受政策持续发力和上年低基数因素影响，基建投资增速由2%升至5.2%。具体来看，水利、环境和公共设施管理业与公用事业投资同比增速分别升至3.6%和18.4%，交通运输业投资同比增速降至1.8%。伴随后续政府专项债规模的扩大，预计基建投资将保持较高增速。三是受企业利润疲弱影响，制造业投资延续下滑态势。尽管上年同期基数较低，但11月制造业投资增速却由3.4%进一步降至1.6%，这部分源于2019年企业利润增长整体疲弱及经贸摩擦不确定性的影响。

四　受新加征关税拖累出口整体走弱

11月，以美元计价的出口跌幅由此前的0.8%小幅扩大至1.1%，其中对美国出口降幅较大。9月1日生效的价值1100亿美元新加征关税的影响已逐步显现，一定程度上抵消了部分出口商品的"抢出口"效应，同时发达经济体需求走弱也是拖累出口下滑的重要因素。

五　猪肉价格继续攀升，核心 CPI 依然疲弱

11 月，CPI 同比增长 4.5%，较上月扩大 0.7 个百分点，其中新涨价因素影响约为 4.5 个百分点。本月猪肉价格同比涨幅进一步扩大至 110%（环比上涨 3.8%），带动畜肉和禽蛋类价格大幅走高，牛羊鸡鸭和鸡蛋价格涨幅均在 11.8% ~ 25.7%。扣除食品和能源后的核心 CPI 依然偏弱，预计 2019 年 12 月至 2020 年 1 月 CPI 同比涨幅或将超过 5%，之后有望逐步回落。

第三十章　周期因素带动供需继续回暖，
经济企稳信号进一步增强

2019 年 12 月，在逆周期调节政策效果进一步显现及补库存等周期性因素的双重带动下，供给端和需求端均呈现回暖迹象，经济企稳的信号进一步增强。

一　补库存带动工业增长继续反弹

2019 年 12 月，工业增加值同比增长 6.9%，延续上月反弹态势，创下年内次高点。一方面，与前三个季度相同，工业增加值增速季末效应再现；另一方面，逆周期调节政策效应逐步显现、外部经贸环境有所好转，加之工业产成品库存处在低位，制造业企业生产意愿有所增强。从行业来看，一是出口预期好转带动系列对外依存度较高的行业逐步回暖。如电气机械和器材制造业，计算机、通信和其他电子设备制造业的增加值增速分别为 12.4%、11.6%。二是低库存下厂商加快补库和生产带动汽车行业增速大幅回升。低库存叠加低基数因素助力，12 月汽车制造业增加值增速由 7.7% 升至10.4%。三是投资需求回升使得上游行业增加值保持较高增速。如非金属矿物制品业、黑色金属冶炼和压延加工业增加值分别同比增长 8.4%、10.7%，总体保持较高水平。

二　汽车消费回升带动消费稳定增长

12 月，社会消费品零售总额增长 8.0%，与上月持平，但除汽车以外的消费增速为 8.9%，较上月回落 0.2 个百分点。一是部分商品消费增长周期性回升。12 月，汽车销售增速由上月的 –1.8% 升至 1.8%，7 月以来再次实现转正。石油及制品类商品消费增速升至 4.0%，较上月大幅提高 3.5 个百分点。受春节临近等因素影响，粮油食品类、饮料类、烟酒类消费增速较上月分别加快 0.8 个、0.9 个、4.2 个百分点。二是受"双 11"促销影响较大的分项均出现明显回落。12 月，限额以上服装鞋帽针纺织品类、日用品类、化妆品类商品分别同比增长 1.9%、13.9%、11.9%，增速较上月分别回落 2.7 个、3.6 个、4.9 个百分点，通信器材类商品零售额同比增速降至 8.8%，较上月继续回落 3.3 个百分点，上述行业均为受"双 11"促销活动影响较大的品类。与房地产相关的家电音响类和家具类商品零售额分别降至 2.7% 和 1.8%，降幅达到 7.0 个和 4.7 个百分点。三是剔除价格因素后实际消费出现小幅回落。12 月零售价格指数升至 3.4%，较上月提高 0.4 个百分点。剔除价格因素后，社会消费品零售总额实际增长 4.5%，较上月回落约 0.4 个百分点。考虑到 2019 年全国居民人均可支配收入实际增速逐季放缓，预计未来消费领域压力将逐步显现。

三　制造业投资支撑整体投资增速小幅回升

2019 年全年投资同比增长 5.4%，增速较前 11 个月加快 0.2 个百分点。一是部分行业开启补库、技改及高新技术投资持续发力支撑制造业投资逐步回暖。随着工业企业利润降幅收窄，部分行业已开启补库进程，全年制造业投资增长 3.1%，增速较前 11 个月加快 0.6 个百分点。减税降费等政策持续支持企业加大技术改造和高技术投资力度，促使制造业中技改投资、高技术制造业投资较上年分别增长 7.4% 和 17.7%，增速较前 11 个月分别加快

0.7个和2.9个百分点。预计未来受补库延续、经贸摩擦边际缓和等因素影响，制造业投资有望继续回升。二是基建投融资困难的约束仍待破解。2019年基建投资同比增长3.8%，增速较前11个月小幅回落0.2个百分点，这主要源自资金端的约束。但从目前专项债的情况来看，预计这一约束在2020年可能会得到显著缓解。1月专项债密集发行，已计划在1月发行的规模超过7000亿元，其中投向基建领域的比重接近80%，这和2019年专项债投向以棚改和土地储备为主（基建占比不足20%）的情况截然不同。三是房地产投资仍保持较高增长速度。全年房地产开发投资完成额同比增长9.9%，较前11个月回落0.3个百分点，4月以来呈现持续回落态势。但12月竣工面积增速由－4.5%增至2.6%，新开工增速也保持基本稳定，加之12月土地购置面积累计增速跌幅继续收窄，显示开发商的预期并未明显转差，总体预计2020年房地产投资仍将保持较高增速。

四 出口增速明显加快，关税加征影响逐步显现

12月，以美元、人民币计价的出口增速分别为7.6%和9.0%，较上月大幅回升8.9个和7.9个百分点。我国针对经贸摩擦采取了一系列有力的反制措施，并在优化出口结构方面取得了一定效果，东盟已成为继欧盟之后我国的第二大贸易伙伴。然而，12月我国对美国出口同比跌幅仍在继续扩大，表明美国对我国加征关税的影响逐步显现，且一定程度上抵消了部分出口商品的"抢出口"效应。值得注意的是，伴随着中美经贸摩擦的边际缓和，未来我国出口有望延续整体回升的态势。

五 消费价格结构性上涨压力不减

2019年下半年以来，受食品尤其是畜肉类商品价格快速上涨带动，总体物价涨幅显著。12月，CPI同比上涨4.5%，较2018年同期和2019年上半年分别提高2.6个和1.8个百分点，涨幅创2012年以来新高。其中，11

月畜肉类商品价格涨幅高达 74.5% ，创 1995 年以来新高，12 月虽有小幅回落，但依然保持在 66.4% 的较高水平。在居民劳动报酬和财产性收入增长乏力的背景下，居民食品的刚性需求支出增加明显，低收入群体反应尤为强烈。由于生猪养殖周期在 6 个月左右，生产供应恢复正常至少要到 2020 年二季度以后，预计 2020 年下半年才能出现猪肉价格的拐点。因此，2020 年上半年 CPI 有望创新高，个别月份存在突破 5% 的可能，但之后在猪肉价格回落和高基数因素影响下 CPI 将实现逐步回落。

第三十一章　经济供给面较快恢复

一　如何看待当前的经济形势

疫后恢复一般可以分成几个特征比较明显的阶段，一是供给约束消除恢复阶段，二是内生动力的自发性修复阶段，三是政策助力经济趋势回归阶段。

（一）供给恢复阶段进展较快

国家统计局相关调查显示，截至 4 月 24 日，规模以上工业企业中，84.6% 的企业达到正常生产水平一半以上，较 4 月初上升 4.1 个百分点；60.8% 的企业达到正常生产水平八成以上，较 4 月初上升 9.6 个百分点。

（二）自发性修复

从资金面看，社融总量与结构均显示国内经济最悲观的时刻已经过去，后续国内经济大概率将处于稳步修复的过程。

一季度合计社融新增 11.08 万亿元（同比增加 2.47 万亿元）之后，二季度首月社融规模增量将继续扩张，显示实体经济融资需求持续平稳修复。自 3 月社融新增规模创历史纪录后，4 月社融新增 3.09 万亿元，高于市场普遍预期，增速达到 12%，环比上升 0.5%，为 2018 年下半年后首次回到

12%以上水平，其中新增信贷和债券融资是主要的支撑力量。社融结构方面亦可确认经济运行持续向好。4月企业债券新增9015亿元，政府债券新增3357亿元，政策托底之下，实体企业信用扩张随复工复产进程而有序推进。

企业信贷方面，4月企业贷款新增规模在3月之后继续放量，达到9563亿元，同比多增6092亿元，从债券融资角度看，4月企业债券融资净新增维持在9000亿元以上，创下历年同期的最高水平。

企业信贷结构较3月显现更大幅度改善，主要是中长期贷款和票据融资增多。票据融资增长释放了企业间贸易往来更趋于频密、产业链上下游供需状况改善等信号积极，国内商业信用正在逐渐恢复。

需要注意的是，当前政府基建项目陆续开工，银行对基建项目配套信贷的投放有所增加，带动中长期贷款显著新增，因此当前本轮经济复苏当中，政府重点基建项目仍然是重要的牵引龙头。

4月信贷数据显示，企业当前的资金需求已经开始从"活下去"向有序推进扩大生产转变，但是剔除基建项目引致的需求外，实体企业由终端需求引致的扩大生产需求仍然较弱，还需要相关政策的支持与呵护。

（三）政策助力：迄今为止政策支持力度较为温和，但未来有望加码

自2月以来，政府已公布了相当于GDP的1.9%的财政刺激政策（此前公布的财政支持规模相当于GDP的1.4%，最近政府将个体工商户等税收优惠政策进一步延长到年底，可能额外带来的5000亿元左右的减税），主要是为企业减税降费。金融危机时国内的刺激政策（规模达GDP的10%左右），与其他主要经济体在本次疫情期间的应对政策相比，目前国内政策支持力度相对较小，部分可能是因为"两会"时间推迟。我们预计年内政府还会进一步扩大公共支出，规模至少相当于GDP的2%，主要用于基建领域（预计2020年基建投资增速将加快至10%）。"新基建"（5G、工业互联网、数据中心等）投资有望大幅提速，但我们认为其体量相对较小，因此传统"老基建"（交通运输、市政设施、环保水利）投资也有望加码。

二 如何判断未来的走势

当前的宏观动力来源，一是投资需求拉动，如 4 月基建投资增速恢复至两位数，设备类增速大幅回升，通用设备增速由 − 5.4% 提升至 7.5%，专用设备增速由 − 2.2% 提升至 14.3%，汽车制造业增速由 − 22.4% 提升至 5.8%。二是消费需求有所回暖，吃穿类增速回升，农副食品加工业增速回正，由 − 4.8% 提升至 3%；纺织业增速回正，由 − 5.5% 提升至 2%。三是库存回补，产成品库存回升。目前没有公布产成品库存数据，需要到月底，但是 PMI 中的产成品库存指数连续回升，至 49.3%，为近几年最高点。四是外需方面，4 月出口增速较高，医药类、通信器材类增速回升，医药制造业增速由 10.4% 提升至 4.8%，通用设备增速由 − 5.4% 提升至 7.5%，专用设备增速由 − 2.2% 提升至 14.3%，汽车制造业增速由 − 22.4% 提升至 5.8%。电气机械及器材增速由 − 0.4% 提升至 9%，计算机通信设备增速处于高位，由 9.9% 提升至 11.8%。

总体来看，当前的动力仍然为政策动力，投资尤其是基建投资的快速恢复为经济恢复提供了主要动力，而市场动力仍然不足。消费有所恢复，但速度较慢，前期出口订单的集中出口以及境外抗疫物资的出口也提供了部分支撑，但不可持续。

我们预计二季度 GDP 增速将较一季度呈现环比大幅反弹，不过同比可能仍为有限的正增长甚至零增长，全年 GDP 增速大约 2%。如果"两会"公布的政策支持力度超出我们的预期，那么下半年经济的反弹可能超预期，2020 年 GDP 增速可能达到 3%。但是，如果全球衰退的幅度更大、持续的时间更长，或中美经贸摩擦显著升级，实际经济增速则可能降至更低。

三 几个需要重点关注的问题

（一）出口问题

4 月出口增长 3.5%（美元计价），显著超预期。防疫物资出口加速

（包括医药类和电子通信类）是出口超预期的主要原因，预计 4 月抗疫物资出口在 600 亿元以上，贡献了 4 个百分点的增速（券商估计）。另外是前期积攒订单的集中出口。传统劳动密集型出口走势依旧偏弱，服装、鞋靴、箱包出口增速均进一步低于上月。进口增速较一季度显著走低，其中部分与大宗商品价格有关，部分与经济预期谨慎有关（原油进口额同比下跌 49%，进口量同比下跌 8%）。

出口交货值回落，4 月 1.1%，3 月为 3.1%。出口未来走势不容乐观，4 月的反弹难以持续，一是出口门类反弹不具有普遍性，二是同期出口订单和海外 PMI 偏弱，三是历史上可参照性颇高的韩国 4 月出口增速为 −24%。

（二）就业问题

1 ~ 4 月累计新增就业 354 万人，与上年相差 105 万人，同期差距较一季度扩大了 10 万人。调查失业率为 6%，较 3 月提高了 0.1 个百分点，其中 16 ~ 24 岁人口、25 ~ 59 岁人口调查失业率分别为 13.8%、5.5%。

根据大摩自下而上的调研，由于部分行业的需求不足，其实存在大量的"亚就业"，表面上员工还在上班，但是其计件工资下降很多，或者工作时长显著下降，这部分"亚就业"劳动力可能高达 1 亿人，占总体劳动力比重高达 13% 左右。这种严峻的就业形势，给下一阶段经济复苏带来挑战。数据支撑方面，就业人员平均工作时间 44.3 个小时，低于 3 月，远低于上年，显示低水平就业问题较为严重。

（三）消费恢复

4 月消费增长为 −7.5%，3 月消费增长为 −15.8%，低于预期，环比回升速度较慢，这主要是餐饮业恢复较慢（餐饮业占 8% 左右），商品类增速由 −12% 升至 −4.6%，餐饮类增速由 −46.8% 升至 −31.1%。

商品类主要受到食品和汽车消费好转拉动。1 ~ 4 月汽车消费同比下降 22.6%，较前 3 个月降幅收窄 7.7 个百分点。

第三十二章　中上游行业带动经济较快恢复

一　中上游行业带动工业增速较快回升

5 月工业同比增长 4.4%，较上月提高 0.5 个百分点。

从行业大类看，采矿业同比增长 1.1%，较上月提高 0.8 个百分点；制造业同比增长 5.2%，较上月提高 0.2 个百分点；电力、燃气及水的生产和供应业同比增长 3.6%，较上月提高 3.4 个百分点。高技术行业高位回落，同比增长 8.9%，较上月增长 10.5%。

从地区看，东北地区支撑 5 月工业反弹。东部地区同比增速回落 0.4 个百分点至 4.9%，中部地区同比增速回落 0.3 个百分点至 4.2%，西部地区同比增速提高 0.3 个百分点至 5.4%，东北地区同比增速大幅提高 4.2 个百分点至 7%。

从分行业看，设备制造业支撑了工业的回升，其中，通用设备制造业增速 7.3%，较上月回落 0.2 个百分点，专用设备制造业增速由上月的 14.3% 的高位进一步提高 2.1 个百分点至 16.4%，汽车制造业增速提升 6.4 个百分点至 12.2%。

纺织业增速回升 2.3 个百分点至 4.3%，医药制造业增速继续回落 2.8 个百分点至 2%，黑色金属冶炼和压延加工业增速回升 1.5 个百分点至 6.1%，计算机等出口行业增长保持高速，上月为 11.8%，本月为 10.8%。

出口支撑力量逐渐减弱，出口交货值由 3 月的 3.1% 回落至 4 月的

1.1%，5月进一步回落至－1.4%。防疫物资出口形势不错，但是传统劳动密集型商品表现欠佳。产成品存货快速增长，采矿业和制造业增速均较快。

二 投资呈现"两端快，中间慢"的特征

高技术类增速快，黑色、有色冶炼类和设备制造类增速较快。1~5月固定资产投资同比增长－6.3%，较上月回升4个百分点，按照绝对值计算当月增速为0.9%，由负转正，较上月提高3.1个百分点。民间投资增速低于全部投资增速，1~5月为增长－9.6%，较上月降幅缩小3.7个百分点。

按照构成来看，建筑安装工程类投资增速显著快于设备工器具购置类，1~5月增速为－7%，设备类增速为－17.7%，5月当月前者增速为10.2%，后者增速为－2.1%。这也与基建投资快速增长、制造业整体景气度仍然不高、投资扩大不足相印证。

从三大类投资增速来看，制造业投资增速1~5月为－14.8%，降幅较上月收窄4个百分点，从单月来看，5月增速为1.2%，上月基本为零增长，略有好转。高技术产业增长较快，连续两月增速保持在近20%左右，高技术制造业增速保持在20%以上。制造业内部，医药制造业累计同比增长6.9%，5月单月增速达到45%（需警惕医药制造业高投资带来的产能过剩）。专用设备类投资也是如此，5月单月投资增速回至2.4%，计算机类投资增速1~5月为6.9%，5月单月增速达到30.1%。基建投资增速保持高位，仍然是两位数，交通运输和仓储邮政业发力，5月单月增速达到17.9%，较上月提高4个百分点。铁路运输业增速达到20.4%，道路运输业增速达到23.1%，较上月提高了8个百分点。水利和生态业增速也较快。

三 商品消费增速较快，但服务消费降幅仍较大

5月消费仍是负增长，为－2.8%，实际增速为－3.7%，仍未转正，低于市场预期。其中城镇和乡村消费增速基本同步，略高于乡村，城镇消费增

速为 - 2.8%，乡村消费增速为 - 3.2%。这主要是由于餐饮收入增长缓慢，商品零售增速由上月的 - 4.6% 升至 - 0.8%，餐饮收入也有所好转，由上月增长 - 31.1% 缩小至 - 18.9%。

商品消费中，除汽车以外的商品消费增长 - 3.5%，较上月提高了 4.8 个百分点。

限额以上企业情况略好，5 月增速已经转正，为 1.3%，商品类增长 2.5%，餐饮类增长 - 15.4%。一是石油制品类降幅较大，下降 14%。二是汽车类增长较快，为增长 3.5%，上月为零增长。三是生活刚需类快速增长，如粮油食品类增长 11.4%，为正常水平。日用品类增长 17.3%，增速较快。四是服装鞋帽针纺织品类仍为负增长，为 - 0.6%，金银珠宝类增长 - 3.9%。五是房地产业情况好转，可能与疫情防控降级、装修业务增加有关。家电类增速转正，由 - 8.5% 升至 4.3%。家具类增速由 - 5.4% 升至 3%，建筑装潢类由 - 5.8% 升至 1.9%。

四　调查失业率较上月有所回落

1~5 月累计新增就业 460 万人，与上年相差 137 万人，同期差距较上月扩大了 22 万人。调查失业率为 5.9%，较 4 月回落了 0.1 个百分点，劳动年龄人口失业率为 5.4%，较上月降低 0.1 个百分点。就业人员平均工作时间 46.1 个小时，增速显著高于 4 月 1.8 个百分点，低于上年同期 0.2 个百分点，低于上年下半年 0.6 个百分点。

五　6月高频数据显示供需两端持续改善

2020 年 6 月以来房地产销售增速同比下降。30 个大中城市商品房成交面积同比增长 - 10.68%，较 5 月下降约 8 个百分点。其中，一线城市降幅较 5 月扩大 5.48 个百分点至 - 9.9%，二线城市降幅扩大 7.5 个百分点至 - 9.06%，三线城市降幅扩大 11.28 个百分点至 - 13.47%。

第三十三章 三大链条带动工业修复

一 基建系、外需系和地产系带动工业快速修复

工业边际改善继续减速，2020 年 6 月增长 4.8%，提高 0.4 个百分点；上月边际改善幅度为 0.5 个百分点。制造业增速稍有回落，上月为 5.2%，本月为 5.1%，回落 0.1 个百分点，而上月为提高 0.2 个百分点。高技术产业提速，上月为 8.9%，本月为 10%，4 月为 10.5%。

从地区看，中东部地区提速，西部和东北地区减速。东部地区提高 0.5 个百分点至 5.4%，中部地区提高 0.5 个百分点至 4.7%，中部地区回落 0.8 个百分点至 4.6%，东北地区回落 0.1 个百分点至 6.9%。

分行业看，农副食品加工业当月同比增长 - 2.4%，持续两月下滑，4 月为高点，增速为 3%。食品制造业增速也是如此，6 月为 1.3%，4 月达到峰值，为 7.5%。基建系仍然挑起大梁，黑色金属冶炼和压延加工业增速由 6.1% 升至 6.3%，通用设备增速由 7.3% 升至 7.4%，专用设备类增速有所回落，由 16.4% 降至 9.6%，汽车类增速由 12.2% 升至 13.4%，电器机械类增速由 6.8% 升至 8.7%，通信和其他电子设备制造业增速由 10.8% 升至 12.6%。

外需仍为重要动力，6 月工业出口交货值 2.6%，上月为 - 1.4%。分行业出口交货值需一周后才公布，预计行业和上月变动不大，即抗疫类物资、电子类物资出口增长迅速。

制造业利润大幅好转，5 月利润增速回正，达到 10.9%，边际改善幅度为 12.5 个百分点。从内部行业来看，食品制造业利润同比增长 46.3%（占比 3.3%），提高 15 个百分点；烟草制品业利润同比增长 74.9%，提高 75 个百分点（占比 2%）；医药制造业利润同比增长 19.3%；黑色和有色金属冶炼业利润有所改善，但仍为负增长（上年基数也较低）；通用设备行业（占比 5.5%）和专用设备行业（占比 6.4%）利润增长较快，通用设备行业利润同比增长 25.9%，专用设备行业利润同比增长 73.8%，汽车制造业（占比 9.9%）利润同比增长 27.7%，提高 5 个百分点。计算机类利润同比增长（占比 12.9%）79.9%，提高 3 个百分点。

二 基建和房地产投资带动整体投资增长

1~6 月投资增速为 -3.1%，6 月单月增速为两位数，较上月提高 3.2 个百分点，主要是由于基建投资基本持平。制造业增速上升了 2.6 个百分点，房地产开发投资增速上升了 1.2 个百分点。这主要是建安类增长较快，设备工器具购置投资增速 6 月转正至 5.1%，5 月增速为 -2.1%。

从地区看，中部地区拖了全国的后腿，上半年增长 -11.9%，东部地区增速为 -0.7%，西部地区增速为 1.1%，东北地区增速为 0.4%。这主要是受到湖北省的影响。1~5 月湖北省固定资产投资增速为 -65.2%。

三大类投资方面，制造业投资增速 -11.7%，提高 3.1 个百分点，单月增速达到 3.8%，较上月提高 2.6 个百分点；基建投资增速 -2.7%，单月增速为 15% 左右，继续提高；房地产开发投资上半年增长 1.9%，6 月单月增速达到两位数，较上月继续提高。纺织业的情况最为悲观，上半年增长 -22.4%，为制造业已公布行业中的最低值。制造业内部来看，农副食品加工业、食品制造业投资改善幅度非常大，6 月均实现正增长，分别较上月提高 16.6 个和 17.4 个百分点。医药类保持高增长，增速 5~6 月都在 40% 以上。只有医药制造业，计算机、通信和其他电子设备制造业等累计增速为正增长。

民间投资上半年增长 -7.3%，1~5 月增速为 9.6%，民间投资的改善幅度小于全部投资改善的幅度，全部投资增速由 -6.3% 升至 -3.1%。新动力类投资增速较快，高技术产业投资增速为 6.3%，高技术制造业增速为 5.8%，高技术服务业增速为 7.2%，均大幅改善，较 1~5 月分别提高 4.4 个、3.1 个和 6.7 个百分点。基建投资继续提速，其中主要是交通运输、仓储和邮政业增长较快，单月增速由 5 月的 17.9% 提高到 23.3%。周期，铁路投资增速由 20.4% 提高到 59.6%，道路投资增速有所回落，由 23.1% 降至 19.3%。

房地产投资方面，"销售好，资金好，拿地多，后续看好"。1~6 月，东部地区房地产开发投资 33940 亿元，同比增长 2.3%，1~5 月增速为 -0.1%；中部地区投资 12272 亿元，下降 4.8%，降幅收窄 2.0 个百分点；西部地区投资 14242 亿元，增长 7.6%，增速提高 2.0 个百分点；东北地区投资 2326 亿元，增长 1.0%，增速提高 0.5 个百分点。1~6 月，商品房销售面积 69404 万平方米，同比下降 8.4%，降幅比 1~5 月收窄 3.9 个百分点。房地产开发资金状况大幅改善，1~6 月为 -1.9%，提高 4.2 个百分点，从单月增速看，6 月增速达到 19.1%，较上月提高了 8 个百分点。从来源看，个人按揭贷款、定金类增长速度较快。1~6 月，房地产开发企业土地购置面积为 7965 万平方米，同比下降 0.9%，降幅比 1~5 月收窄 7.2 个百分点。

三　汽车消费增速回升带动消费回升

社会消费品零售总额增速为 -1.8%，提高 1 个百分点，边际改善幅度缩小，上月边际提高了 4.7 个百分点，扣除汽车消费外，6 月增长 -1%，提高了 2.5 个百分点。餐饮消费增速仍然较慢，6 月为 -15.2%，5 月为 -18.9%。从品类看，粮油食品类增速仍较快，为 10.5%，饮料、烟酒增速都较快，化妆品增速为 20.5%，日用品增速为 16.9%。房地产业方面，家用电器和音像器材类增速为 9.8%，提高 5.5 个百分点，建筑装潢类增速为 2.2%，提高 0.3 个百分点。汽车类同比增长 -8.2%，降低 11.7 个百分点，这主要是受到基数的影响。石油类增速为 -13%。

第三十四章　数据全线回升

一　"全线回升，首次转正"是2020年8月数据的突出特点

供给面基本恢复到常态水平，8月工业增长5.6%，环比回升0.8个百分点，同比提高1.2个百分点，基本持平于上年5.7%的增长速度，1～8月增速为0.4%，首次转正，原因有：上年同期8月增速为低点4.4%，分别低于7月0.4个百分点和9月1.4个百分点。预计受到基数影响，9月工业增速回升速度将放缓。

工业增长链条扩展。一是上半年支撑工业增长的三大链条基建系列、抗疫系列和地产系列依然强劲。二是出口产品类别和国别范围全面拓宽。三是消费方面，继货物消费提速后服务消费有望快速反弹。四是投资由基建和房地产驱动向制造业投资提速偏离。

效益指标明显好转。1～7月，全国规模以上工业企业实现利润总额31023亿元，同比下降8.1%，降幅比1～6月收窄4.7个百分点；7月，规模以上工业企业实现利润总额同比增长19.6%，增速比6月加快8.1个百分点。

二　工业增长基本恢复至上年全年水平

规上工业8月增速为5.6%，环比回升0.8个百分点，同比提高1.2个百分点，基本持平于上年5.7%的增长速度；1～8月增速为0.4%，累计增

速首次转正，扣除季节影响后，环比呈正增长，也说明工业情况确实好于上月。从行业大类来看，采矿业增速回升 4.2 个百分点，主要原因：一是受到大宗商品价格上涨周期影响，二是受到中下游需求回升影响。制造业增速为6%，与上月持平。高技术产业增速为 7.6%，低于上月 2.2 个百分点，连续 2个月走低，但仍高于上年同期。从链条看，一是基建系列和房地产系列依然拉动作用强劲，8 月，黑色金属冶炼和压延加工业增长 9.2%，有色金属冶炼和压延加工业增长 4.8%，通用设备制造业增长 10.9%，专用设备制造业增长8.0%，汽车制造业增长 14.8%。从产品产量看，挖掘机、铲土运输机械产量分别增长 34.1%、32.5%，钢材、水泥产量分别增长 11.3%、6.6%。二是抗疫电子产品类方面，8 月，电气机械和器材制造业增长 15.1%，计算机、通信和其他电子设备制造业增长 8.7%。从产品看，工业机器人、智能手机、集成电路和微型计算机设备产量分别增长 12.1%、12.1% 和 12.0%。

从地区看，8 月，东部地区增长 6.8%，与上月持平，中部地区增长5.4%，西部地区增长 4.5%，东北地区增长 6.6%，分别较上月提高 2.4个、1.3 个和 2.8 个百分点。

工业企业出口交货值增速为 1.2%，较上月回落 0.4 个百分点，上年同期为 -4.3%，为近几年罕见低点，显示 8 月工业增长反弹主要是由依靠内需拉动。

三　生产服务业"一枝独秀"转向生产生活服务业全面发展

8 月，全国服务业生产指数同比增长 4.0%，比 7 月上升 0.5 个百分点。1~8 月，全国服务业生产指数同比下降 3.6%，降幅比 1~7 月收窄 1.1 个百分点。从主要行业看，8 月，信息传输、软件和信息技术服务业，房地产业，交通运输、仓储和邮政业生产指数同比分别增长 13.8%、9.4%、3.3%，比 7 月分别加快 0.1 个、1.6 个、1.2 个百分点。8 月，服务业商务活动指数为 54.3%，比 7 月上升 1.2 个百分点。从行业看，交通运输、电信等行业商务活动指数连续 4 个月在 60.0% 以上；住宿、餐饮、文化体育娱乐等行业呈现回暖迹象，商务活动指数均高于57.0%；租赁及服务业商务活动指数升至50.0%以上。

四　固定资产投资增长即将转正

1～8月，投资同比下降0.3%，降幅较1～7月收窄1.3个百分点。从单月增速来看，8月较上月回升1.4个百分点。其中，民间投资下降2.8%，降幅收窄2.9个百分点。

从地区来看，东部地区投资增速已经转正。1～8月全国投资增速为1.8%，西部地区投资增速为2.7%，东部地区投资增速为2.2%，中部地区投资增速为-6.3%。东部、东北和西部地区投资增速在6～7月已经转正。

分行业来看，三大类投资中，制造业投资累计增长-8.1%，回升2.1个百分点，从单月投资来看，增长转正，单月增速达到6%左右。其中，食品制造业投资持续加快，1～8月累计增速提高近3个百分点；纺织服装业增速提高3.5个百分点。医药制造业仍然保持18.3%的高速增长态势。设备制造业投资状况继续好转，单月增速转正。汽车制造业投资仍低迷，1～8月增速为-19.3%，与1～7月持平。计算机、通信和其他电子设备制造业累计同比增长11.7%，提高1个百分点。

房地产开发投资累计增长4.6%，提高1.2个百分点，持续提高；月度增速提高0.6个百分点至13%。房地产销售面积增速从-5.8%收缩至-3.3%，隐含的单月销售增速为13.7%，较上月的9.5%继续上升。

基建投资（不含电力）累计增速为-0.3%，提高0.7个百分点，单月增速略有回落，在5%左右。广义基建累计增长2.02%，提高0.8个百分点，单月增速略有回落，为7.8%左右，这（有一定基数影响）可能和专项债节奏以及7～8月专项债投向棚改的分流有关。

高技术行业增长仍然较快，增速为8.2%，其中高技术制造业增长8.8%，高技术服务业增长7.2%。"补短板"投资快，教育和卫生行业投资增速分别为11.8%和16.5%，均继续保持在两位数。

五 消费增速年内首次由负转正，8月环比季调为本轮最高

8月，消费同比增长0.5%，提高1.6个百分点，增速年内首次由负转正，实际消费增速为-0.6%，提高2.1个百分点，其中，除汽车外，下降0.6%。1~8月，社会消费品零售总额方面，除汽车外的消费品零售额同比下降8.6%。1~8月，全国网上零售额同比增长9.5%，比1~7月提高0.5个百分点，环比季调增速为1.25%。同期餐饮部门收入继续上升，本月回升4个百分点至-7%。

8月，城镇消费品零售额29273亿元，同比增长0.5%，7月为同比下降1.1%；乡村消费品零售额4298亿元，同比增长0.7%，7月为同比下降1.3%。按消费类型分，8月，商品零售29951亿元，同比增长1.5%，增速比7月提高1.3个百分点；餐饮收入3619亿元，下降7.0%，降幅比7月收窄4个百分点。1~8月，商品零售216519亿元，同比下降6.3%；餐饮收入21510亿元，下降26.6%。从品类看，服装鞋帽针纺织品类增速回升6.7个百分点至4.2%，化妆品类增速回升10个百分点至19%（月度波动大），金银珠宝类增速回升7.8个百分点至15.3%，日用品增速回升4.5个百分点至11.4%。房地产链条中，家电类增速回升6.5个百分点至4.3%，通信器材类增速回升13.8个百分点至25.1%。汽车类增速为11.8%（有低基数原因，上年为-8.1%）。粮油食品增速回落较为明显，弱于季节性，似乎再次印证了其与餐饮部门存在替代关系，2020年一季度，和上年同期相比，两者都下跌了10%左右。二季度，据估计，货物消费已经转为2%左右的正增长，但服务消费继续下跌10%以上。换句话说，消费领域复苏缓慢，很大程度是由于服务消费领域复苏缓慢。2020年8月全国院线电影总票房超过33.7亿元，恢复到上年年底水平。其中2020年第34周（8月24~30日）单周票房最高，达到17.2亿元，高于上年同期。

六　进出口持续高于预期

一是防疫物资出口增速较高但已呈现减速态势。二是服装、家具等出口近两月开始提速。三是除"一带一路"国家外，对美国、欧洲等地区出口快速。传统劳动密集型产品增速也在恢复，除机电产品外的出口（大约占比 40%）8 月增速为 6.3%，高于上月的 3.1%。我国服装、玩具、鞋等传统消费品出口在一季度大幅走弱后开始有所好转。如服装类出口，8 月为 3.2%，高于上月的 -8.5%，属本轮首度转正。家具也是连续第二月高增，本月同比增长为 24%，高于上月的 23.1%。扣除电子产品和防疫用品后的出口增速为 5.4%。一季度疫情明显影响了国内生产活动，但 4 月以来（4~8 月）出口同比增长 3.5%。其中 8 月同比增长 9.5%，持续超出市场预期，进一步快于上月的 7.2%。最近对美国等发达经济体和东南亚地区出口比较强劲。我国在全球出口市场中的份额也有所增加，由 2019 年的 13.3% 升至 2020 年 5 月的 17.5%。对东盟出口同比维持单月 13% 左右的增长，显著超过整体水平。

从产品类别看，由于我国最早受到疫情冲击，也最早走出疫情的影响，同时我国具有较为完整的供应链，企业最早复工复产，2020 年 4~8 月我国口罩、医疗器械、药品等出口同比增长 57%，对同期整体出口增长贡献了 3.1 个百分点，贡献度达到 88.6%。近期虽然防疫物资出口增速有所回落，但依然较为强劲，8 月纺织品出口同比增长 47%，医疗器械出口同比增长 39%。4~8 月电子产品出口同比增长 23%。二季度美国电脑产品（包括个人电脑、平板电脑和零部件）进口同比增长 7.8%，但整体进口同比下降 20%，欧洲情况类似。

七　价格总体保持平稳

8 月，全国居民消费价格同比上涨 2.4%，涨幅比 7 月回落 0.3 个百分点，环比上涨0.4%。1~8月，全国居民消费价格同比上涨3.5%，涨幅比1~7月回落0.2个百分点。扣除食品和能源价格后的核心CPI上涨0.5%，涨幅与7月持平。分类别看，8月，食品烟酒同比上涨8.8%，衣着同比下降0.5%，居住同比下降0.7%，生活用品及服务同比下降0.1%，交通和通信同比下降3.9%，教育文化和娱乐增速与上年同期持平，医疗保健同比上涨1.5%，其他用品和服务同比上涨6.1%。在食品中，猪肉同比上涨52.6%，鲜菜同比上涨11.7%，粮食同比上涨1.5%，鲜果同比下降19.8%。

8月，全国工业生产者出厂价格同比下降2.0%，降幅比7月收窄0.4个百分点，环比上涨0.3%。工业生产者购进价格同比下降2.5%，降幅比7月收窄0.8个百分点，环比上涨0.6%。1~8月，全国工业生产者出厂价格和工业生产者购进价格同比分别下降2.0%和2.7%。

图书在版编目（CIP）数据

长期增长与短期波动：中国宏观经济形势分析与预
测 / 刘雪燕著. -- 北京：社会科学文献出版社，
2020.10
　　ISBN 978 - 7 - 5201 - 6262 - 3

　　Ⅰ.①长…　Ⅱ.①刘…　Ⅲ.①中国经济 - 宏观经济形
势 - 经济分析 - 研究②中国经济 - 宏观经济形势 - 经济预
测 - 研究　Ⅳ.①F12

　　中国版本图书馆 CIP 数据核字（2020）第 217016 号

长期增长与短期波动：中国宏观经济形势分析与预测

著　　者／刘雪燕

出 版 人／谢寿光

责任编辑／吴　敏

出　　版／社会科学文献出版社·皮书出版分社（010）59367127
　　　　　　地址：北京市北三环中路甲 29 号院华龙大厦　邮编：100029
　　　　　　网址：www.ssap.com.cn

发　　行／市场营销中心（010）59367081　59367083

印　　装／三河市龙林印务有限公司

规　　格／开本：787mm × 1092mm　1/16
　　　　　　印张：17.5　字数：266 千字

版　　次／2020 年 10 月第 1 版　2020 年 10 月第 1 次印刷

书　　号／ISBN 978 - 7 - 5201 - 6262 - 3

定　　价／79.00 元

本书如有印装质量问题，请与读者服务中心（010 - 59367028）联系